中世東国の領域と城館

齋藤慎一著

吉川弘文館

目次

第二部　戦国期城館の成立と城下町

第三部　領域の境界

凡例

一　本書に掲載した図・写真・表は、それぞれの通し番号とし、巻末に図表一覧を掲載した。なお、引用した史料は各章ごとの番号とした。
二　本書に掲載した地形図は、国土地理院発行の地形図に加筆して作成し、縄張図の描法は、本田昇「中世城郭の調査と図面表現」（『中世城郭研究』創刊号　一九八七）及び千田嘉博・小島道裕・前川要『城館調査ハンドブック』（新人物往来社刊　一九九三）に準拠した。
三　本書に引用した出土陶磁器の分類については、以下の書籍に所収された分類に依拠した。
・舶載陶磁器……小野正敏「日本出土の貿易陶磁」（『国立歴史民俗博物館資料調査報告』5　一九九四）
・瀬戸美濃陶器……藤澤良祐「中世瀬戸窯の動態」（シンポジウム「古瀬戸をめぐる中世陶器の世界～その生産と流通～」資料集　瀬戸市教育委員会刊　一九九六）・藤澤良祐『瀬戸市史　陶磁編四』（愛知県瀬戸市刊　一九九三）
・常滑焼陶器……赤羽一郎・中野晴久「中世常滑焼の生産地編年」（永原慶二編『常滑焼と中世社会』小学館刊　一九九五）
四　本書において、使用した資料集は左記のものが主なものである。出典の記載についてはそれぞれの末尾に省略した記載の方法を例示した。
・『茨城県史料　中世編Ⅰ』（茨城県刊　一九七〇）・『茨城県史料　中世編Ⅲ』（同刊　一九九〇）……『茨城県Ⅲ』一木八

・『古河市史　資料　中世編』（古河市刊　一九八一）……『古河市』二一二
・『真壁町史料　中世編Ⅰ』（真壁町刊　一九八三）・『真壁町史料　中世編Ⅱ』（同刊　一九八六）・『真壁町史料　中世編Ⅲ』（同刊　一九九四）……『真壁町Ⅰ』三・『真壁町Ⅱ』長岡一二四
・『栃木県史　史料編・中世二』（栃木県刊　一九七五）・『栃木県史　史料編・中世四』（同刊　一九七九）……『栃木県二』松平基則氏所蔵六
・『小山市史　史料編・中世』（小山市刊　一九八〇）……『小山市』七六八
・『藤岡町史　資料編　古代・中世』（藤岡町刊　一九九九）……『藤岡町』119
・『群馬県史　資料編5　中世1　古文書・記録』（群馬県刊　一九七八）・『群馬県史　資料編6　中世2　編年史料1』（同刊　一九八四）・『群馬県史　資料編7　中世3　編年史料2』（同刊　一九八六）……『群馬県』二二七〇
・『新編埼玉県史　資料編6　中世2　古文書2』（埼玉県刊　一九八〇）……『埼玉県』一六九六
・『所沢市史　中世史料』（所沢市刊　一九八一）……『所沢市史』二二〇
・『北区史　資料編　古代中世1』（東京都北区刊　一九九四）・『北区史　資料編　古代中世2』（同刊　一九九五）……『北区』五六二・『北区』記録一
・『板橋区史　資料編2　古代・中世』（板橋区刊　一九九四）……『板橋区』七五
・稲村坦元編『武蔵史料銘記集』（東京堂出版再刊　一九九六）……『武蔵銘記』六〇二
・『神奈川県史　資料編3　古代・中世3上』（神奈川県刊　一九七五）・『神奈川県史　資料編3　古代・中世3下』（同刊　一九七九）……『神奈川県』五六八五
・『小田原市史　史料編　中世Ⅱ　小田原北条1』（小田原市刊　一九九一）・『小田原市史　史料編　中世Ⅲ

小田原北条2』（同刊　一九九三）……『小田原市史』二三六五
・『甲府市史　史料編　第一巻　原始古代中世』（甲府市役所刊　一九八九）……『甲府市史』三七五
・『都留市史　資料編　古代・中世・近世Ⅰ』（都留市刊　一九九二）……『都留市』一八七
・『新編　信濃史料叢書　第三巻』（信濃史料刊行会刊　一九七一）所収市川文書、『新編　信濃史料叢書　第十二巻』（同刊　一九七五）所収勝山小笠原文書……『信濃叢書』勝山小笠原一六頁
・『静岡県史　資料編7　中世三』（静岡県刊　一九九四）・『静岡県史　資料編8　中世四』（同刊　一九九六）……『静岡県三』九六九
・『清水市史資料　資料中世』（吉川弘文館刊　一九七〇）……『清水市』一七七
・『越佐史料』（高橋義彦編・刊　一九二五〜一九二八）……『越佐史料』
・『新潟県史　資料編3　中世一』（新潟県刊　一九八二）・『新潟県史　資料編4　中世二』（同刊　一九八三）・『新潟県史　資料編5　中世三』（同刊　一九八四）……『新潟県』一〇五一（四）
・『白河市史　第五巻　資料編2　古代・中世』（福島県白河市刊　一九九一）……『白河市』一四五
・史料纂集『飯野八幡文書』（続群書類従完成会刊　一九八三）……纂集『飯野』一四五
・史料纂集『相馬文書』（続群書類従完成会刊　一九七九）……纂集『相馬』相馬三
・『いわき市史　第八巻　原始・古代・中世資料』（いわき市刊　一九七六）……『いわき市』七三―四九
・『戦国遺文　後北条氏編』第一巻〜補遺編（東京堂出版刊　一九八九〜二〇〇〇）……『戦国』二四七六五

五　本文中及び注において、敬称は省略させて頂いた。

序章

本論は、中世後期東国において、領主が領域支配のためにいかなる本拠および領域を設定したか、このことについての考察である。おおよそ鎌倉時代末から戦国期に至るまで（一四世紀から一六世紀）を視野として、いわゆる居館から戦国期城下町に至るまでの変遷をたどり、さらには領域支配の形成、特に境界との関係を検討する。

本拠、とりわけその空間を考察する上で、中世城館への視点は欠くことができない。本拠の中核に存在するのは紛れもなく中世城館である。中世城館という概念は、機能的に見て多様に存在する中世城館を一括する概念であり、本論が意図する領主による領域支配の拠点を指す概念としては、豊富すぎる内容を有する。さらに意図する本拠の構成は、土塁や堀などで構成されるいわゆる中世城館のみにとどまるのではなく、その周辺に存在する寺院や神社、町場、さらには街道などを含むものであり、一定の空間設計（＝計画）のもとで、人為的な営みをもって実現した、領主による領域支配や地域の生産・流通・文化など様々な活動の中心的となる空間を指す概念と考えている。そのため、中世城館の語を使用せず、意図的に本拠の概念を設定した。

また領域については、中世城館の用語で「境目の城」と分類する城館の分析を中心に行う。この語は従来は近世に成立した軍学に語源を持つと考えられているが、領域の境界に存在することを主たるメルクマールとしている。本論では「境目の城」の分析を通して領主と領域との関係について考える。

一　本書の背景

近年、歴史学における学際的研究はひとつの達成をみたように思える。

一九八〇年代に社会史の潮流の中で、入間田宣夫は「城館・住居跡、陶磁器、古銭、板碑などの石造文化財、都市遺構、荘園遺構、地名、古道、さらには子供の遊び『エンガチョ』『やすらい祭』などの民俗の世界にまでも、研究者の熱い目がそそがれるようになった。文献史料、ことに古文書のみに頼ることが多かったこれまでの研究の限界をのり超えて、具体的事物に即した色彩豊かな中世史像を描こうとする試みが、なされるようになった。」と一九八二年に中世史の研究状況を整理し、「文化財の史料学は不可欠」と訴えた(1)。文献資料のみではなく多様な史料を駆使して、新たなる歴史像の構成を目指したのである。この入間田の整理の後、隣接諸科学の導入は急速に高まったのであるが、現実は決して容易くはなかった。「最近の歴史学界は研究の進展がめざましく、二〜三年で研究の動向は変わってゆく。このような学界の進展の中にありながら、地域に残る『文字のない資料』・『物言わぬ資料』に歴史を語らせるには、十年単位でなければできない辛苦な基礎作業の積み重ねが要求されているように思う。」と状況の厳しさを中野豈任は説き、「隣接諸科学の分野の人々も共に利用できるような形式を考えなければならない。」と課題を把握している(2)。氏の遺著(3)に触れると、この言葉に支えられた成果に敬意を払わずにはいられない。「同時代資料の整理と資料批判を通じての、資料の共通認識(4)」が必要であるとする訴えは考古学の分野からも叫ばれていた。中世史研究全体のなかで、多様な史料を駆使し、個々の史料の持つ奥深さ難しさを認識しながらも、新しい歴史像を構成する必要性が訴えられたのが一九八〇年代だったのである。

この訴えは一九九〇年代に各地で行われた学際的シンポジウムに繋がった。毎年各所で開催されるシンポジウムの詳細を把握することはできないが、具体的な事例として帝京大学山梨文化財研究所主催のシンポジウム「考古学と中世史研究」(5)、および現在も継続中である中世都市研究会研究集会(6)があげられる。このようなシンポジウムの開催を通じて、学際的な研究は必要性の段階から、実践の段階へと移行していった。これが一九九〇年代の主たる動向であろう。

しかし学際研究の動向は決して万人周知の研究動向とはいえないようである。そもそも学問領域が多岐にわたるため、個人の力量として研究動向を追うことが極めて難しいことが背景にある。

近年、仁木宏(7)は戦後の研究史の大きな流れを、①「自由都市論の盛衰」、②「網野都市論の衝撃」、③「都市研究の第三の波」、④そして、現在と整理し、

空間＝「場」の分析を接点に、文献史学、考古学、建築史学などが共同研究を進めてきた〈第三の波〉期にも、最近、かげりが見えてきた。どの時代の、どの地域の、どの都市も同じような切り口で分析され、同じような結論にいたることが目立ちはじめたのである。中世都市の普遍的性格が解明されたものの、逆に独自性が不明となり、相互の差異やその意味が問われにくくなっている。

こうした状況を打開する有効な方法は何か。それは、文献史学、考古学、建築史学それぞれが、いま一度、それぞれ固有の学問領域に立ち戻り、「戦線」を整理し直すことであろう。これは、70年代までのように、それぞれの殻にこもって没交渉になることを意味するのではもちろんない。〈第三の波〉でつちかった学際的な方法論を前提にしたうえで、文献史学なら文献史学なりの研究法を改めて鍛えるのである。しかも大事なことは、一方で、せっかく築き上げられた学際的交流のチャンネルを細々とでもよいから、けっして絶やさないことであろう。

と述べている。この発言を消極的にとらえるか、積極的にとらえるかで今世紀の研究動向は大きくかわる。少なくとも学際的研究の形成に主体的に関わってきた石井進は「しかし、この状況認識と処方ははたして正しいのだろうか？もっと根源的に考えてみる必要はないのか？」と警鐘を鳴らしている(8)。

仁木が述べるのはある意味で学際的研究が一定段階に到達したがための研究史整理である。学際的研究は実践の第一段階を乗り越えたのである。

新しい世紀を迎え、将来を見通すことは困難であるが、学際的研究は新たな段階を迎えることは確かである。過去の研究交流の成果で、個々の学問領域の方法論は一定の共通理解を得た。その上に立ち、個々の研究分野が達成してきた成果を再点検することはできるはずである。文献史学が築き上げてきた戦後の成果を、近年の考古学研究の成果を素材として再度考え直すことができるはずである。それは従来のように個々の研究分野の結果のみを援用して結果を調和させる段階ではなく、個々の研究分野が持つ方法論のレベルまで分け入って、独自に史料（資料）を操作して新たなる歴史像を生み出す、そのような段階に到達していると私は考える。

本書の背景にはこのような学際的な研究動向への認識がある。

二　本拠・領域空間の理解

領主が領域支配をするにあたって設定する本拠や対象とする領域、それらの空間を考えるために、考察の糸口となる理論として、石井進のイエ支配論がある(9)（図1参照）。

私はその典型を地頭級の武士団に求め、承久の乱後の新補率法の地頭の得分の規定を参考にしつつ、①中核にある家・館・屋敷（軍事的要塞、農業経営の基地、そして手工業や交通のセンター）、②周囲にひろがる直営田（下人・所従などの隷属民を使役。佃・正作・門田等とよばれる）、③さらに周辺部の地域単位（庄・郷・保・村などで、地頭の職権を行使して支配）という三重の同心円をもって説明し、その内部により小規模なイエをふくみつつも①の拡大発展、③の外円部全体の吸収を目ざすものであると図式化してみた。(10)

①の円について、「ここが武士の所領支配の中核をなす部分で、同時にイエの主人の支配権が貫徹しているところ」とし、(11)また②の円をもって「武士を武士たらしめる基本的な条件であった根本私領『名字の地』の中心に位置していた」とする。(12)そして③の円については「一定領域内には多くの農民がおり、さらに小なりとはいえ同様な同心円的支配を行っている別の武士団も存在する。このイエの主人にとってはもっとも支配権の薄弱な部分であって、さればこそ地頭などの職権にもとづいてかれらの支配を補強しようとしているのである。」と説明を加えてる。(13)氏はこのモデルを基にイエの支配の独立不可侵性を論じており、自身が述べるように「いかにも『領主制説』的色彩の強い」図式を提示した。

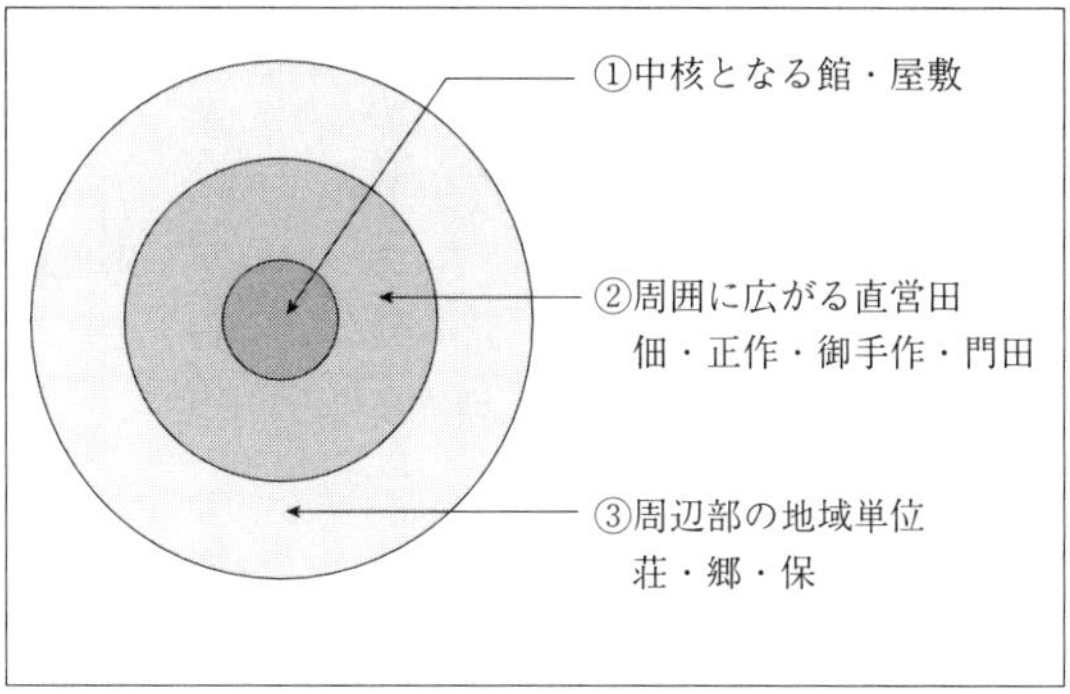

図１　中世武士の所領支配の構造（石井進『中世武士団』〈日本の歴史12　小学館〉を参考に作図）

　そして注目しておきたいのは「いわば第一の部分の拡大・発展、第三の外円全部の吸収が、武士のイエ支配の展開の極致であるといってもよい。事実ほんらいは第一の館のみを意味したはずの『堀の内』の語が、第二の部分の直営地の名称に転じているばあいは多いのである。そしてさらに第三の外円すべてをふくめて、その武士団の先祖相伝の屋敷地であり、居城であると称しているばあいでさえ、けっして少なくないのである。」と述べ、「後期になれば領主の領域支配圏も、地縁的共同体の成立に対応しつつようやく固まってくる」とし、「イエ支配の領域化」を説いている点である。(14)武士のイエ支配の変化を内円から外円への拡大・取り込み、そして領域化と考えている。氏はこのモデルを武士の領域支配の運動として理解しているのである。

この石井のイエ支配論について大山喬平は「石井氏にあってはは中世領主におけるイエの内と外との区別があいまいなのである」と批判を加える。(15)氏は中世の支配について主従制的支配と統治権的支配を分けて考える観点から「③の庄・郷・保・村などの庄園所領には多くの一般農民すなわち自立的な百姓が居住するのである。彼等は領主のイエの外側に存在したと考える方が、中世社会の実態にはるかに即した理解である。」とし、「イエ支配と領域支配の対比」で領主支配を説くことを主張する。

確かに大山の主張するように領主支配を「イエ支配と領域支配の対比」で理解する点は説得的であり、③の部分を領主のイエ支配の外側に存在すると位置づけることは納得できる。大山の批判するように領主支配の実態をイエ支配のみ（＝主従制的支配）で説明することは無理がある。この点については石井もイエ支配の図式は在地領主制を直接の対象として構成されたものと述べており、大山が視野に入れる「庄園領主（京都・奈良などに集住する都市貴族）」によって行使される領域的支配権の位置づけは明確ではない。しかし石井にあっては③の円には百姓や他の在地領主のイエの存在を認めており、それらに対する支配も地頭職などの職権によるとする。実態把握としてはさほど大きな差を見せていない点も見逃せない。大山が分析概念として主従制的支配と統治権的支配を提示して支配の実態を理論化するのに対し、石井のイエ支配論は在地領主の運動の方向性を示す理論として理解される。両者の相違は微妙である。③の円は統治権的支配に拠っていながらも、イエ支配の拡大運動の対象とされる場として理解されると考える。

この石井のイエ支配論は中世後期の議論にも影響を与えている。具体的には後述する戦国期城下町論である。小島道裕の戦国期城下町論は代表的なものであろうが、その一つとして小野正敏の空間論があげられる(16)。氏は一乗谷朝倉氏遺跡（福井県福井市　図2参照）と根城（青森県八戸市　図3参照）の城と城下町の構造を模式図化し、イエ支配の論理を

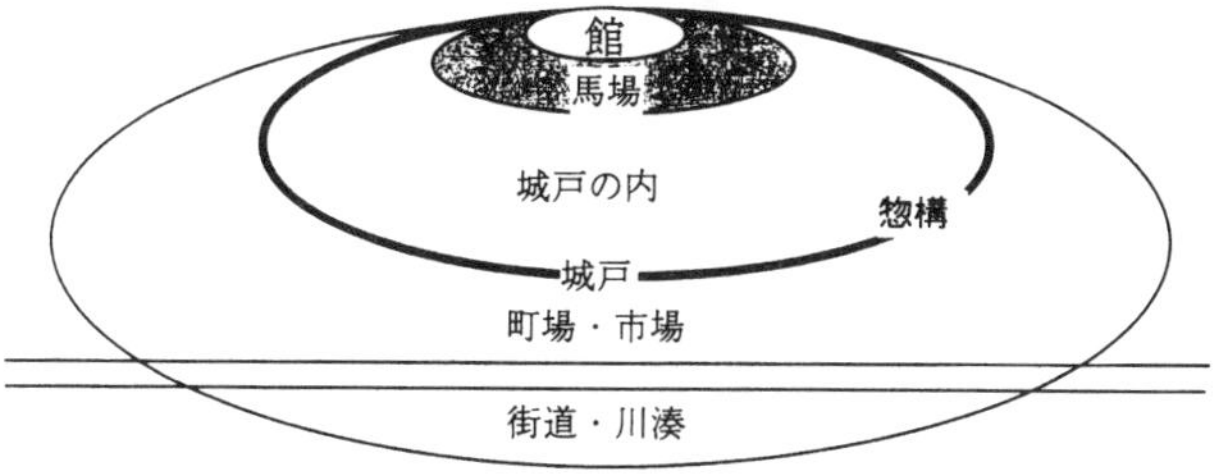

図2　モデル1　同心円構造の城下町（一乗谷）

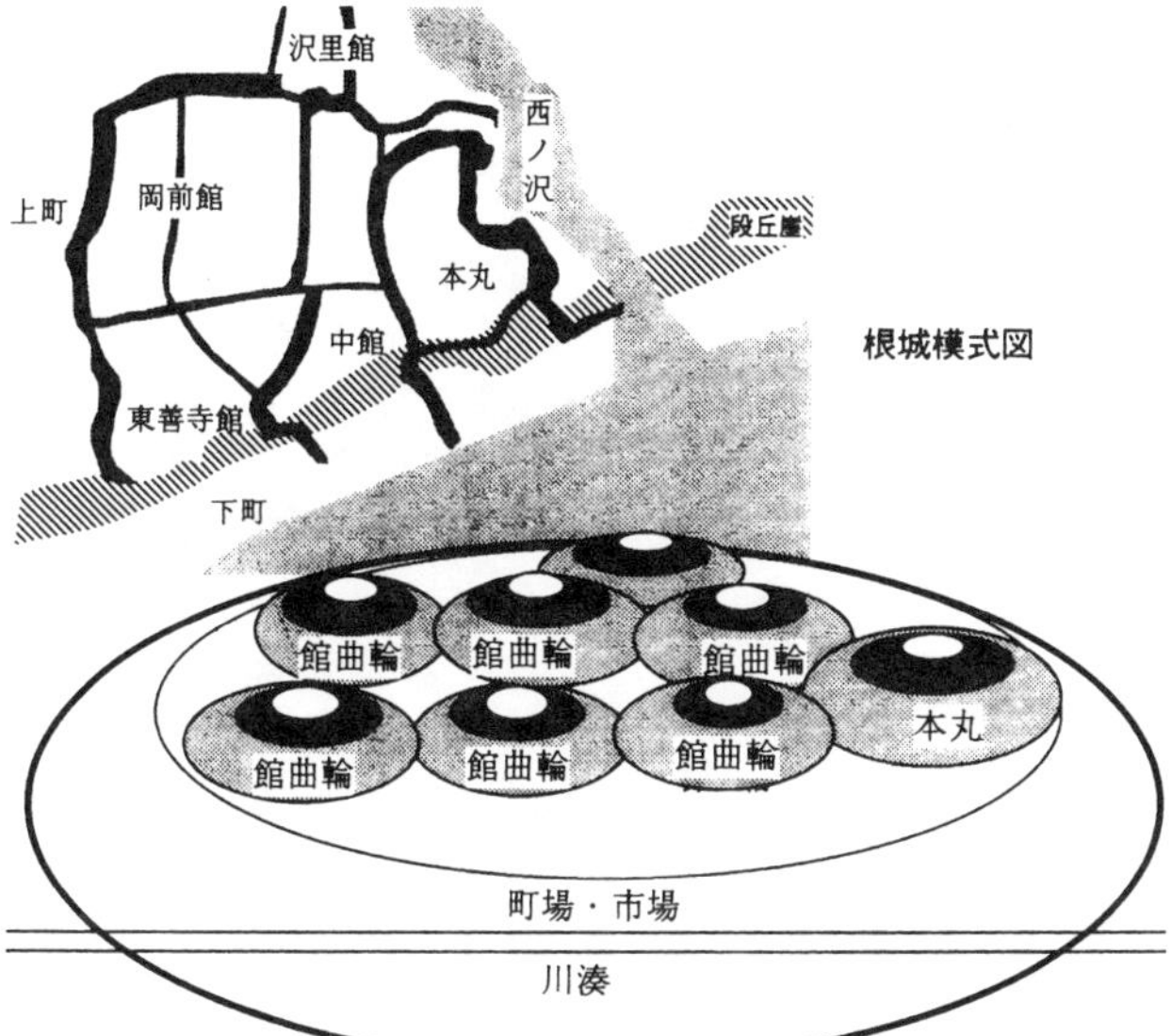

図3　モデル2　同心円の集合体構造の城下町（根城）

もって構造の解明を行い、イエ構造の相違を論じている。石井のイエ支配論を戦国期において実例に則して検討した研究といえるのではなかろうか。

このようにイエ支配論は領主の本拠の解明の理論としてすでに戦国期において有効性を持つことは明らかにされている。イエ支配論は中世における本拠および領域を考察する上で極めて重要な研究である。

三　本拠論・領域論の視点

本論が展開する本拠論および領域論は中世城館を史料としている。しかし、既に述べてきたとおり、本論においては従来のように中世城館の議論のみに視点を置いて論を展開するのではなく、戦後歴史学の成果を踏まえ学際的に論を展開する。以下、分析の視点について、触れておきたい。

（一）　中世後期領主制論

戦後の中世史研究は石母田正『中世的世界の形成』(17)が提示した領主制論をスタートとすることは周知のごとくである。この石母田領主制論を受け、永原慶二は「守護領国制の展開」(18)を著した。戦後の中世後期の領主制研究の起点となっている。

永原は大名領国を構成する基本的な領主制として国人領主制概念を設定した。中世後期の領主を（1）守護クラス、（2）地頭・荘官級の在地領主、（3）地侍層に三分類し、（2）及び（3）の領主が史料用語の「国人」であるとし、中世後期の基本となる領主は「国人」であるとした。そして中世を在地領主を軸として考える立場から、地頭領主→

国人領主→戦国大名という筋道を領主制発展の基本として見通した。永原を受け、国人領主制を概念化したのは黒川直則である。[19]黒川は「国人」を土豪と国人領主に分け、差異を直接経営の有無と村落による規制に求め、かつ基本的階級矛盾を両者間に設定した。

しかしこの国人領主制概念は成立の時点よりいくつかの困難な課題を負っていた。その一つに実態の問題がある。国人領主と土豪の差異について理論上は区分可能なものの、個別具体的に実証することは困難だった。両者の弁別の難しさのために、地頭職の有無が区別の問題となったり、用語の上でも土豪・小領主、国人領主そして「国人」などと混乱が起きた。

特に史料用語に関しては稲垣泰彦が「国侍・国民ともいい、その団結体を国衆・国人衆などとよんだ。国人という呼称はくにという言葉に表現される在地的性格と幕府およびそれにつらなるものなどの外部の力に対抗する意識を内包し、また一国という地域的連帯意識によって形づくられた団結を前提とした歴史的概念である」[20]と述べ、「すなわち国人という言葉は史料上に現れる場合、明らかに政治的内容をもっており、在地領主というような社会経済史的用語とは区別すべきものである。[21]」と強く異論を唱えていた。

一方、研究の進展にともない鎌倉期の領主制発展の必然が国人領主制でないことも紀伊国の村落に埋没する領主の存在から明らかになった。[22]

このような状況下、国人領主制の課題は主として公権の関係で追究された。国人領主はいかなる公権を帯び一定領域を掌握し支配していたか。幕府制度上の見解、関東平野での地域構成、また一領国内で所領構成の問題など、一定領域の統治の公的役割の分担が推測されてきた。しかし全体的な編成論理は未解明のままであり、現段階では石田晴男の室町幕府・守護・国人体制論[23]が達成となっている。

しかしこのように概観すると一つの問題点が指摘できる。先の石井のイエ支配論に照らして、国人領主が自己の所領の中でいかにイエ支配を達成していたか。この点が不明瞭なままとなっているのである。個別研究では惣領を筆頭に置いた構造についての研究が蓄積されてきた。また村落内の土豪や庶子の「被官化」とされる編成などが指摘されている。しかし惣領による独自の編成の問題、更には軍事動員などの人的収奪の解明が十分でなかった。佐々木銀弥の小早川氏家臣団構造分析は内部構造の研究の遅れを指摘していた[24]。この領主のイエの内部構造の視角は領主と村落の関係を動態的に把握し、地域社会の近世への変動を追求する可能性を持っている。しかし研究は緒についた状況のままである。

(二)　方形居館論

研究史上、領主制論を視覚的にイメージさせたのはこの方形居館論であった。今井林太郎[25]は史料用語の「堀内」「土居」を検討し、地表面観察される方形居館と結びつけた。この視点は小山靖憲[26]と峰岸純夫[27]に影響を与える。両氏は上野国新田庄や常陸国真壁などを事例として、用水系を周囲に巡らす方形の居館を検討し、中世初頭の在地領主のイメージとした。

しかし、考古学の進展に伴い、方形居館が中世初頭の所産ではないことが明らかとなり始めた。橋口定志は一連の研究[28]において、地表面観察に置いて認知される方形居館は中世後期の遺跡であり、用水系を堀に巡らした方形居館論は中世初頭の領主の存在形態をイメージするものではないと主張した。そして、中世前期の居館の具体的なイメージとして方形居館と異なる景観を持つ宮久保遺跡（神奈川県綾瀬市）、宇津木台遺跡（東京都八王子市）、椿峰遺跡（埼玉県所沢市）を提示した。

この橋口の議論に対して事例的にいくつかの反証が出され、また討論会[29]ももたれたが、大きく変更を迫る説は展開されていない。しかし、いくつかの問題点も残している。

まず第一に、考古学的事例として扱われた方形居館の大半が、館主の階級および身分の規定が不明確な点がある。従前の方形居館論は鎌倉幕府御家人層とりわけ惣領を意識してイメージ化されたものであった。しかし考古学的にこれらに該当する遺跡は十分に検討されていない。

一番目と関連するが、用水系の問題を外した、景観的に方形区画を持った居館は中世初頭にあって果たして本当に存在しないのかどうか。寺院では関連する遺跡も指摘されており、また官衙との関係から、検討の余地があるのではなかろうか[30]。

さらに三番目として、中世前期の居館の具体像が未だ十分ではないことがあげられる。調査事例が少なく、従来の方形居館論の影響も強く残っており、地域における検証が進んでいない。

最後に、議論の視角が方形という形にある点があげられる。方形居館の周辺にはいかなる施設があったのかも明らかでない。近年の考古学的事例は居館の周辺部まで調査範囲を広げており、中世後期の事例であるが、江上館（新潟県中条町）、伊達八幡遺跡（新潟県十日町市）、江馬館（岐阜県神岡町）など、方形区画の居館単体ではおさまらない状況を確認している。さらには居館がどのような空間の中でいかなる意味を持っていたか、都市設計の視角を導入して追究されねばならない。

橋口の提起は重要な論点を提供した。そして現在は新たな視点をもって批判的に継承される状況にあるといえる。

(三) 戦国期城下町論

戦後の城下町研究は歴史地理学がスターターとなっている。足利健亮[31]や小林健太郎[32]が代表的な成果である。特に小林健太郎の土佐国の戦国期の城下町研究は、個別城下町について階層的に空間構成を検討し、階層によって異なる城下町の空間を明らかにした。そして分析の方法として用いられた地籍図による城下町の復元は、城下町研究の基本的な方法として引き継がれていくことになる。

この歴史地理学の成果を受けたのが小島道裕[33]であり、市村高男[34]であった。両氏の研究の詳細は本論の第二部第一章で詳論するが、ともに戦国期の城下町を空間的に把握している。戦国期研究における現段階の到達点である。

また他方、考古学の分野からも城下町研究が開始された。考古学の城下町研究は一乗谷朝倉氏遺跡の調査が皮切りとなり、その成果は数多く問われている[35]。また小島の影響を受けた前川要が地割りを中心にした研究を展開する[36]。そして一九八八年に帝京大学山梨文化財研究所がシンポジウム「戦国期城下町と城[37]」を、また一九九三年度に日本考古学協会が「守護所から戦国城下へ—地方政治都市論の試み—[38]」を開催し、考古学サイドでの城下町研究の資料が集成されている。

本論との関連で注目すべきは、日本考古学協会シンポジウムが戦国期城下町を守護所との連動でとらえようとしている点である。小島・市村は城下町の発生を既存の町場の吸収で把握しようとするが、考古学サイドでは継承関係を他に求めている。城下町の形成論の問題を考える上で重要な視点を提供している。

（四）　中世城郭研究

ここで意図する「中世城郭研究」とは、地表面観察に基づいて縄張図を作成し、その図および作図の過程で得られた観察情報を史料として分析を行う方法論を指している。この方法論については千田嘉博が詳述しているので詳細はここでは触れない。(39)千田は長年にわたって模索が続いた縄張図を用いた城郭研究の方法論を研究のレベルで大きく飛躍させた。その意味において千田の仕事は高く評価できよう。(40)

この中世城郭研究を研究方法として重要であると主張したのは、村田修三による一九七九年度日本史研究会大会報告「城跡調査と戦国史研究」(41)であることは論を待たない。畿内の中世城館の構造と地域社会構造との連関を指摘し、城館研究の有効性を説いた。その指摘の重要性は今も不変である。ここに市民権を得た中世城郭研究はその後も数多くの成果をもたらしている。中世城郭研究は当初より方法の確立に多大な指向性を有しており、千田嘉博「織豊系城郭の構造―虎口プランによる縄張編年の試み―」(42)は後の研究に大きく寄与した。また村田の主導により刊行された『中世城郭事典』全三巻(43)は日本全国の中世城郭を縄張図で通覧する画期的な仕事となった。このような仕事が成り立った背景には地道な作図活動があり、この活動には深い敬意を表するものである。

しかし中世城郭研究は現況を地表面観察によって考察するという方法的な限界を有するため、常に考古学サイドからの批判を受けてきた。そのため縄張図のみで研究を模索する方法は次第に後景に追いやられ、史学雑誌「一九九八年度の歴史学会―回顧と展望―」では「城下町と関連の深い個別の城館についても各地で様々な研究や報告が行われ、それらは『中世城郭研究』一二号、『千葉城郭研究』五号、『古城』四四号などに収録されている。」という簡単な扱いになっており、個別具体的な研究という意味しか持ち得なくなってしまった。近年では城郭研究独自の方法論のみで歴史像を構成するのではなく、他分野の方法論を併用することにより学際的な研究を模索するようになっている。織豊城郭研究会の活動はその最大の成果である。[44]

しかし、相互補完的であれ、中世城郭研究はまだ縄張りを精読することに重要な意味を有しており、村田の提言の重要性は少しも減じていない。現状ではパーツ論などといわれる部分比較による編年模索が盛んであるようであるが、より広い空間の中で城館を読み解くという作業がなされた研究は少なく、未開発に近い分野である。縄張図の読解がより広く深くなされることが、より研究を進化させる方向である、と私は考えている。問題は所与の限界を如何に客観化して乗り越えるかということにかかっている。その意味で現状の軍事的な理解に偏る縄張りの読解には少なからず危惧を覚えている。

他方、この範疇で述べるべき問題ではないが、城郭の宗教性について論じた研究が近年に発表されていることにも注目したい。中澤克昭『中世の武力と城郭』[45]は中世前期の城郭の立地を通して、場の持つ宗教性を論じている。同様の指摘は中野豈任『忘れられた霊場』[46]や、近年では飯村均「山城と聖地のスケッチ」[47]でもなされており、本拠や領域の空間論を考える上で重要な視角を提供している。

四　本論の構成

以上の課題意識をもとに、本論では一四世紀から一六世紀までを時期的な範囲とし、東国の中世城館を事例として本拠および領域について考察を行う。第一部においては一四〜一五世紀中頃の本拠について、第二部では一五世紀中頃以降の本拠について論じた。また第二部には城館の象徴性を考える上での素材として石積みについての考察もおさめた。第三部では一六世紀の領域論をおさめた。領域論のキーワードは「境界の維持と管理」である。最後に終章として、本論を締めくくるとともに、本拠および領域に於ける中世城館の性格を展望した。

注

（1）「中世史研究の新段階」（『新編・日本史研究入門』東京大学出版会刊、一九八二）
（2）「地方史の方法」（『地方史研究』二〇二、一九八六）
（3）『祝儀・吉書・呪符』（吉川弘文館刊、一九八八）、『忘れられた霊場—中世心性史の試み—』（平凡社選書123　一九八八）
（4）中山雅弘「いわきにおける中世城館の覚書」（『潮流』七、一九八五・一二）
（5）六回のシンポジウムが開催され石井進ほかを編者とする『帝京大学山梨文化財研究所シンポジウム報告集』が刊行されている。初回『考古学と中世史研究』（名著出版刊、一九九一）、第二回『中世都市と商人職人』（名著出版刊、一九九二）、第三回『中世社会と墳墓』（名著出版刊、一九九三）、第四回『中世史料論の現在と課題』（名著出版刊、一九九五）、第五回『「中世」から「近世」へ』（名著出版刊、一九九六）、第六回『中世日本列島の地域性』（名著出版刊、一九九七）。
（6）二〇〇一年九月に第八回研究集会が開催され、第八回に至るまでは報告書『中世都市研究』（新人物往来社刊）が刊行されている。中世都市研究1『都市空間』（一九九四）、同2『古代から中世へ』（一九九五）、同3『津・泊・宿』（一九九六）、同4『都市と宗教』（一九九七）、同5『都市をつくる』（一九九八）、同6『都市研究の方法』（一九九九）、同7『都市の求心力—城・館・寺』（二〇〇〇）、同8『都市と職能民』（二〇〇一）
（7）『空間・公・共同体』（青木書店刊、一九九七）
（8）中世都市研究会第七回研究集会（山形大会）資料集「都市の求心力—城・館・寺」（一九九九）
（9）日本の歴史12『中世武士団』（小学館刊、一九七四）。その後、「中世社会論」（『岩波講座日本歴史8　中世4』一九七六）および『鎌倉武士の実像』（平凡社選書108、一九八七）で再論する。
（10）「中世社会論」（『岩波講座日本歴史8　中世4』、一九七六）
（11）日本の歴史12『中世武士団』（小学館刊、一九七四）一一一頁。

(12)『鎌倉武士の実像』(平凡社選書108、一九八七)三四二頁。
(13)日本の歴史12『中世武士団』(小学館刊、一九七四)一一二頁。
(14)石井はイエ支配の領域化にともなうイエの自立性の否定の事実も指摘している。
(15)「中世社会のイエと百姓」(『日本史研究』一七六、一九七七。後に『日本中世農村史の研究』(岩波書店刊、一九七八)に所収)。
(16)『戦国城下町の考古学』(講談社選書メチエ108、一九九七)
(17)伊藤書店刊、一九四六(初版)
(18)『社会経済史学』一七―4、一九五一(後に『日本封建制成立過程の研究』(岩波書店刊、一九六一)に所収)。
(19)「中世後期の領主制について」(『日本史研究』六八、一九六三)
(20)平凡社『世界歴史事典』(一九五一)。
(21)稲垣泰彦『日本中世社会史論』(東京大学出版会刊、一九八一)のあとがき(四二六頁)。
(22)伊藤正敏「紀州惣国と在地領主」(『史学雑誌』第一〇一編一一号、一九九二)
(23)「室町幕府・守護・国人体制と『一揆』」(『歴史学研究』586、一九八八)
(24)『中世の都市と法』(吉川弘文館刊、一九九四)
(25)「中世に於ける武士の屋敷」(『社会経済史学』八巻四号、一九三八)
(26)「東国における領主制と村落」(『史潮』九四号、一九六六)および「鎌倉時代の東国農村と在地領主制」(『日本史研究』九九号、一九六八)。ともに後に『中世村落と荘園絵図』(東京大学出版会刊、一九八七)に収録。
(27)「東国武士の基盤―上野国新田荘―」(稲垣泰彦編『荘園の世界』東京大学出版会刊、一九七三。後に『中世の東国―地域と権力』(財団法人東京大学出版会刊、一九八九)に所収)
(28)「中世居館の再検討」(『東京考古』五号、一九八七)、「中世方形居館を巡る諸問題」(『歴史評論』四五四号、一九八八)、「中世東国の居館とその周辺」(『日本史研究』三三〇号、一九九〇)ほか。
(29)「方形居館(散村から集村へ)」(『季刊自然と文化』30、一九九〇)
(30)この点は前掲注(28)の橋口「中世居館の再検討」(『東京考古』五号、一九八七)が当初より指摘している。
(31)『中近世都市の歴史地理』(地人書房刊、一九八四)

(32)『戦国城下町の研究』(大明堂刊、一九八五)

(33)「戦国期城下町の構造」(『日本史研究』二五七、一九八四)、「織豊期の都市法と都市遺構」(『国立歴史民俗博物館研究報告』第八集、一九八五)、「戦国期城下町から織豊期城下町へ」(『年報都市史研究』一、一九九三)ほか。

(34)『戦国期東国の都市と権力』(思文閣史学叢書、一九九四)。とりわけ同書第三編第一章「戦国期城下町の形成と民衆」(初出原題「中世後期における都市と権力」〔『歴史学研究』五四七、一九八五〕)は研究史に大きな影響をもたらした。

(35)前掲小野正敏著書、小野正敏・水藤真編『よみがえる中世6　実像の戦国城下町越前一乗谷』(平凡社刊、一九九〇)ほか。

(36)『都市考古学の研究―中世から近世への展開』(柏書房刊、一九九一)

(37)「帝京大学山梨文化財研究所研究報告」第3集(一九九〇)が詳細を報告する。

(38)金子拓男・前川要編『守護所から戦国城下へ―地方政治都市論の試み―』(名著出版刊、一九九四)

(39)千田嘉博・小島道裕・前川要『城館調査ハンドブック』(新人物往来社刊、一九九三)、千田嘉博『織豊系城郭の形成』(東京大学出版会刊、二〇〇〇)

(40)千田は『織豊系城郭の形成』の序の中で、「城郭は本来第一義的に防御施設であったが、最初から見せる、見せられることを意識した施設であり築城主体と地域を表象するものであった」(一頁)と述べている。しかし、一方で例えば「砦・城・館といったとき、それらを他の遺跡と区分する最大の要件は、軍事性であったことである。」(六八頁)と主張し、その主眼とする論点は軍事的な視角であることは明らかである。序文の定義にまで城郭論を高め切れていないところに限界を認めざるを得ない。

しかし、この千田の軍事論の問題は概念に留まることなく、歴史観の上に根ざしていると考えられ、研究史上、極めて複雑な様相を呈している。研究史整理について、端的な表現では「戦後改めて動き出す民間の城郭研究は、空襲と敗戦によって崩壊した軍による城郭研究を継承したものでは決してない」(二〇頁)、「つまり戦後活発に展開していった民間の城郭研究は、陸軍による軍事史研究とはまったく違う『郷土愛』から出発していた」(二六頁)、「軍による研究に内包されていた国粋主義あるいは軍事主義的な視点、城を通じて日本人がアジアのなかでもっとも優れ、欧米列強に勝ることを証明する、戦闘シュミレーションの素材として戦術を研究する、皇国精神の高揚へ転用する、などと現在の研究ははっきりと異なっている。」と述べ、戦後の城郭研究の再生を主張している。しかし、時代背景が異なれば、研究方法が類似していても、研究史上は系譜が異なるとする主張は認められるはずがない。加えて『郷土愛』の理解についても研究史上、問題なしとはできないだろう。この主張は修正史観とでも言い得るような理解であり、「橋口定志が戦後の民間の城郭研究を『敗戦前の要塞研究の枠組に縛られた』と評したのは明らかに城郭研究全体を軍による城郭研究だけに引きつけた評価といわなくてはならない」(二六頁)とする批判は当たらない。かつて橋口がやや難解であったが「千田の城郭論はかつての『天皇機関説』に似て危険ですらある。」(「一九九一年の考古学動向　中・近世」〔『考古学ジャーナル』347、一九九二〕と批判した状況と何ら変化することがない。橋口の警鐘が千田に伝わらなかったことが極めて残念である。

近年、中世史研究では軍事論が盛んになり、かつ教科書問題が大きな外交・社会問題となっているが、一〇年ほど以前に、城郭研究を舞台として行われた論争を、今一度振り返る必要を感じているのは筆者だけであろうか。

(41) 『日本史研究』二二一号(一九八〇)
(42) 『史林』七〇巻二号(一九八七、のちに千田嘉博『織豊系城郭の形成』〔東京大学出版会刊　二〇〇〇〕に所収)
(43) 新人物往来社刊、一九八七
(44) 『織豊城郭』が一九九四年より毎年公刊され、現在、八号迄発行する。
(45) 吉川弘文館刊、一九九九
(46) 注(3)参照。
(47) 『帝京大学山梨文化財研究所研究報告』第5集(一九九四)

第一部　南北朝・室町期の本拠

第一章　常陸国真壁氏と亀熊郷

はじめに

筑波山を南東に見上げる関東平野の東端の地に、中世においては真壁氏が領主制を展開した。中世文書の残存量が少ない東国中世史研究の中で、真壁文書・長岡古宇田文書を残す真壁郡は、新田庄とならび貴重なフィールドとして今に至っている。そのため真壁氏研究のもつ意義は高く、数多くの研究を生んだ(1)。

とりわけ、小山靖憲「鎌倉時代の東国農村と在地領主制(2)」で論じた『堀の内体制』論は、基本的な在地領主の存在形態として認識され、その後の在地領主制研究に大きな影響を与えた。

しかし、近年に至り二つの点で『堀の内体制』論に見直しを迫る必要が生まれている。第一点は斉藤利男の論点である。氏は「都市領主」の概念を設定し、地方都市に居住する領主像を描き、「草深い農村」に居住する在地領主、とりわけ惣領家の存在形態のイメージに再考を求めた(3)。真壁氏研究の場合、『堀の内体制』論の描いた景観は庶子長岡氏の場合であったが、小山は「本宗家の真壁城（古城）も、原理的にはこのような機能をもつ堀の内の拡大・発展したものに他ならない。」という提起を行った。近年ではその見解を継承し、支配の背景に地理的要因を踏まえるべきであるという観点から、桜川の右岸＝『堀の内体制』論の地域、左岸＝「平民名」が存在するなど「地頭の在地状況把握の不徹底」な地域という対比的把握がなされるに至っている。(4)したがって、真壁惣領家はいかなる存在形態であったかを解明する必要がある。

第二点は竹内千早・橋口定志の堀ノ内の再検討である。(5)両者の検討によるならば、堀ノ内＝方形館とする見解は誤りであり、別の景観を求めるべきとして、宇津木台遺跡（東京都八王子市）等を検討対象としている。この提起は、史料上の用語としての「堀ノ内」と概念として設定された『堀の内体制』（すなわち方形館を中心とする在地支配体制）を別次元としたものである。そのため現在の研究史の状況では史料上散見する「堀ノ内」の実態面についての追求の深化を必要としている。

以上の二つの論点を受け、本章では真壁氏を素材とし、惣領家の本拠地の景観復元にアプローチすることにする。その際に単に本拠の城館のみを復元するのではなく、『堀の内体制』論との比較を可能にするため、かつ斉藤利男の描く都市空間との接点をつくるために、可能な限り郷規模の復元を目指すことにしたい。しかし、真壁氏の場合、比較的に本拠の様相を語る文献ほかの史料を有しているが、以上の二つの論点を全面的に展開することはできない。したがって本章では一四・一五世紀の存在形態を中心とし、戦国期の城館および城下町出現以前の状況を描くことをあらかじめお断りしておく。

一　真壁氏の本拠

真壁町の市街地の一角、大字古城に真壁城がある。(6)真壁氏の後、近世初頭には浅野氏が入城するなどして、現在に伝わる姿は中近世移行期の様相を色濃く伝えている。この真壁城について、通説では真壁氏の祖、長幹が真壁郡に入

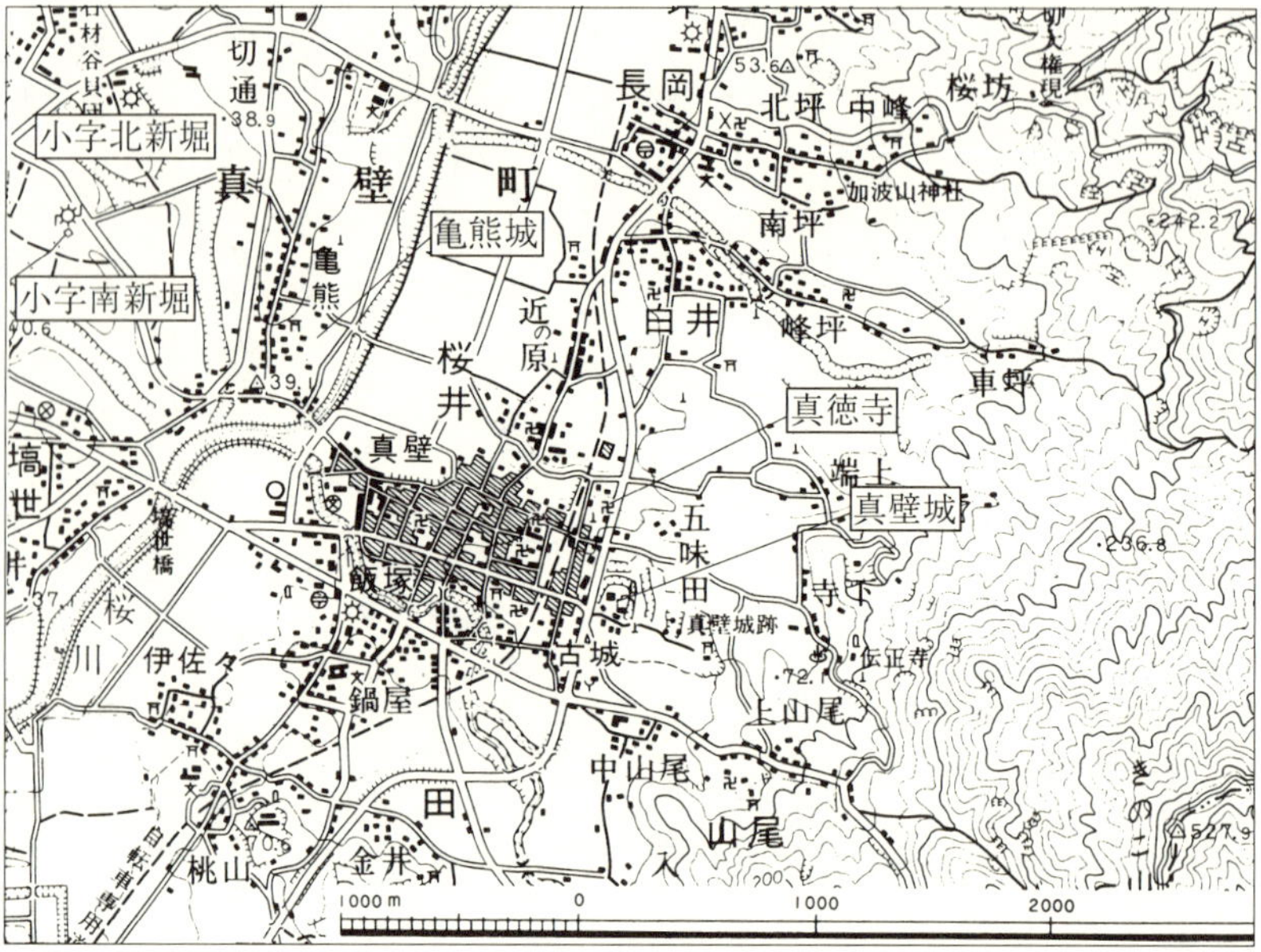

図4　真壁・亀熊周辺地形図

部し築いたとしている。[7] 真壁氏は平安末期から近世初頭に至るまで、連綿としてこの真壁城の地に本拠を置き、栄えてきた。そのように考えられているようである。真壁城の場合、古代の真壁郡衙の候補地ともされており、在地領主の発生を考慮に入れた時、真壁城が中世初頭より続いていたとする説の妥当性も当然あるといえよう。

一般に戦国時代に栄えた領主の居城・居館の概説を見ると、この真壁氏の例のように築城の起源が、伝説を根拠として、鎌倉時代初頭にさかのぼる例が随分と見られる。このことは中世城館研究が主として戦国期を対象とし、その前代についての研究を欠落させていたことに原因の一端がある。文献史料の限界、当該期の様相を示す表面観察可能な遺構の少なさ、考古学研究の状況等が、戦国期以前の本拠の復元作業を著しく遅らせていた。

このような状況の中、真壁城についての通説は正しいであろうか。そのことは次の史料が否定してくれる。

【史料一】[8]

為当城賛(替)代おこさき屋敷之事、号正宗寺、可然人躰

を可指置候、寺領等之事者、如先々可申談候、次真光寺之事者、朝幹号菩提所可然様ニ可令談合候、何も書置候事共、努々不可有無沙汰候、仍為後日如件、

（真壁）朝幹（花押）

長禄五年伍月十五日

（真壁尚幹）次郎殿

【史料二】(9)

（端裏書）「掃部助殿」

信光寺之事者為永真菩提所、道号ぉ為寺号、可然出家ぉ可付置候、世上物忩之間者、此要害あるへく候間、尾子崎屋敷ぉ為正宗寺、出家お一人可付置候、

（中略）

努々此旨不可背也、仍為後日文書如件、

文正貳年ひのとの井三月十日　（真壁朝幹）永真（花押）

六年を隔てた二通の真壁朝幹置文である。両通共に、「当城」＝「要害」を取り立て、旧の館である「尾子崎屋敷」は「正宗寺」にせよ、と申し置いている。六年を経てもなお同じことを書き記す背景には、移転の達成が容易ではなかったことを物語っていよう。しかしながら、この両通ともに一五世紀中頃に真壁氏の本拠の移動があったことを示している。したがって、真壁城は中世初頭以来、連綿として真壁氏の本拠であったという通説は否定されることになる。

中世の長い時間の中、在地領主の存在形態も変化したであろうし、政治的状況の変転により城館の帯びる性格も多様に変化したであろうことは想像がつく。したがって、中世の中での変化と関連させて城館の存在形態を把握する必要がある。

二　真壁城と真壁秀幹

応永二四年（一四一七）、関東では上杉禅秀の乱が終結したが、その後の措置をめぐって常陸国では戦乱状態が継続していた。真壁城攻めも、応永三〇年（一四二三）にその一環で行われている。この当時、鎌倉公方足利持氏と幕府の支持を受けた山入与義・小栗満重は緊張状態にあり、真壁氏の惣領であった秀幹は反持氏派として両者とともに行動していた。

応永三〇年七月二日には、「佐竹刑部大輔《（山入祐義）》・常陸大掾《（満幹）》・小栗常陸介《（満重）》・真壁安芸守《（秀幹）》等事、有京都御扶持之処、関東様《（足利持氏）》御発向云々、早為彼等合力、相催随遂与力人等、令談合細川刑部少輔《（持有）》并小笠原右馬助《（政康）》、可被致忠節之由、所被下也、」[10]として、室町幕府管領畠山満家から信濃国に対しての援軍要請がなされている。この前年の閏一〇月一三日に山入与義は自害に追い込まれており、与義の子息祐義と小栗満重・大掾満幹と並んで真壁秀幹が記されていることから、真壁秀幹は反持氏派の重要メンバーであったことが理解される。

足利持氏はこの時、小栗氏討伐の軍を起こし、在陣して約一カ月で小栗城を落城させている。この間の反持氏派の援軍は確認できず、信濃の援軍も畠山満家が一〇月一〇日付書状で、「自武州・上州一揆中、以使節言上候之様者、被越臼井到下候者、上野一揆中、号為防信州之勢、相催国中、馳加当国勢、可致一味忠節之由申候」[11]と小笠原政康に書き送っており、援助の状況を整えている様子を示しているが、関東の現地での状況はもっと複雑だったのであろう。情勢の緊迫の中、真壁秀幹はいかなる行動をとっていたのであろうか。後年の真壁朝幹代皆河綱宗目安状写に一端が確認できる。

【史料三】[12]

（前略）

去応永卅年以勝定院殿（足利義持）御成敗、就小栗常陸介御合力、被成下御教書間、伯父真壁安芸守（秀幹）相共、構一城、抽戦功刻、

持氏様御発向時、小栗城没落後、失力、無程令退散訖、

（後略）

これによると真壁朝幹は、足利義持の命令で小栗満重に合力し、伯父の真壁秀幹と「一城」を構えて戦功を尽くしたが、小栗落城後に退散したとしている。真壁氏は合戦に際して独自に城館を構えて、抵抗したことを知ることができるが、この城館が真壁城であることは次の文書よって知ることができる。

【史料四】[13]

常州真壁城責之時、致忠節之条、尤以神妙、向後弥可抽戦功之状如件、

応永卅年九月十三日　（足利持氏）（花押）

宍戸弥五郎（満重）殿

真壁氏側の史料【史料三】に呼応して、持氏方の史料からも真壁城での合戦があったことが確認され、真壁城が小栗城と共に反持氏方の拠点であったことがわかる。さらに以下の史料によって真壁城攻めの様相を詳しく知ることができる。ただしこれらの文書に見る真壁城は、先の検討を踏まえると、大字古城に遺構が残る真壁城ではないことに

は注意されたい。

【史料五】[14]

／同前

著到

鹿島烟田遠江守幹胤申軍忠事

右、常州小栗常陸孫次郎年来館籠、隠謀露顕之間、御罷向之砌、六月廿日古河御陣馳参、同七月一日結城江御屋方御共申、同五日伊佐江御共申、同八日小栗江御迫候仁、致宿直警固、日々矢戦仕、同八月二日以御意、鹿嶋・行方・東条同心仁、向真城（真壁城）、致忠節候上、無程御敵没落仕候間、同八月五日結城江御帰参之間、御共申候上者、早下給御證判、為備後代亀鏡、恐々言上如件、

応永卅年八月　日

承候了

（裏書略）

【史料六】[15]

着到

行方鳥名木右馬助国義申軍忠事

右、就小栗常陸孫次郎御対治事、去六月六日馳参古河御陣之処、同七月一日小栗御進発之間、令供奉、致日々矢戦、同八月二日城責時、属土岐美作守手、打破南面壁、最前切入、致散々合戦、責落、剰被疵訖、同夜堀内城令没落上者、早下給御證判、為備向後亀鏡、恐々如件、

応永卅年八月　日
（異筆）
「承了」

（裏書略）

【史料五】によれば、持氏方の真壁城攻めは持氏の命により、応永三〇年八月二日に行われ、「無程御敵没落仕候」とあることから、即日の落城であったと推測される。同日に小栗城攻めが行われたことが他の文書から確認されること[16]から、同日を期しての一斉攻撃であったことがわかる。

ところで、真壁城の攻撃の軍勢は「鹿嶋・行方・東条同心仁」とあり、鹿島郡・行方郡そして東条庄の軍勢である。【史料五】の烟田幹胤は鹿島郡の領主であることから、真壁城攻めに加わったことになる。この文言に注目して次の【史料六】を見るならば、鳥名木国義は行方郡荒原郷内鳥名木村の領主である。従って、【史料六】も真壁城攻めの史料となり、土岐憲秀を中心とした「鹿嶋・行方・東条同心」勢[17]によって落城した真壁城での合戦の様相が明らかになる。

この【史料六】によれば、鳥名木国義は「打破南面壁、最前切入、致散々合戦」と主張しており、真壁城の落城は真壁朝幹が【史料三】で語る「小栗城没落後、失力、無程令退散訖」というような状況ではなかったことになる。

さて、鳥名木国義は自身の奮闘により「真壁城」を「責落」し、それ故に疵も負ったと主張する。さらにはその功故に、「同夜堀内城令没落」と述べている。ここで注目すべきは「責落」と「堀内城令没落」の因果関係と時間の経過である。鳥名木国義は何らかの場所を攻め落としており、それが原因で「堀内城」がその日の夜に没落したと主張している。そして鳥名木国義が攻めた場所はその施設の「南面壁」であったことも明らかである。「鹿島・行方・東条同心」勢は真壁城に向かったのであり、その戦闘での結末が「堀内城令没落」であったのであるから、このことが真壁城の落城であったことは間違いない。このあと足利持氏は結城に帰っており、真壁朝幹も「無程令退散訖」と述べていることから、真壁城が存続し、抵抗を続けていたことはなかった。先の【史料五】も即日の落城を推定せしめた。従って、「堀内城」とは城館の個別名称ではなく、真壁城の構造を示す言葉と考えられる。すなわち堀ノ内という広がりをもった空間が、同時に「城」と把握されていたのである。とするならば、鳥名木国義が攻め落とした場所は、真壁城を構成するある重要な部分であったことになる。しかし逆にその場所を攻め落としただけでは真壁落城とはならない場所であったことも明らかであろう。

応永三〇年（一四二三）八月に足利持氏軍によって真壁城が落城したことを明らかにし、その当時の史料から構造を探った。真壁秀幹当時の真壁城は、戦闘の際に攻撃の対象となる場所と堀ノ内からなっており、「責落」から「没落」まで時間の経過を要することから、軍事的には重層化し、かつ多元化した構造であったことが推測された[18]。また「構一城」とあることから、当時の堀ノ内という日常の空間は、臨時に城塞化されうるものであったことも理解される。

三　真壁氏と亀熊

応永三〇年の真壁落城後、真壁秀幹の消息は途絶えてしまう。恐らくはこの合戦で死去したのであろう。真壁氏の所領は没収された模様で、白井郷が鹿島神宮へ寄進され[19]、飯塚・窪郷が宍戸満里に宛行われている[20]。恐らくは他の所領も勲功のあった諸氏に配分されたものと推測される。そして、真壁一族は本領真壁郡内の名字之地「十三箇郷」[21]を離れ、本領回復の機会をねらい、各地で活動することになる。嫡流の真壁慶幹は関東に在って、活動していた。慶幹の異父弟で秀幹の猶子とされる真壁氏幹は当初、京都で活動しており、その後に常陸に戻ってくる。秀幹の甥の朝幹は当初、慶幹と行動を共にしていたが、のちに本領近くに戻り、都鄙問題の狭間で苦慮しながら、真壁氏の再興にむけて努力している[22]。しかし、慶幹は戦乱の中で行方不明となってしまい、また氏幹は真壁氏の親類一族に支持を受けて朝幹と惣領の地位を争った。一族の結集をめぐっても落城後の真壁氏は容易ではなかった。

史料上、本領が回復されたことが確認されるのは、享徳五年（一四五六）である。

【史料七】[23]

（端裏書）「せつちう状」

常陸国真壁郡亀熊郷 堀内南方 宿南方 細柴村 新堀村 西荒野村・桜井郷・田村郷・山宇郷・山田郷・下小幡郷・押樋郷・上谷貝郷内金敷村半分并庶子白井修理亮・飯塚近江守等事、任仰下之旨、為折中之分、所沙汰付真壁安芸守朝幹之状、如件、

享徳五年六月三日　　左衛門尉康定（花押）

前下野守義行（花押）

この文書は「享徳五年」という年号を使用しており、かつ「前下野守義行（花押）」が署判[24]していることから、古河公方家からの発給である。また「為折中之分」とあることから、相論の結果として発給された文書と考えられる。すなわち、亀熊郷以下に書き立てられた所領の倍に当たる所領が係争地であったことになる。

この当時、宍戸満里は足利成氏にこの【史料七】に含まれない近隣の窪郷と飯塚郷の安堵と申請しており、不知行化していた両郷の確保を目指して運動していることから真壁朝幹の相論の相手に宍戸満里がいた可能性が推測される[25]。また同年四月四日付足利成氏書状写[26]によると、前年の康正元（享徳四）年（一四五五）に、「一、山内兵部少・真壁兵部大輔、構要害、成敵讎間、可加討戮處、各退城内帰降候了」という戦乱があったことが、報じられている。真壁兵

部大輔の実名ほか詳細については知ることができないが、(27)真壁一族の中で真壁朝幹と敵対する可能性をもった者がいたことを示している。先に見た真壁氏幹もその後の動向はわからないが、一族の中でも支持を得ていたことから真壁郡内に所在し、真壁朝幹と相論を続けていた可能性がある。したがって、この【史料七】は真壁一族の分裂による相論の結果であった可能性もある。

以上、このように見てくると【史料七】に結果する相論は真壁朝幹による本領回復運動に外ならないことになる。(28)したがって、長く見て三三年間、真壁氏は本領を持ち得ていなかった。(29)真壁氏に見るように、戦国時代まで続いた家とはいえ、在地領主の本拠は決して安定的に営まれていたとは言えないのである。

さて、【史料七】を再度、見てみたい。書き立てられた所領の冒頭に亀熊郷がある。折中されたがために、郷域すべてが回復されたのではなく、半分のみである部分もある。割り注でかかれている場所は亀熊郷全体の半分であろう。その中で「堀内南方」とあるのは注目される。真壁文書のなかにある真壁氏所領のうちで唯一、堀ノ内地名のある郷であり、先の【史料六】の「堀内城」との関連を検討する必要が生まれる。

後述するが、亀熊の一角には現在も城館の跡が残る。その中心郭の北西隅の段上には中世後期の五輪塔が数多く残り、近世の墓石も散在する墓域がある。現在、その中心郭の場所を、通称「オテラヤマ」と呼んでいる。文字通り、過去に寺院があったという。この状況に基づくならば、この亀熊城の中心部は先の【史料一】【史料二】でみた「尾子崎」の屋敷であった可能性が生まれる。伝承の廃寺は正宗寺ではなかろうか。

この仮定に立って文書を見直してみると、いくつかの点が指摘できる。

常陸国の大田文である「常陸国作田惣勘文案(30)（断簡）」を見ると、真壁郡の内で亀熊郷は二三丁四段六〇歩を有している。【史料七】で亀熊郷の内となっている細柴が別立てになっていることから、これを加えると計二六丁四段六〇歩となり、真壁郡全体の六％強となる。従来、本拠地の場所と考えられ、戦国時代に真壁城が築かれる地域は、伊佐々・五丁一段、山野宇・一二丁、窪・八丁五段六〇歩、田村・一〇丁、桜井・一七丁となっており、亀熊郷単独では取り分け広いことになる。有力庶子が基盤としていた長岡・白井はそれぞれ一五丁二段六〇歩・廿丁大となっており、また同じく庶子と推定される本木氏に関しては、関連する「真壁郡内田数目録案」[31]によると廿一丁九反六〇歩が追記されている。亀熊郷はこれら庶子所領の田数を上回る数値になっており、看過できない。

先の【史料七】に至る譲状等によって示される真壁惣領家の所領は、個々の所領の記載に注目すべき点がある（表1参照）。当初より庄領と公領に区別されて記載されている。個々の所領の順序におおむね変化はない。足利尊氏袖判下文と高師直施行状は同じ件についての発給文書であり、内容的には同一のものである。両文書の所領順序は公領の次に庄領を書き続けたもので、公領と庄領の区別の重きをなくしているものの、所領の順序については、前代以来の影響の下にあるといってよい。しかし、南北朝時代後半になると、この順序が失われ、亀熊が筆頭に書かれるという変化が起きる。以後、【史料七】に至るまでこの位置付に変化ない。[32]亀熊が筆頭に書き立てられることに意味はあるのであろうか。真壁氏惣領が亀熊郷を特別視していたという意識が影響してはいないだろうか。

所領の書き立ての変化に意味があったとすれば、南北朝時代初期の様相が重要となる。この時の惣領は真壁幹重である。この真壁幹重について山田邦明は分析を加えており、「彦次郎平幹重」[33]・「そうりやうまかへのひこ二郎とのほうてう」[34]・「惣領真壁入道殿法超」[35]等の文言から彦二郎＝法超＝幹重であるとした。さらに興国三年（一三四二）四月五日・沙弥法超書状[36]を分析し、幹重は南朝方として真壁城に籠もったとし、真壁氏の「当家大系図」にある元徳三年（一三三一）卒の誤りを指摘している。[37]

この指摘に導かれ次の史料を見てみたい。

表1　真壁氏譲状等所領一覧

年号	西暦	月	日	発給者	受給者	文書様式	庄・公	所領名								
寛喜　元	一二二九	七	一九	九条頼経	真壁時幹	袖判下文	庄領	本木	安部田	大曽祢	伊々田	北小幡	南小幡	大国玉	竹来	
							公領	山之宇	田村	伊佐々	窪	源法寺	亀隈			
文永　六	一二六九	二	一六	沙弥敬念（真壁時幹）	真壁盛幹	譲状	庄領	大曽祢	伊々田	南小幡	竹来					
							公領	山之宇	田村	伊佐々	窪	源法寺	亀隈			
文永　七	一二七〇	一二	八	北条時宗 北条政村	真壁盛幹	下知状	庄領	大曽祢	伊々田	南小幡	竹来					
							公領	山之宇	田村	伊佐々	窪	源法寺	亀隈			
正安　元	一二九九	一一	二三	沙弥浄敬（真壁盛時）	真壁幹重	譲状	庄領	大曽祢	伊々田	南小幡	竹来					
							公領	山宇	田村	亀隈	窪					
康永　三	一三四四	七	二	足利尊氏	真壁高幹	袖判下文	―	山宇	田村	窪	亀隈	大曽祢	小幡	飯田	伊佐々	竹来
康永　三	一三四四	八	一二	高　師直	上杉憲顕	施行状	―	山宇	田村	窪	亀隈	大曽祢	小幡	飯田	伊佐々	竹来
永和　三	一三七七	二	五	沙弥法高（真壁広幹）	聖賢（真壁顕幹）	譲状	―	亀隈	山宇	田村	小幡	大曽祢	飯田	伊佐々	竹来	窪
応永一一	一四〇四	一二	一五	沙弥聖賢（真壁顕幹）	真壁秀幹	譲状	―	亀隈	山宇	田村	小幡	大曽祢	飯田	伊佐々	竹来	窪
				沙弥聖賢（真壁顕幹）	真壁秀幹	譲状	―	亀隈	山宇	田村	南小幡	大曽祢	飯田	竹来	窪	
応永三〇	一四二三	一二	一六	足利義持	真壁秀幹	御判御教書	庄領	本木	安部田	大曽祢	伊々田	北小幡	南小幡	大国玉	竹来	
享徳　五	一四五六	六	三	古河公方家奉行人	真壁朝幹	連署状	―	亀熊	桜井	田村	山宇	山田	下小幡	押樋	上谷貝	

【史料八】(38)

常陸国真壁郡正税并闕所除亀隈彦次郎入道跡所務事、為致其沙汰、国方使者入部之処、有違乱之輩云々、事実者、甚濫吹也、早正税以下為全所務、可令静謐狼藉人給之由候、仍執達如件

建武二年十月十三日　　　沙　弥（花押影）

長岡又次郎殿

難解な部分を含む文書であるが、常陸国真壁郡内の「正税并闕所」に関する違乱を停止するために、建武政権から使節に任じられた長岡宜政に対して出された奉書である。注目は割注の「除亀隈彦次郎入道跡所務」の部分である。問題としている亀熊を名字としていることから亀熊の地を基盤とする在地領主とできるが、仮名が「彦次郎入道」となっている。当該期でこの仮名の領主は、真壁幹重のみである。従って、真壁惣領家が亀熊を本拠としていたことが推測される。

ところで、この真壁幹重は熊野を信仰していた人物であることが、次の文書によって知られている。(39)

【史料九】(40)

常陸国真壁地頭那智山師職事、任正和下知并袴〔幹〕重等願文之旨、領掌不可有相違者、依　法親王令旨、執達如件、

元亨弐年二月二日　　　法印（花押）

善寂房律師御房

米良文書で真壁氏に関する文書は真壁光幹が関連する文書だが、この【史料九】にのみ真壁幹重が登場する。文書中、正和下知とは正和五年二月十六日熊野山検校御職補任状及び正和五年三月廿五日那智山執行法印施行状(41)を指し、「真壁地頭」一族は「譜代之檀那」として善寂房律師御房に御師職を認めるとしたものである。「幹重等願文」とある

のは、常陸国の先達が作成した文書であり、熊野に導いた真壁幹重を筆頭とした真壁一族の檀那の名簿で、御師に提出したものである。したがって真壁幹重は熊野参詣を行っていたことが窺える。これらの文書に基づき御師職を善寂房律師に安堵するというのが本状である。

真壁幹重が信仰した熊野社が亀熊にもあった(42)。亀熊城のある舌状台地の根本に、「熊の宮(43)」という小字が残っており、熊野社があった場所とされている。元禄一〇年（一六九七）『亀熊村差出帳(44)』にもその存在が確認される。後述するが、小字の所在地は亀熊城の空間構成と関連しており、熊野社の起源は亀熊城の存在した時期に溯る可能性がある。つまり、真壁一族の在地での熊野信仰を語る遺跡なのである。

以上、確認してきたとおり、推測を含むものではあるが、真壁惣領家にとって、亀熊は実に由緒深い地であったことになる。改めて次に確認するが、中世亀熊の景観もその地が真壁惣領家の本拠の地であることを如実に語っている。

四　亀熊城の構造

現在の大字亀熊の場所は、真壁の市街地の北西に当たり、桜川を隔てた川沿いにある。北から南に向かって突き出した舌状の台地上に集落が所在し、中世において北には「竹来郷」が存在していた。台地の東縁を桜川が洗い、北にむかっては台地が続くことから、あるいはこの選地は北の玄武、東の青龍を意識したものかもしれない(45)。西側には支谷が切れ込んでおり、谷田が展開している。谷奥には「上谷津池」と「星の宮池」の二つの溜池が所在しており、この溜池による灌漑用水によって水田が成り立っていた。

中世の亀熊はいかなる様相をしていたのだろうか。その復元をするにあたって、まず中心となっていたであろう亀

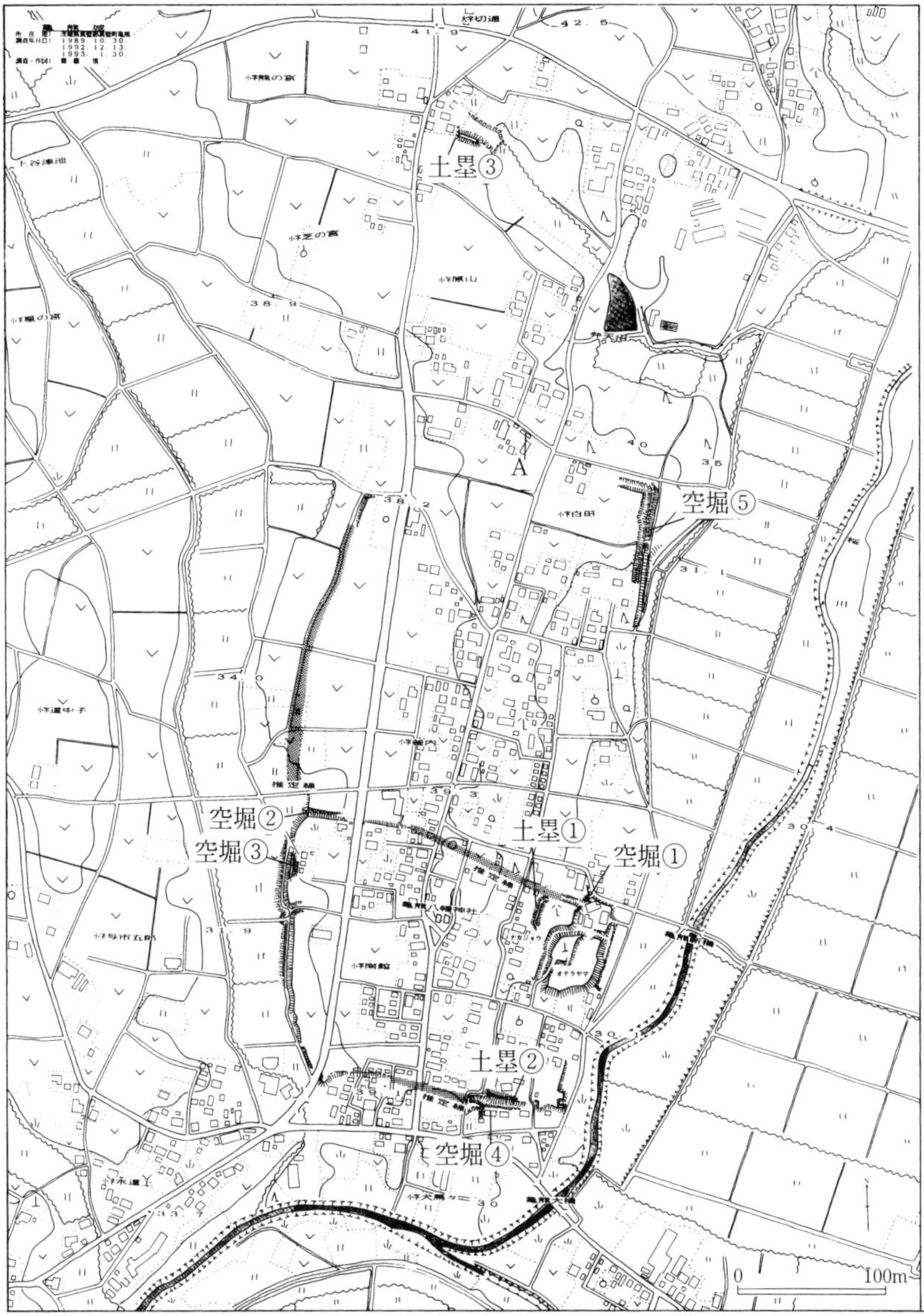

図5　亀熊城縄張図

図6　亀熊城地籍図（明治期の地積図により作成，カタカナは通称地名）

熊城から確認して行くことにしたい。

亀熊城の中心郭は、先に触れたが通称「オテラヤマ」と呼ばれる場所にある。北東―南西を軸とする菱形の形を呈している。東および南面は台地の縁にあたり、斜面を加工した壁になっている。地続きになる北および西面には比較的規模の大きな空堀が普請されている。中心郭北西隅には、墓石が多数残る段がある。この段はあるいは櫓台の機能

写真 1　亀熊城主郭の五輪塔群旧景（正面）

写真 2　亀熊城主郭の五輪塔群旧景（裏面）

を有していたかもしれないが、墓域になったことによる地形の改変が予想されるため、詳細はわからない。虎口の場所も不明である。現在は南西隅と北側中央に道がついており、あるいはこの道が当時も使用されていたかもしれない。

墓域には中世石造物が散見される。(46)五輪塔七基（写真1・2参照）(47)と板碑一基が、墓域の北奥に群を成している。そのほか墓域全域に五輪塔の残欠が散在しており、空風輪が三個体、火輪は転用されたのも含め六個体、地輪が三個体ほど確認された。その他に時期の判別がつかなかったが板碑が二基存在し、近世の石造物は更に所在している。正確には発掘調査を待たねばならないが、この墓域は中世に上るのは確実であろう。

過去の城館調査であるならば、亀熊城の場合、台地縁に築かれた方形居館跡を確認して終了であろう。しかし、この亀熊城の場合はそれにとどまらない。応永三〇年に落城した際の古文書に見る真壁城の様相もそのことを暗示していた。

中心郭の北四〇メートルの台地縁に東西方向の空堀①の残欠がある。東側は台地下の民家が建てられる際に空堀を崩したとの証言を得られていることから、台地を切るように下っていたと思われる。現在、空堀①は約二〇メートルで途絶しているが、更に西進していたことが推測される。

中心郭と亀熊八幡宮の間の場所、やや北側に南北に走る土塁①がある。現在は、約四〇メートル程の長さを有している。土塁①より中心郭側を通称「ナカジョウ」（「中城」があたるか）と呼んでおり、副郭があった可能性が高い。また中心郭と反対の西側縁には、空堀②と空堀③が残る。この両者はコーナーにできたもので、先の空堀①の延長上にあたるものと考えられる。この空堀③より南側、台地の先端に向けては、現在の道路沿いであるが、切岸による壁面がある。地籍図によっても細長い区画が続くことから、堀（もしくは土塁）が線になって延びていたと思われる。

中心郭の南方向の台地縁には、東西方向の土塁②と空堀④が残る。この土塁②は極めて規模が大きい。この東西方向の土塁②・空堀④のラインは先の空堀③と繋がっていたことが想定される。想定線上には高度差のある地形が散見される。また東側には南北に延びる道が中心郭より延びており、土塁②・空堀④のラインと交わる地点で鍵型に曲がる坂になっている。おそらくは虎口の場所であろう。

中心郭より南側の台地東縁については、土塁②・空堀④の延長線上に空堀の残欠らしき跡があり、その北側に南北に延びる切岸の壁を見ることができる。

このように中心郭を東を除く三方向より囲み、台地の南先端を含み込む、堀や土塁によって囲まれた空間があることが確認される。この空間と凡そ一致した区域が小字で「南館（ミナミダテ）」と呼ばれている。この場所こそが【史料七】にあった「堀内南方」にあたると推測される。

とするならば対比される〝堀内北方〟はどうなるか。中心郭の北の方向に、空堀⑤が台地の東縁を南北に走って残っている。埋没による部分を差し引いて想像すると、やや規模の大きな堀ではなかっただろうか。空堀の南側は延長線上の台地の縁に、切岸による壁を見ることができる。また空堀の北側には西に折れる箇所があり、折れてなお約二〇メートル余、西進する。この角が東北の角にあたると考えられ、西に進む堀線は台地を横断していた可能性がある。

明治期の迅速測図によるとAの場所にケバ線で横長の遺構の残存を描いている。土塁もしくは堀の図示であろう。地籍も先の空堀⑤の西側延長線上であり、この付近を東西に走る堀線があったことは間違いなかろう。

この東側の状況に即応して、西側の台地縁にも遺構が散見される。おそらくは北西の隅に当たるであろう付近に、南北方向の切岸がある。この南側延長線上は、現在、平らな畑地になっているが、地籍図によると細長い区画が連なっている。おそらくは空堀跡ではなかろうか。

このように、未確定の部分を残すが「南館」の北にコの字形に付属する空間が発見される。現在、この付近が、小字「釜内（カマウチ）」と呼ばれている。[48] この「南館」・「釜内」を中心とした空間が堀ノ内にあたるのではなかろうか。

しかしながら、亀熊城の北の限界は、まだ確定はできていない。東西方向に走る空堀⑤およびAの延長線を北限と考えるのも一案であるが、必ずしもそれのみに限定されない様相もつかめる。中心郭より北に約一キロメートルの地点に弁天沼という溜池がある。この池は南東—北西方向に延びる支谷の中間にあるものだが、この溜池から北西に谷を上っていくと、亀熊の台地の中軸線に近づいて谷が途絶える。この途絶えた付近に東西方向に延びる土塁③が残っている。支谷のために台地上の平坦面の幅が細くなった部分であり、遠構の台地を切る堀切・土塁を普請するのにふさわしい場所である。[49] この土塁③はおそらくはその残欠であろう。すなわち、亀熊城の北の境にあたる地点であり、亀熊城の北の限界もこの場所であった可能性がある。

以上のように、亀熊城の概要を検証してきたが、縄張りの上で特徴的な点が指摘できる。第一に、中心郭の位置である。戦国期の城館ならば、亀熊の台地を選地した場合、南の先端を取り、台地の尾根続きを堀切で切るのが基本的な縄張りとなる。しかしながら、亀熊の場合、中心郭の位置は台地先端を外れており、亀熊の台地全体の中で、現在の位置を選ぶ戦略的意味は不明である。一般的な戦国期の城館の考え方で、中心郭の位置が決定されていない。このことがまず指摘できる。第二には、堀等の線の形成である。「南館」および「釜内」の堀等の線をみると、先に述べた堀切を駆使する戦国期の城館の堀の使用には似ていない。亀熊城に見る堀・土塁の様相は、「堀内南方」と遺構の一致に見るように、「正統庵領鶴見寺尾郷図」の堺堀の実在を示唆するかのごとく、区画堀の様相が濃い。[50] したがって、堀等によって区画された空間も、郭の組み合わせという戦国時代の丘陵上に築かれた城館と趣を異にする。

これらに指摘される亀熊城は、いわゆる戦国期の城館（一六世紀の城館）ではなく、それ以前の城館であることを推測せしめる。

古文書で確認してきた年代は、そのことを追認するものであった。それればかりか「堀内」の語があった。真壁氏に関する古文書で確認した「堀内」は一五世紀であり、堀ノ内の用語としてはやや年代を過ぎている。しかし一五世紀は中世城館の変遷にあっては過度期にあたり、戦国期の城館の萌芽期にあたる。(51) つまり、堀ノ内の存在形態を見る場合は、最末期を見ることになる。

この古文書にみた様相と確認してきた現状の遺構の様相とは矛盾するものではない。したがって、亀熊城の遺構は南北朝時代から室町時代の在地領主の本拠の様相を伝えているといえよう。

五　亀熊郷の様相

亀熊城の様相が、以上のようにとらえられるのであるが、真壁氏が本拠とした郷単位での亀熊はいかなる様相を呈していたのであろうか。そこで可能な限り古文書・地名等から復元してみたい。まず確認すべきは【史料七】の内部構成であろう。とりわけ「堀内南方」・「宿南方」である。この記載から亀熊郷に「堀内」とあわせて「宿」が存在していたことがわかるのだが、「為折中之分」として、両所ともに「南方」が真壁朝幹に与えられているため、両所の「北方」は相論の論敵に与えらたことが推測される。そして分割されていたことは、この両所が他所に替え難い地であり、分割して両者に配分しなければならない地であったことを物語る。つまり真壁氏の政治的な中心地および流通の拠点であったことを推測せしめるのである。

さらに注目しておきたいのは、「宿」が「堀内」の内に包接されず、独立した単位となっていることである。「宿」の場所が不明とせざるを得ないのは残念であるが、戦国期城下町研究の成果に比べて、一五世紀の本拠の様相を復元するために興味深い事実を提供する。[52]

また亀熊郷は、内部にいくつか「村」を含んでいたことが先の【史料七】から知ることができる。それによれば、「細柴村」・「新堀村」・「西荒野村」の存在がわかる。「為折中之分」として、この三カ村を書き立てていたのであるから、実際にはもう三カ村があったことが推測される。現在、古文書で確認されるこの他の村名は「北荒野村」[53]だけであるから、二カ村の名称が不明となる。

また計四カ村のうち、二カ村について現在地を推定することが可能である。現在の大字亀熊に含まれる小字で対照させると、「新堀村」に対応する小字がある。小字「北新堀」「南新堀」（図4及び6参照）であるが、この両小字は亀熊城のある台地から、谷を隔てた西側の台地上にある。現在は畑地となっている。

大字亀熊の範囲から外れる村として「細柴村」があげられる。現在の真壁町大字細芝に比定されるのだが、亀熊城のある台地から西へ約二・五キロメートルの場所にあり、この間には道沿いに中世文書で確認される「塙世」・「源法寺」両郷の比定地がある。また先にも触れたとおり、この「細柴村」は「常陸国作田惣勘文案（断簡）」において、亀熊とは別立てになっていた。これらの事実からすると、中世後期の亀熊郷は広範囲に散在した広がりをもっていた可能性を示しており、郷の形成に特殊な事情があったことも想起させる。

すでに必要に応じて触れてきたが、亀熊城の周辺に残る小字名からも若干の亀熊郷の様相が復元できる。

「南館」・「釜内」を中心とした亀熊城に接して、興味深い地名を見ることができる。まず注目されるのは「犬馬場」である。亀熊城のある台地の南側下、桜川と台地の中間の場所にあたる。名前から明らかなように「馬場」の存在を窺わせる。想像を逞しくさせるならば、犬追物が行われたのであろうか。[54]在地領主と関連ある地名であることは明らかであろう。この「犬馬場」は地形の制約を受けるためか、東西に長い空間を呈している。この空間の中に直線的な馬場を設けるとすると、当然、東西に長い線となり、亀熊八幡宮の参道と直行した馬場があったことになる。
また、亀熊城の北には先述した「熊の宮」のほか「芝の宮」・「星の宮」[55]の小字が残る。それぞれ神社の存在を示す小字であるが、この三つの小字が接して残っている。その三社の場所は亀熊城の北の限界とした土塁③の近辺にあたる。とりわけ「熊の宮」と「芝の宮」は想定される堀切線と接していた可能性が高い。境界地に存在する宗教施設であり、「熊の宮」に加えて「芝の宮」・「星の宮」が中世からこの地に存在した可能性は高い[56]。すなわち、この空間構成は、三社が亀熊城の北の境界の守りとして、この場所に鎮座していたことを推測せしめる。

亀熊郷の寺院の存在にも触れなければならない。残念ながら空間での位置づけをともなって触れることができる寺院の存在は不明である。しかし、亀熊郷には成福寺なる寺院が存在したことが明らかになっている[57]。同寺方丈で嘉元二年（一三〇四）極月廿一日に「菩提心鈔」[58]が、翌年七月廿日には「大師釈」[59]が書写されている。成福寺はこの地域にあって写経を行うことができる寺院であったのであり、文化的に重要な位置を占めていたことは間違いなかろう。本拠の空間や機能を考える上で重要な構成要素と言えそうである。なお戦国期には真壁城にほど近い真徳寺が談所であった[60]。本拠の移転に際して地域空間において寺院の機能がどのように位置づけられていたかを考える視点を提供する。

この亀熊郷の中での生活諸相については詳細に知ることは難しい。今後に発掘調査が行われれば、具体像が描ける可能性があるものの、現状においては次の史料がその断片を伝えてくれるのみであろう。

【史料一〇】[61]

　ゆつりわたす田さいけの事

右の田おか（ママ）ハ、ひたちのくにまかへのこほりかめくまのかうのうち、もとはしのきやうつかのきわ田三反、このうちはたけ一反、まえたのほに田五反、同おか三郎さえもんかあときた田三反、同おかひこ八うち一宇、大つか屋しきのきたのはたけ、へいない三郎かやしき一宇、へいし三郎かやしき一宇、ちやうつかい屋しき、ゆいしやうか屋しき、（中略）かの所ハいたゐけ二郎にゆつるなり、さいけならハ一こふん、もししゆつけにもなり候ハヽ、えいたいをかきてゆつるへく候、若しそんニ、おいていらん候ハヽ、しそんたるへからす候、よてゆつり状如件、

応永十六年つちのとのうし十月四日　　聖賢（花押）

真壁秀幹の先代聖賢が、いたゐけ二郎に所領を与えた譲状である。譲与地は引用した亀熊郷のほか、白井郷と竹来郷の所領を合わせて構成されている。譲与された所領は極僅かであり、したがって文書に描かれる様相も部分的となるが、興味深い点がある。

まず、経塚があることである。郷内のどこかに経塚があったことがわかるが、具体的な場所はわからない。ただし、経塚が境界と関連した事例[62]を踏まえるならば、堀ノ内の堀と関連したであろう。「もとはし」の地名が以前に橋の在った場所に由来するとすれば、桜川に面した東側の堀の近辺に在ったとできるであろうか。その場合は結界に伴う宗教的儀礼が行われたことを推測してもよいであろう。またあるいは「大つか屋しき」の大塚もこの経塚と関連するものであろうか。

郷内にある屋敷がいくつか譲与されている。そのうちに平内三郎という人物の屋敷が含まれている。名前から想像すると武士ではなかろう。屋敷に田畠が付属していないことから、亀熊郷内での生業はわからない。しかし、この人物の名を応永三一年（一四二四）八月三〇日付真壁郡飯塚・窪両郷年貢算用状写[63]に見ることができる。二町二段四三歩の田地と三町一段の田地を耕作し、合計で一四貫余[64]の年貢を負担している。窪郷については場所が不明であるが、飯塚郷は亀熊から桜川を隔てた東側であるから、川を渡って平内三郎が田地を耕作していた姿が窺われる。

また譲与された屋敷のうちに「ちょうつかい屋しき」がある。「定使」にあたるなら、この屋敷の主は、真壁惣領家に常時使える奉公人とできるであろうか。そのような人物の屋敷が亀熊郷内にあっても不思議ではなかろう。限られた史料群の中から、できるかぎり真壁氏の本拠の様相をつかむべく復元を重ねてきた。東国の史料の状況、とりわけ一四・一五世紀という年代の中で、わずかでも本拠の状況をつかむことは、中世後期の在地領主の存在形態を明らかにする上で重要な作業となる。

展　望

推測に推測を加え、真壁氏の本拠の景観を復元してきた。そのなかで述べてきたことをまとめて、若干の展望を述べてみたい。

一四・一五世紀の幹重から朝幹に至る真壁惣領家の本拠は、桜川左岸の近世真壁城の地ではなく、桜川を隔てた右岸の亀熊の地にあった。台地の上を堀や土塁で囲い込んだ空間を設け、その一角に方形の屋敷地を構えていた。その空間が古文書に登場する「堀内」に相当したと考えられる。さらにこの堀ノ内は恒常的に軍事目的を持った城館ではなく、合戦の際には、何らかの造作をしなければならないものであり、日常的な空間であった。およそ戦国期の城館とは異なっており、縄張りにしても軍事的には多元的な様相があったのである。亀熊の場合、近世の城館であるならば本丸に相当する場所が「尾子崎屋敷」と呼ばれたと考えられ、呼称として城館の領域の中心的な郭の名称には相応しくない。このことは当該期の相馬氏の場合も同様であった。[65]この呼称は堀ノ内の中において惣領の屋敷地の象徴性が低く、かつ一族等の屋敷地が分散していたことを推測させる。

写真3　亀熊八幡神社

南に接しては馬場があり、境界には宗教的施設があった可能性があり、また周辺には商業的な場であった「宿」が存在していた。そして、「堀内」と「宿」は亀熊郷の一部を構成し、亀熊郷はいくつかの「村」を含んで成り立っていた。また亀熊郷は広範囲に散在的であった可能性もあった。

　概観してみて、堀ノ内とは一体何であるか、あらためて問題とせざるを得ない。【史料七】は、当時の郷の構成要素に「堀内」・「宿」・「村」という区分があったことを示していた。「村」とも「宿」とも違う堀ノ内の特長を抽出する必要がある。それはやはり、言葉の上からも、そして遺構の上からも囲い込む堀の存在が問題となろう。一定の空間を囲い込む堀には、当然、結界の役割があった。その堀に宗教的な要素がないとはできない。事実、経塚と関連した事例も指摘されている[66]。堀ノ内は宗教施設であることを要件としていたのではなかろうか。

　とするならば、この亀熊の場合はどうなるであろうか。その糸口は「犬馬場」と亀熊八幡宮にあるように思う。すなわち、設定される馬場と亀熊八幡宮、そして参道の構成である。この配置構成は鶴岡八幡宮と若宮大路そして流鏑馬が行われる馬場の構成に似る。亀熊八幡宮の起源については明らかではない[67]。しかし、亀熊八幡宮の空間における位置を見る時、堀ノ内の空間の中心にあるといえる。八幡宮を中心として、堀ノ内・亀熊郷の同心円状の空間構成を見ることができるのである。亀熊八幡宮のような宗教施設が中心にあり、空間の象徴の位置を占めることによってこそ、堀による結界の意味が生まれるのであり、「村」との相違も生まれるのではなかろうか。堀ノ内の宗教的な性格について指摘しておきたい。

また特に亀熊の場合、真壁氏が鎌倉の構造を参考とし、亀熊八幡宮を本拠の設計の基点としたという可能性を含んでいる。真壁氏のような東国武士が自らの本拠を鎌倉に似せて創出したであろうことは想像しうる。この場合、亀熊における結界の堀は、鎌倉における三方の山と海に相当する。この空間構成の一致は模倣によるのではなかろうか。

以上、常陸国真壁郡に領主制を展開した真壁氏ついて、本拠の景観を中心に検討してきた。この個別事例がどれだけの普遍性を持っているかは、今後の課題としなければならないが、一四・一五世紀の領主の存在形態を復元するにあたって、意義のある景観が提起できたのではなかろうか。

注

(1) 『真壁町史料　中世編Ⅰ』(一九八三)の総説において、概略がまとめられているほか、近年では石井進監修『真壁氏と真壁城　中世武家の拠点』(河出書房新社、一九九六刊)が整理する。

(2) 初出、『日本史研究』第九九号(一九六八)、後に『中世村落と荘園絵図』(一九八七刊)に所収。なお、この論文には、榎原雅治・服部英雄・藤原良章・山田邦明「消えゆく中世の常陸―真壁郡(庄)長岡郷故地を歩く―」(『茨城県史研究』第四一号、一九七九)の批判がある。

(3) 「荘園公領制社会における都市の構造と領域」(『歴史学研究』五三四号、一九八四)

(4) 武者詩久美「中世における真壁氏の村落支配」(木村礎編『村落史景観の史的研究』一九八八刊)

(5) 竹内千早「堀の内論の再検討」(『歴史学研究月報』三五〇、一九八八)、橋口定志「中世東国の居館とその周辺」(『日本史研究』三三〇、一九九〇)ほか。

(6) 「一　真壁氏の本拠」の真壁城とは遺跡名称としての真壁城である。「二　真壁城と真壁秀幹」以後の真壁城とは古文書の用語としての真壁城であり、遺跡名称としての真壁城とは一致しないので注意されたい。
(7)　このことについては、前掲『真壁町史料　中世編Ⅰ』の総説を参照。
(8)　『真壁町Ⅰ』三四
(9)　『真壁町Ⅰ』三八
(10)　『信濃叢書』市川五四頁
(11)　『信濃叢書』勝山小笠原一六頁
(12)　『真壁町Ⅰ』一一七
(13)　『神奈川県』五六八六
(14)　『神奈川県』五六八五
(15)　『茨城県Ⅰ』鳥名木一〇
(16)　『神奈川県』五七〇一
(17)　平田満男「土岐原氏と南常陸の国人層の動向」(東国戦国史研究会編『関東中心戦国史論集』、一九八〇)は、【史料五】【史料六】から鳥名木氏が土岐美作守憲秀に従い、「鹿島・行方・東条」の国人層も同様な行動をとったことから、山内上杉氏による「信太庄惣政所という立場にある土岐原氏を通して南常陸にその支配を強めていこうとする姿」を推測している。
(18)　この様相を城館研究により設定されている概念と結びつけると、群郭式城郭もしくは館屋敷型城郭(千田嘉博「戦国期城郭・城下町の構造と地域性」(『ヒストリア』一二九号、一九九〇)と呼ばれる城館にあたるように思える。ただし、文献史料からは普請等の構造的様相が不明であるため、関連性の指摘にとどめたい。
(19)　『茨城県Ⅰ』鹿島神宮八二
(20)　『茨城県Ⅲ』一木八
(21)　『真壁町Ⅰ』一一九
(22)　これらの経過は、『真壁町Ⅰ』一一七・一一八・一一九による。
(23)　『真壁町Ⅰ』二六
(24)　佐藤博信「鎌倉府奉行人の一軌跡」(思文閣史学叢書『中世東国の支配構造』、一九八九)

(25)『茨城県Ⅲ』一木一一。この文書の袖には足利成氏の花押が、また奥には「右、永享以来不知行地」の文言がある。文書に書き立てられた窪郷・飯塚郷の確保を意図して申請し、安堵されたのは間違いなかろう。しかし「永享以来不知行地」と記しており、真壁朝幹の活動が真壁郡内で確認され始めた時期から不知行になっているのは注目される。

(26)『古河史』二一二。なお、同様の記事が『鎌倉大草紙』に見られ、同書によると真壁兵部大輔は「真壁の城」に籠もったとしている(『新編埼玉県史　資料編8』一一〇頁)。

(27)兵部大輔は正五位下相当官である。真壁朝幹の任官した右京亮、安芸守はともに従五位下である。兵部大輔と同時期およびそれ以降に朝幹が両官途で確認できるから、少なくとも兵部大輔は朝幹ではない。永享期に氏幹は修理亮(従五位下)に任官しており、それ以降の官途は不明である。当該期の登場人物に限定して考えるならば、この真壁兵部大輔は氏幹の可能性がある。いずれにせよ兵部大輔は朝幹より位階の高い人物であり、この時期、兵部大輔が真壁氏の当主として活動していたと思われる。なお兵部大輔は寛正元年(一四六〇)に討死していることが確認される(『真壁町Ⅲ』御内書案所収文書一)。

(28)近年、清水亮「南北朝・室町期常陸国真壁氏の惣領と一族」(『地方史研究』二七七号、一九九九)はこの見解について、「朝幹は既に本領安堵を受けており、むしろ朝幹の対立者の所領獲得への志向を重視すべきである。」と批判を加えた。氏の根拠とされた本領の安堵状は(享徳三年)三月二三日足利成氏書状(『真壁町Ⅰ』三三)である。同状は「本領所々事、知行不可有相違候、謹言」という簡単な内容の文書である。具体的な所領を記載せず、かつ書状という様式を採っていることから考えて、実態として本領が朝幹の元に回復されており、その上で発給されていたと考えることには疑問を覚える。解釈の問題であるが、この文書をもって既に朝幹が本領を回復しているとすることには一考を要するのではなかろうか。

また安芸守の官途を使用していることから朝幹が惣領であると論じている。確かに当該期の真壁家惣領は安芸守を使用している。しかし、真壁兵部大輔は格上の官途を使用しているという事実はどのように評価したら良いであろうか(前号注参照)。また永享期においては、真壁家の親類や被官が朝幹に敵対し氏幹側に加担していたこともあった。

これらのことから当該期において朝幹を真壁家旧領の正式な継承者として、無批判に判断することが正しいのかという疑問に行き着くのではなかろうか。複雑な情勢下であるから【史料八】のごとくの折衷の裁許状が出てくるのであり、「惣領朝幹」と「朝幹の対立者の所領獲得への志向」という図式では、当該期の真壁家と真壁地域の様相は解明できないと考える。それぞれの権益者が各自の努力によって真壁を切り取ろうとしていたと考えるのが妥当ではないかと考えている。

(29) 注(25)で注目したとおり、早ければ永享年間に一部回復していた可能性はある。
(30) 『茨城県Ⅰ』税所文書五
(31) 『真壁町Ⅰ』八
(32) 足利義持御判御教書(『真壁町Ⅰ』二四)のみ例外となる。しかし、この文書には「御庄郷々」となっており、公領の部分を含んでいない。また書き立ても鎌倉期の順序と一致している。文書発給の詳細は不明であるが、都鄙問題が関連する特殊な事情で発給された可能性がある。
(33) 『真壁町Ⅰ』五
(34) 『真壁町Ⅱ』長岡一二
(35) 『真壁町Ⅱ』長岡二一
(36) 『神奈川県』三五六九
(37) 山田邦明「常陸真壁氏の系図に関する一考察」(中世東国史研究会編『中世東国史の研究』、一九八八)
(38) 『真壁町Ⅱ』長岡一六
(39) 真壁地域における熊野信仰の様相は、糸賀茂男「聖護院道興筆天神名号と史的背景」(『茨城県史研究』七〇、一九九三)が詳しい。
(40) 『真壁町Ⅲ』熊野那智大社文書四
(41) 『真壁町Ⅲ』熊野那智大社文書一・二
(42) 亀熊に熊野社があったことについては、海津一朗「南北朝内乱と美濃真壁氏の本宗家放逐―『観応三年真壁光幹相博状(置文)』の再検討―」(『生活と文化』四号、一九九〇)が指摘している。
(43) 小字名は真壁城跡発掘調査会『真壁城跡―中世真壁の生活を探る―』(一九八三)所収の一覧表で漢字名称が確認できる。また大字亀熊における場所については真壁町役場より提供を受けた「真壁町全図」(地籍図)で確認した。
(44) 『真壁町史料　近世編Ⅰ』(真壁町刊、一九八五)
(45) 亀熊の選地に四神相応の思想があった可能性はある。南の朱雀ついては、桜川がこの地点のみ南を流れ、氾濫源による沼沢地であった可能性があり、これに比定することはできる。一方、西の白虎については、具体的には指摘できないが、あるいは西の方向に、鎌倉街道に接続する街道があったのであろうか。

(46) 確認した遺物および数については、一九九二年一二月一三日の調査による。

(47) 写真は一九八九年一〇月三〇日の撮影である。その後に五輪塔群の改修工事が行われており、一九九二年一二月一三日の調査の際には様相を異にしていた。

(48) カマエウチ（構内）が転じたものであろうか。

(49) この付近は小字切通という。あるいは堀切に関連するのであろうか。

(50) 「正統庵領鶴見寺尾郷図」については、高島緑雄「建武元年正統庵領鶴見寺尾郷図の研究」（『明治大学人文科学研究所紀要』二五冊、一九八六。後に『関東中世水田の研究』〈日本経済評論社刊、一九九七に所収〉に詳しい。また、区画堀については橋口前掲注（5）論文が検討を加えている。

(51) 第一部第三章

(52) 前川要『都市考古学の研究―中世から近世への展開―』（一九九一）は、城館とは別に存在する町場を惣構で取り込んでいくと模式図を描いている。惣構の起源についての定説はなく、惣構と堀ノ内を関連を考えた場合、模式図の展開は再検討する必要がある。なお、これらの点については第二部第一章にて再検討する。

(53) 『真壁町Ⅰ』七

(54) 室町幕府将軍家の儀礼に犬追物があり、居館に接してこの地名があることは一五世紀の武家の本拠として興味深い。この点については小島道裕よりご指摘を頂いた。

(55) 星の宮については、正和五年、真壁郡亀隈郷内北荒野村田畠散田目録（真壁七）に「星宮神田」が確認でき、鎌倉期まで存在が上る。

(56) 元禄一〇年（一六九七）「亀熊村差出帳」（『真壁町史料　近世編Ⅰ』）には、先述のごとく熊野宮は確認できる。しかし芝の宮・星の宮は見られず、近世初頭には廃絶していたらしい。

(57) 後述の奥書に「方丈」の語があることから、禅宗寺院であることは間違いなかろう。鎌倉後期この地域に北条得宗の勢力が伸びたことを考えると、あるいは北条氏に関係のある臨済宗寺院であろうか。この点が確認されるとこの地域において亀熊が持った意味はますます深まる。

(58)『真壁町Ⅲ』真福寺大須文庫所蔵聖教二
(59)『真壁町Ⅲ』真福寺大須文庫所蔵聖教三
(60)『真壁町Ⅲ』日光山輪王寺慈眼堂所蔵聖教奥書一・二・三
(61)『真壁町Ⅰ』二三
(62)前掲注（5）橋口論文
(63)『茨城県Ⅲ』一木八
(64)注（63）史料は、二年分の年貢がまとめられており、かつ錯簡がある。平内三郎分については窪郷田年貢が金額を違えて二年分記載されている。
(65)第一部第三章参照
(66)注（61）参照
(67)元禄一〇年（一六六七）「亀熊村差出帳」（『真壁町史料　近世編Ⅰ』）には、同社の記載がある。

第二章　武蔵国豊島氏の領域と城館

はじめに――東国の中世城館と豊島氏――

豊島氏に関連する城館の考察をすること。これが本章の課題である。都市化された豊島氏の領域にあって、まとまった見解を出すことは極めて困難である。文献史料も少なく、かつ考古学的調査の蓄積も決して十分とは言えない状況である。従って豊島氏城館に関する研究も豊富であるとは言い難いのである。

しかしながら豊島氏が滅亡した一五世紀後半という時期は、本拠となる中世城館の変遷、居館から戦国期の城館・戦国期城下町へという移り変わりを考える上で重要な時期になっている(1)。豊島氏関連の城館を分析する意義は十分にあることになる。

そもそも豊島氏の存在した豊島郡には中世にはどのような城館があったのであろうか。一般に豊島郡のような丘陵地帯の戦国期の城館は、舌状台地を選地し、堀切で台地を輪切りにして防御を施すという普請を行う。戦国時代の丘陵地帯に築かれる城館の基本的な形であるといっても過言ではない。豊島郡域では、稲付城、赤塚城、志村城等々が同様な構造の城館である。しかし、高い山がなく、河岸段丘しか険しい地形が求められないという地形を前提とした場合、類似の構成の城館が多数あったのは必然的な結果となる。したがって、河川に面した舌状の台地を掘り切って構成する構造は、各地で共通する基本的な構造だったと考えてよかろう。この構造的特徴は詳細が不明である豊島郡内の戦国期の城館の構造を考える上で重要な視点になる。

しかし「舌状台地を選地した場合の戦国期城館の定式」が登場する時期は、必ずしも明らかにはなってはいない。私見では豊島氏が滅亡する頃に起源を求められるのではないかと想定している。とするならばそれ以前はどのような城館を構えていたのであろうか。簡単に言えば居館と言うことになろうが、具体的な像を十分に持ち合わせているわけでもない。城館の変遷期に滅亡した豊島氏の城館は領主の存在形態を考える上で重要な視点を提供する可能性を有するのである。

そこで本稿では、豊島氏一族個々の居館の分布と年代を確認する作業を通して、豊島氏の存在形態を探るという基礎的な作業を第一の目的とする。その上で豊島氏滅亡時の城館、具体的には石神井・練馬・平塚城の検討を通して、一五世紀後半の城館の構造について若干の考察を行うものとする。

一　豊島氏の領域と城館

豊島氏の城館というと、まず石神井城・練馬城があげられるのが普通であろう。しかしこれらの城館は後述するとおり豊島氏滅亡の頃に築かれた城館であり、そのままそれ以前の時代まで溯り、豊島一族の歴史を語る城館であるわけではない。反面、それ以前の豊島氏の城館はどのようであったかについても明確になっているわけではない。そこで戦国時代初頭以前の豊島氏の城館の可能性について推測をしてみたい。その際に、惣領家の城館のみに問題を絞るのではなく、一族の枠のなかでやや広げて考察してみたい。

（一）豊島氏と豊島館——石神井川河口の低地

そもそも豊島氏はいつ頃から豊島郡の地を本拠にしたのであろうか。

最近の研究成果は、応徳三年（一〇八六）正月二三日源頼俊申状写[2]にある「武蔵国任〔住〕人平常家」を、『源威集』にみえる「豊島平検杖恒家」[3]とみなし、「豊島への土着も常家かその父武常の世代に想定できよう」[4]としている。すなわち、一一世紀前半から中頃にかけて豊島の地に居住地を設けたとしている。現状の研究史では妥当な見解といえよう。[5]秩父平氏の豊島氏が、豊島を名字としたのはやはり豊島の地を名字の地としたことによる。このこと自体は動かない。しかし、厳密な居住地については必ずしも確定してはおらず、現状では平塚神社付近の地（北区西ヶ原）と清光寺付近の地（北区豊島）の二説ある。

平塚神社付近の地を豊島氏の居館とする説は、『武州豊島郡平塚郷上中里村平塚大明神の社并別当城官寺縁起』下巻[6]を基本史料とし、『新編武蔵風土記稿』以来、近年に至るまで継承されている説である。[7]

この縁起は元禄五年（一六九二）成立の縁起であり、当該部分の記載される内容について裏付けは確認できない。所載の豊島近義なる人物についても中条家文書所収『桓武平氏諸流系図』に見ることはできない。

近年、実施された御殿前遺跡の成果もこの見解に対して否定的な結果をもたらしている。中世の遺構・遺物の存在が確認されるものの、中世初頭だけでなく中世後期も含めて明確に城館の存在を肯定する史料は確認されていないのである。[8]また位置的な関係から豊島郡衙からの継承関係も想定されていたが、郡衙の終焉が九世紀代に求められていることから[9]、年代的に開きがありすぎるため、位置的な関係も直接には何ら関係ないと判断せざるを得ない。

さらに中条家文書所収『桓武平氏諸流系図』によると、豊島清元の弟として「平塚入道」なる人物を記載している。

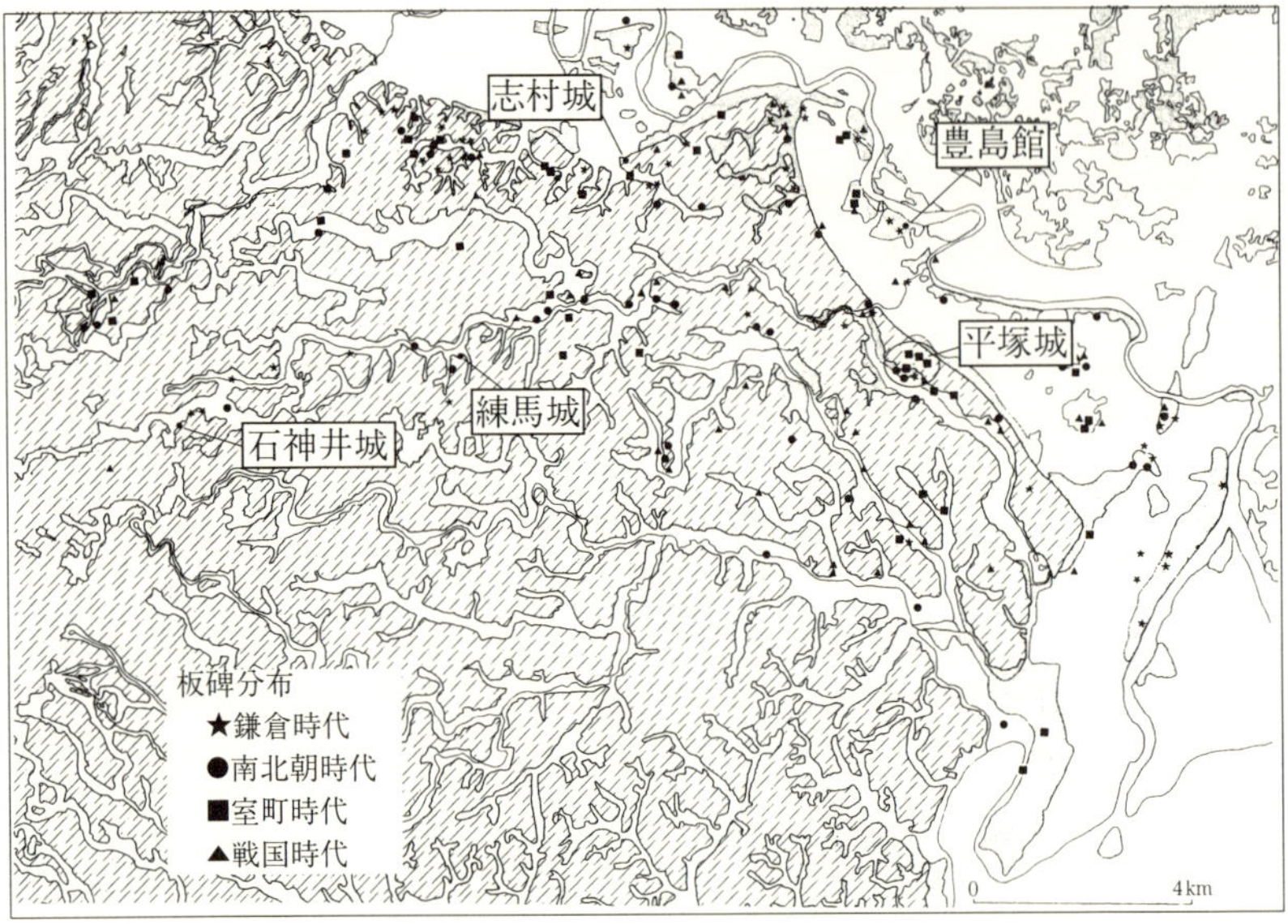

図７　豊島郡関係城館位置図

官途や実名等などの記事を載せないが、平塚姓であることは注目できよう。つまり豊島氏の庶子の一人が平塚に居を構えたと推定できるからである。(10)逆に言うならばこの平塚入道の存在は、豊島惣領家の居住地が平塚ではなかったからこそ、平塚を名字とする庶子が生まれた可能性を示唆する。(11)

すなわち最近の研究動向は平塚に中世初頭の豊島氏居館が存在したとする説を否定しつつある。

これに対して後者の清光寺付近の説であるが、この説もやはりまだ仮説の段階である。この説の起源も同じく『新編武蔵風土記稿』である。同書は「豊島権守清光館趾」を立項し、「清光寺の傍らにあり、広九十坪許の所を云」と載せている。遺構についての記載が無いことから、この時には既に遺構は残っておらず、伝承のみであったことになる。そして「此人（豊島武常、齋藤注）豊島と号する時は当所に移て在名を名乗しこと知へし」と考証し、更に武常の子の近義は平塚に移ったとし、両居館説の解釈の整合性を図っている。

清光寺は現在の北区豊島七丁目に所在し、背後の北側には隅田川が流れている。近隣には馬場の小字が残り、居館との関係が推測される。

ところで、平野実「豊嶋氏の研究」[12]は、清光寺付近の説を否定する根拠として、「自然の地形からみても、城地となるような場所ではなく」という地形的な要因をあげている。他方、平塚説については要害堅固な地であることを強調している。この地形的な要因で判断することは中世初期の段階にあっては難しいと言わねばならない。地形的な要件を重要視する戦国期ならば別であるが、一五世紀前半以前の場合、地形的な要因が重要視されるのであるならば、いわゆる方形居館などは解釈が不能になるのであり、むしろ地形の防御性は、選地の一義的な問題ではなかったと考えられる。つまり地形的な堅固さは清光寺付近の説を否定する根拠にはならないし、かつ平塚神社付近の説を論証する条件にもならないのである。

地形的な問題を問うならば、中世初頭段階での武士の低湿地開発の問題が重要視されている動向に注目する必要がある。[13]開発の問題を視野に入れるならば、平塚の地は台地上となり該当性は低いと言わねばならない。一方、清光寺の地は堤防の問題を考えなければならないほどの低湿地であることは間違いなく、清光寺付近説の蓋然性は高いことになる。

さらに秩父氏の畠山・河越・葛西・豊島・江戸の諸氏が河を下るように拠点を確保しており、秩父平氏と荒川の関係は古くから注目されている。秩父平氏が荒川を巡る河川水運について何らかの関係を有していたことが想像される。豊島氏が隅田川に接する豊島の地に本拠を構えたとするのは、何らかの一連の関係を想起せしめるのである。

そもそも名字とした豊島の地に、居館の伝承地が有ると言うことはそれ自体重要視せねばならない。

しかしながら、清光寺付近の説を決定的とする確証も現在のところ無いのも事実である。考古学的調査も十分でなく、唯一の調査である豊島馬場遺跡では、古銭と中国製青磁が出土するものの遺構が存在せず、清光寺東側には中世遺跡が存在しないことが確認されている。[14]今後の調査の進展を期待したい。

以上のように、豊島氏が当初に本拠の地とした場所は確定はしていない。しかし、平塚の地とする積極的な根拠は失われている。むしろ以前とは逆に、清光寺付近に当初の豊島氏居館が存在したとするのが妥当性のある見解となる、というのが現状ではなかろうか。

また仮に当初の居館の位置が確定したとしても、戦国時代初頭に至るまで居館が移転していないとは断定できない。中世初頭段階と一四～一五世紀段階の居館の位置が重複しないことは一般的である。その意味では豊島氏の居館の問題は不明な点が多すぎるのが現状である。

(二)　石神井川流域の領主

豊島氏の一族に板橋氏と練馬氏がいることが指摘されている。[15]この二氏については、文安五年（一四四八）一一月日熊野領豊島年貢目録[16]に「板橋近江」が、また豊島名字書立[17]には豊島一族として「ねゝまひやうこ殿（練馬兵庫殿）」・「いたはし周防」・「同弥次郎殿」が見え、一五世紀には確実に存在してた豊島一族である。

さらに熊野領豊島年貢目録には板橋氏とほぼ同額の年貢を負担する「石神井殿」の存在が確認できる。石神井郷の相伝関係はやや複雑であるが、最終的には応永二年（一三九五）八月二一日には正式に豊島氏への還補が確認されている。[18]すなわちこの「石神井殿」（以下、便宜的に石神井氏と呼ぶ）は豊島一族を指すことは間違いない。

板橋・練馬・石神井三氏の豊島一族を確認したのであるが、この三氏は石神井川に沿って存在していることが注目される。[19]やや川筋からはずれるが先に庶子とした平塚氏を加えるならば上流域から河口に向けてほぼ等間隔に一族が配置されていることに気づく。直線距離にして石神井（練馬区石神井台一丁目）―練馬（練馬区向山三丁目）間は約五キロメートル、練馬―板橋（板橋区東山町）間は約三・五キロメートル、板橋―平塚間は約五・五キロメートルである。ここに河口近くの豊島の地を加えるならば、豊島一族は石神井川に沿って計画的に諸氏を配置していたことは確実であろう。

先の熊野領豊島年貢目録によれば、「石神井殿」は「一貫三百五十文」、「板橋近江」が「一貫五百文」の年貢負担額が明記され、後述する志村氏の一族に比して高額の年貢を負担している。年貢高から類推して、一族の中でも相対的に規模の大きい領主に位置づけられる可能性を有している。

板橋・練馬・石神井三氏の成立であるが、それぞれ系譜的には明らかな史料がない。このうち石神井氏は先の石神井郷の伝領の関係から一四世紀後半頃の成立であろう。また板橋・練馬両氏については先述した史料よりも溯る史料はないので、おおよそ一四世紀後半から一五世紀前半の中で成立したのであろう。

すなわちこの成立した時期に、豊島一族が地域支配の拠点とした居館を、板橋・練馬・石神井の地に営んだと考えることが妥当である。年代から考えて、一辺が五〇～一〇〇メートルの方形居館を中心とした本拠地であったと思われるが、確証の限りではない。[20]

(三)　志村周辺の世界

豊島氏の一族として志村氏がいることが指摘されている。[21] 流布する系図によれば志村氏は鎌倉後期に豊島氏より分流した一族となっている。[22] 文安五年（一四四八）一一月日、熊野領豊島年貢目録にも[23]「志村大炊助殿」という記載が確認されることから、豊島一族として志村（板橋区志村）に居住する志村氏がいたことはほぼ間違いなかろう。

しかしこの志村氏は系図に分出が確認される以前の鎌倉時代初頭より記録類に散見する。(24) 詳細は不明とせざるをえないが、志村を姓とした一族は鎌倉時代初めより存在したのである。つまり、鎌倉時代より戦国時代に至るまでの期間、志村氏の本拠とした城館が志村の地に所在したことになる。

さて、この志村に所在する城館として志村城があげられる。板橋区志村一丁目が所在地で、空堀一条を伝えている。歴史的には康正二年（一四五六）に千葉自胤が赤塚城を拠点とした際、志村城は出城にされたと言われている。(25) 過去に発掘調査が志村城域とされる内で三カ所について行われている。(26) 一九八七年に行われた最初の調査地点は志村城の二の丸と推定されていた場所であったが、多くの情報が得られず、二の丸の土地利用に再検討を投げかけている。

次の第二・第三地点の調査はさらに志村城の中心から外側の調査であった。この調査においても具体的な志村城の様相はつかめていない。しかしながら中世遺構を検出し、興味深い知見を得ている。第三地点の3号及び4号地下式坑から常滑焼捏鉢（9～10段階）及び甕（6a段階）、北武蔵系甕（蔵骨器）、鎬蓮弁文青磁碗（龍泉窯系碗B1類）が出土している。このほかにも一二世紀代の渥美焼の甕や劃花文青磁碗（龍泉窯系碗Ⅰ類）を出土させているが、おおよそ一四世紀から一五世紀前半期の遺構と考えられる。

さらにこの3号及び4号地下式坑を切って走る9号溝から三片のほか、6号溝から一片、12号溝から一片、遺構外出土で二片、合計七片の同安窯系青磁碗（Ⅰ及びA類）及び龍泉窯系劃花文青磁碗（Ⅰ類）の破片が出土している。これらは直接に遺構に関連するものでなく、流れ込み等であったと報告されている。先の渥美焼の甕を含め、これら遺物の存在は周辺に一二世紀後半～一三世紀前半頃の中世遺跡が存在することを示唆している。

以上の調査は明確に志村城の構造を明らかにするのではなく、また検出した遺構・遺物は直接に志村氏の存在を必ずしも語るものでもない。しかし、検出された遺構・遺物と平行する時期のこの地域に、志村氏が存在したことが明らかであることから、これらが志村氏さらには志村氏の城館と何らかの関連を持つとすることは可能性は残る。

伊禮正雄「豊島氏と城郭」(27)も、「本来はやはり豊島氏一族の志村氏の居城乃至居館であったであらうことは、その旧名が城山ではなく『堀ノ内』であることや、城址に建つ神社が千葉氏の妙見ではなく豊島一族の奉斎した熊野社であることからも、推測できるが、この城址と低地を隔てた西と南の舌状の台地の地名はそれぞれ西台・中ノ台であり、それらは実は『何れも城塁の旧跡なりといふ』」と『江戸名所図絵』を引用しながら指摘する。現在の考古学的知見を踏まえても、傾聴すべき見解である。

この伊禮の指摘に導かれて、先の熊野領豊島年貢目録を見ると興味深い点に気づく。同目録には「志村大炊助殿」のほかに「中岱殿」(板橋区中台の領主と推定)と「中岱南殿」(板橋区中台の領主と推定)の二名を見ることができる。中台の地も少なくとも二分されていることが窺えるのである。さらに「蓮沼十郎三郎」(板橋区蓮沼町の領主と推定)も加えるならば、一五世紀中頃の志村の地近辺には小規模な領主が散在していた様相を推測できるのである。

さらに目録の年貢高をみると「志村大炊助殿」が「二百五十文」、「中岱殿」が「三百文」、「中岱南殿」が「三百文」、「蓮沼十郎三郎」が五百文と記載されており、先の石神井・板橋両氏に比して少額であることが確認される。基盤とする地は地形的にも石神井川沿いに対して荒川右岸の小支谷のさらに枝の谷という著しい相違があることから、この年貢の対比はそのまま領主の所領規模の相対的な大きさを表現してはいないだろうか。伊禮が推測した城館が散在する状況とこの熊野領豊島年貢目録の状況を加味させるならば、志村近辺の領主の存在形態は一揆構造に類似していた可能性すらある。(28)

従来、志村城は戦国期の千葉氏関連の遺跡と考えられていた。しかし、文献や考古学資料はそれ以前に溯る豊島一族志村氏との関連を推測させ始めている。志村氏が戦国期的な堀切を幾重にも普請する「要害」を持ち得たかどうかは明らかにできない。しかし少なくとも志村氏やその他の諸氏は居館を志村城の周辺に構えていたことは確かである。しかもその居館の規模は石神井川沿いの領主に比べて小さなものではなかったろうか。

(四)　小　括

以上、戦国期に至る以前の様相を概観してきた。ここで想定された様相は居館の領域内での群在という状況であった。残念ながら構造や規模そして詳細な時代については不明とせざるを得なかったが、極めて興味深い存在形態が予想される。

とりわけ、豊島氏の領域構成が豊島の地を含む石神井川流域(29)と志村周辺の二つの世界で構成されていることが想定された(30)。年代的には依拠している史料から一五世紀前半の様相となろう。豊島氏の二つの世界の居館群のあり方は戦国期城下町を中心とした領域構造が構成される以前、居館がどのように領域内に存在したかを語る具体的なイメージになる。

二　石神井城・練馬城・平塚城

豊島氏一族の城館といった場合、通常は豊島氏滅亡時の石神井城・練馬城・平塚城があげられる。これらの内、石神井・練馬両城については遺構からも考察されることもある。以下ではこの三カ城について文献史料や考古学調査の報告をもとに分析し、できるだけ豊島氏の城館の特徴を抽出し、一五世紀後半の城館の存在形態について考えてみたい。

（一）　太田道灌状にみる豊島氏城館

三カ城は豊島氏滅亡時の重要史料である太田道灌状(31)に登場し、豊島氏関連では確実に存在が確認される城館である。

（前略）

一、江戸近所豊島勘解由左衛門尉・同弟平右衛門尉両所（石神井・練馬）構対城候之間、江戸・河越通路依不自由、先勘解由左衛門尉要害以可令落居分、相州勢衆ヲ密々途中召越、（文明九年）三月十四日可致後詰行候之処、大雨降候而多破河増候而、調儀令相違候、

（中略）

一、（文明九年四月）同十三日、自江戸打出、豊島平右衛門尉要害致矢入、近辺令放火打帰候処、兄勘解由左衛門尉相供石神井・練馬自両城打出襲来候之間、返馬於江古田原令合戦、得勝利候、平右衛門尉以下数十人討捕、翌日石神井要害押寄、一往之儀候上者、可服先忠旨相和候之処、十八日罷出対面仕候、此上者可崩要害旨申候之処、結句相誘偽歴然候之間、廿八日外城攻落候、然間其夜中令没落候、

（中略）

一、自倉賀野御陣、当方相分之此国被打出候時も若干御抑留しか共、当国無静謐者御本意難有之由存、親候入道相談修理大夫ヲ引立、（文明十年）正月廿四日河越江一日懸打着、翌日道灌、豊島勘解由左衛門尉向江戸要害平塚と申所誘対城、楯籠候之間、彼地為可寄馬膝折宿着陣仕候処、其暁令没落候、足立追（迄カ）雖追懸候、遙逃延候之間、及晩江戸城入馬、

(後略)

太田道灌状には、豊島氏の平塚・練馬・石神井三カ城について、興味深い記事を見ることができる。

豊島氏が長尾景春に呼応した際、道灌は「江戸近所の豊島勘解由左衛門尉・同弟平右衛門尉、(石神井・練馬の)両所に『対の城』を構え候の間、江戸・川越の通路不自由により、先ず、勘解由左衛門尉の要害を以て落居せしむべく分、」と述べている。石神井城には豊島勘解由左衛門尉が、練馬城には弟の豊島平右衛門尉が籠もっていた。豊島氏によって石神井・練馬両城が構えられたことにより、道灌は江戸・川越間の連絡が困難になった。そのために先ず「勘解由左衛門尉要害を以て落居せしむべく」と企図し、現実には江古田沼袋ケ原合戦で豊島平右衛門尉を討ち取り、合戦後に石神井城を落城させることになる。

一方、平塚城については「豊島勘解由左衛門尉、江戸要害に向け、平塚と申すところに『対の城』を誘(拵)え、楯籠り候の間」と記しており、平塚城も江戸城に向けて構えられた城館であることを見ることができる。

ところで、「対の城」という語であるが、この言葉は「付城」や「向城」と同義で、通常は敵の城を攻める時に、攻め手側が対陣するために築いた城館で、短期間のみ使用される臨時的な城館のことをいう。つまり、平塚・練馬・石神井三カ城は江戸城を戦略的に包囲するべく存在したのである。練馬・石神井両城が江戸・川越間の遮断であった例にならうならば、平塚城は江戸以北の交通路の遮断が目的であったと推測することができよう。それゆえに太田道灌は平塚・練馬・石神井三カ城の攻略を重視したのである。通説では、平塚・練馬・石神井三カ城は支配のための恒常的な拠点という性格が想定されていた。しかし太田道灌状の記述、「対の城」の語義に従うならば、豊島氏の対太田道灌戦の軍事的な城館という意義があったことが明らかになる。

道灌状には石神井城の構造について若干の記載がある。一度降伏を申し入れた豊島勘解由左衛門尉に「要害を崩すべき旨申し候」と破却を命じたところ、降伏が偽りであったことが判明したので、「廿八日外城を攻め落とし候」とある。その後夜になって「没落」したと述べている。降伏に際して、破却を命じたのも興味深いが、石神井城の構造に「外城」があったことに注目したい。そして「外城」を落としただけでは完全な落城にはならず、一定の時間を経た後に「没落」に至ったという。このことを勘案すれば、「外城」に対する城の中心的な空間が存在したことになる。少なくもと石神井城は中心部分と「外城」の二重構造となっていたこと太田道灌状から窺えるのである。

（二）練　馬　城

練馬城は現在の豊島園（練馬区向山三丁目）に所在したとされ、戦前まで旧観を伝えていた(32)。

この練馬城について伊禮正雄は次のように述べている(33)。

> 主郭部の乗る台地は幅二百米近く、北に延びて石神井川に臨むところは比高十米位、一種の舌状台地で、河岸を背にして東西九十米・南北八十米米（ママ）位の方形の居館部分を置き、そこから南方三百米位の、ちやうど左右の谷の終わるあたりに、東西に空堀があった。空堀から北は勿論外郭に当る訳であるが、ここには空間があるのみで城郭設備はない。主郭とそれを囲む外郭の比例を失した大きさと単純さ、これは内郭・外郭構造といふより、明らかに、居館・堀ノ内分（ママ）構造である。

伊禮は図8を掲げこのように構造を述べている。現状において遺構を観察できない今、伝えられている図面からは用を得た解説であると思う。特に練馬城の構造について「主郭とそれを囲む外郭の比例を失した大きさと単純さ」と指摘し、「居館・堀ノ内」の問題としてとらえている。この指摘には注目する必要がある。

また主郭の虎口については議論があり(34)、とりわけ南側の虎口については馬出があるのかについては近年に至るまで

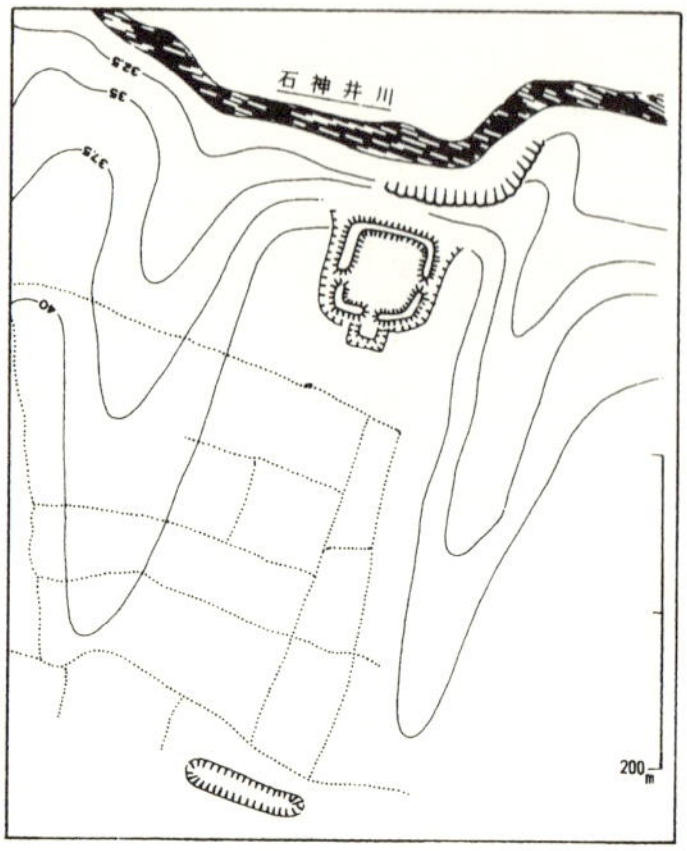

図8　練馬城縄張図

謎であった。しかし近年行われた発掘調査[35]により角馬出が存在したことが確定した。考古学的に年代は確定してはいないが、文明九年（一四七七）当時の練馬城の遺構とすると、馬出の使用例としては古いものとなる。

先に述べたとおり、練馬には練馬氏が一五世紀前半には存在したと推測される。また一方で太田道灌状の記載により練馬城は江戸城に向けての「対の城」として構築された城館であった。従って、現在伝えられている練馬城の規模と構造は、練馬氏が最初に築いた当初のもとのとは言い切れない。むしろ、道灌状に依拠するならば豊島氏滅亡直前に大改修されて今に伝えられる規模と構造になったと考えたほうが良いことになる。この点については石神井城についても同じであるが、正否は今後の調査に委ねられている。

（三）　石神井城

一五世紀後半の豊島氏の重要拠点であった石神井城（練馬区石神井台一丁目）は三宝寺池を北側に持つ東西に延びる台地にある。

石神井城では過去に数度、発掘調査が行われている[36]。しかしながら具体的な様相をつかむには至っていないのが現状である。以下、発掘調査の所見を踏まえ、構造を概観してみたい。

図9の内、Aの地点が主郭に相当する郭である。南北約八五メートル、東西約六五メートルの方形の郭で東及び南

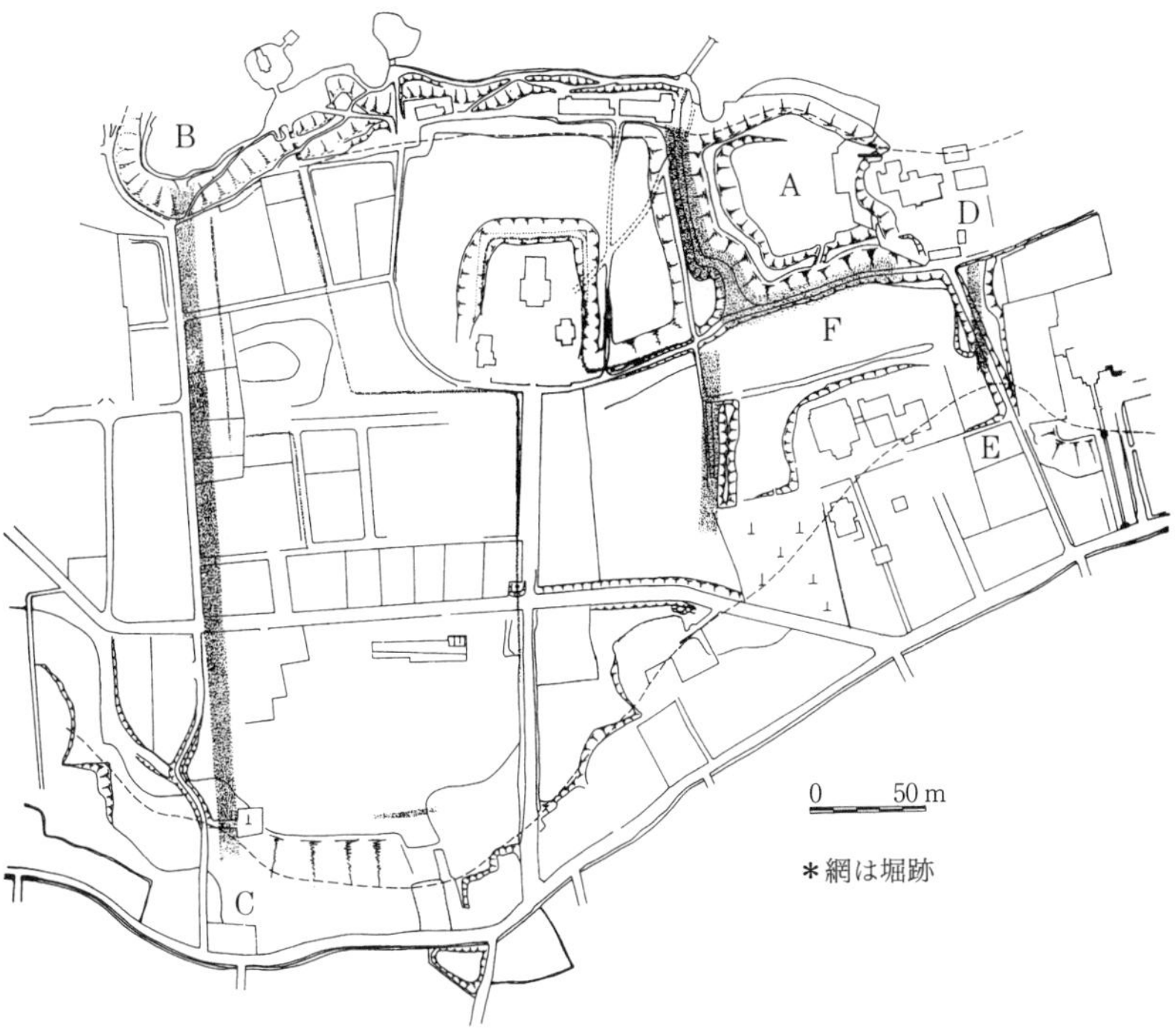

図9　石神井城測量図

面には土塁と空堀が普請されている。主郭の南西隅には折り歪みが施されており、練馬城の馬出とともに文明九年（一四七七）落城の城館としては技巧的な縄張りを見ることができる。

昭和四二年（一九六七）に主郭内が発掘調査されている。その際には地下式横穴と土壙が確認され、陶磁器や石製品の出土を見ている。出土品のうち古瀬戸の平碗が出土していることは年代的に興味深い[37]。

図9のB〜Cの堀は昭和三三年（一九五八）の調査で確認されている。この堀について報告では、

(1)城西端部の濠は、幅平均九メートル、深さ三・五メートル以上の規模をもち、まず中世城館の標準的な空堀とみてさしつかえないと思われること。

と記している。想定される空堀の南北二カ所

にトレンチ（Sトレンチ、Vトレンチ）を入れ、箱薬研の堀を確認している。[38]このB〜Cの堀に対応する東限の堀は、D〜Eの堀であることが予測されている。[39]

また同報告は次の二点も指摘している。

(2)城の中央部からこの西外郭までの間には、もちろん郭の存在は推察されるにかかわらず、(1)のような規模をもつ濠は存在しなかったとみられること。

(3)しかし、より規模の小さい濠がやや複雑な平面形をとって走っていることが判明し、少なくとも城中央部から西外郭まではこれが郭の配置を示すものであると推定されること。

としている。このうち(2)は重要な指摘で、石神井城の基本的な縄張りは、主郭部と西外郭で構成されるとおさえることができる。

また(3)については、近年の調査では、

各溝の性格については断定はできないが、道路、塀などと平行して走行していることから地割り、境界の目的で掘削されたものと思われる。また底部に小溝がもうけられていることから、根切りや排水の用途も兼ねていたものであろう。存続年代も正確に求めることは難しいが覆土中からの出土遺物から考えると、一七〜一八世紀頃の比較的長い期間使用されたであろう。

と否定的な見解となりつつある。[40]

すなわち、現時点では石神井城の基本的な縄張りは主郭部と広く面積を囲い込んだ西外郭等で構成されると把握され、頗る練馬城の構造に類似することになる。[41]また先に太田道灌状で文献史料から石神井城の構造が中心部分と「外城」の二重構造と指摘したが、類似の結論を得るに至ったことは重要である。西外郭がすなわち「外城」であるとするには現状ではまだ不十分であるが、可能性は高い。

(四) 平塚城

豊島氏最後の拠点となった平塚城であるが、その所在地はまだ確認されていない。西ケ原・上中里・田端の一帯が中世平塚郷の故地と推定されることから、この付近であることはまちがいない。しかし、具体的な場所の特定には至っておらず、通説で平塚神社(上中里一―四七―一)周辺とされている。江戸時代の地誌である『新編武蔵風土記稿』は、「今其所在定かならず、城官寺の辺とも、又西ケ原御殿山ともいへど、皆正き証なし」と記しており、旧在地の推定については現在の認識とおおよそ異なるところはない。

近年、平塚神社より飛鳥山公園にいたる台地続きに、断続的に発掘調査が行われた。中世の遺構を検出してはいるものの、平塚城の所在地を特定するには至っていない。とりわけ、石神井川に臨む飛鳥山公園の北端の部分は、細長い台地であり、北区内では最高所とされる場所であることから、地形的にも戦国期城館の立地としては最適地であったが、遺構が確認されなかった[42]。したがって、平塚城中心部は平塚神社から飛鳥山公園の間ではなく、平塚神社からJR山手線にいたる南東の台地上にあったと推定されることになる。

さらに太田道灌状にあった、江戸城にむけての「対の城」という記述を重視するならば、江戸城に至る街道沿いに、南方の防御を重視して普請された可能性が高い。当時の街道がどのように通過していたか詳細はわからないが、現在の本郷通りに沿った場所に存在したのではなかろうか。

このように考えると平塚城は従来想定されたような、北側の崖面を防御の主とする構造の城館ではなく、南面に向いた平坦で比較的なだらか地に築かれた城館と言うことになる。練馬城や石神井城と同じく、居館を一角に置き、平坦面を広く囲い込むような構造であった可能性が生まれることになる。

西日暮里には一説に太田道灌の関連城館と伝承される道灌山もあり、先の対江戸城の戦略的な拠点であった点も踏まえて、場所の特定が今後に期待される。

(五)　小　括

少ない史料からであるが、豊島氏滅亡期頃の豊島氏関連の城館の特徴として、台地の平坦面を使用し、主郭部と外郭線の二重構造が取られ、大きく平坦面を確保するような縄張りがなされる、という特徴を指摘できるのではなかろうか。当該期の類似の事例も少なくはなさそうである。

このような特徴を抽出した際、伊禮が練馬城の構造について「『居館・堀ノ内』の問題」としたことは再度注意しなければならない。「居館・堀ノ内」の形式から冒頭に示した「舌状台地を選地した場合の戦国期城館の定式」に移り変わる過渡期的なあり方を豊島氏の三ヶ城は示している可能性を有するからである。戦国期の城館を築くような舌状台地にそれ以前の方形の居館を大きく築くという過渡的な様相を呈していないだろうか。この結論を得るには今少し考古学的な調査の積み重ねが必要であろう。

おわりに

文献史料及び考古学的資料ともに少ない中、豊島氏の城館について現段階の課題を整理してみた。得られた課題は極めて重要な問題を孕んでいる。それだけに豊島氏の城館の問題は今後も意識的に追求されなければならないと考える。

豊島氏領域が二つの世界から成り立っていることとした先の見解と石神井・練馬・平塚三カ城を対照させたとき、この三カ城が何れも石神井川流域に属することは改めて確認する必要があろう。道灌状で見たとおり、この三カ城は軍事的に使用された城館であった。軍事的な目的であっても、新規に城館を取り立てるのではなく、従前の基盤となっていた城館の地を継承していることに、まず注意が必要であろう。そして継承と把握した際、この三カ城の存在から、豊島氏の影響力が志村周辺と石神井川流域で異なっていたことを予想させる。二つの世界の差異を改め検討する必要があるように思えるのである。

何れの問題についても考古学的データの蓄積が望まれるわけであるが、都心の中世遺跡という難しい条件が調査の前提に立ちはだかっている。必ずしも発掘調査が繰り返されることを望んでいるわけではないが、都市の再開発が避けられない現状であるならば、少なくとも調査だけは実施され、結果が公開されることを期待したい。

注

(1) 第一部第三章及び第二部第一章
(2) 『北区』五六二
(3) 『北区』記録一
(4) 『北区史　通史編　中世』(東京都北区刊、一九九六)二一頁。
(5) しかし確実な資料で豊島姓が確認されるのは、『吾妻鏡』の治承四年(一一八〇)九月三日条(『北区』記録一―(3)、『北区通史編　中世』三〇頁の指摘)とされ、この間、およそ一〇〇年から一五〇年の差があることになる。
ところで「香取造営次第」(『北区』二)では豊島清元を「葛西三郎清基」と記載している。恐らくは下総国の問題であろうから葛西姓で記載されたと考えられるが、葛西姓となっている点はやや検討を必要とするのではなかろうか。後述するように豊島氏の居館の地が清光寺とすると、同寺の開基が豊島清元（光）とされており、豊島清元（光）の頃に豊島の地との結びつきを得た可能性も残ることになる。また、豊嶋氏系譜の重要史料として確認された中条家文書所収『桓武平氏諸流系図』（『北区』第五編一、なお以下同系図は同書による）では清元の父康家に「豊島三郎」を付し、初めて豊島姓を称したことが確認される。

　豊島姓を名乗るようになった時期及び豊島を本拠地とした時期については、今一度慎重になる必要もあるようにも思える。

(6)『板橋区』七五

(7) 平野実『豊嶋氏の研究』（一九五九。後に関東武士団叢書5『豊嶋氏の研究』（名著出版刊、一九七五）に収録される）。なお、研究史については杉山博「豊嶋氏研究の成果と課題」（名著出版刊、関東武士団叢書五『豊嶋氏の研究』一九七五）に整理される。

(8)『七社神社前遺跡Ｉ』（東京都北区教育委員会刊、一九八八）、『御殿前遺跡』（同刊、一九八八）、『御殿前遺跡II』（同刊、一九八九）、『御殿前遺跡III』（同刊、一九九二）、『西ヶ原遺跡群』（同刊、一九九二）、『御殿前遺跡IV』（同刊、一九九四）、『飛鳥山遺跡』（同刊、一九九六）による。なお調査者による考察として、中島広顕「平塚城の実像を探って」（『特別展　下町・中世再発見』葛飾区郷土と天文の博物館刊　一九九三）がある。

(9)『御殿前遺跡IV』（東京都北区教育委員会刊、一九九四）

(10) 平塚氏は他の史料では中世後期ではあるが「平つか《（平塚）》ふんこ《（豊後）》殿」（『北区』二一二）が確認される。なお、北区第五編一及び板橋区六五の解説はともにこの平塚氏の存在に注目している。

(11) この庶子平塚氏の存在は事態をやや複雑にする。今後、平塚近辺で城館が確認された場合、その城館が平塚氏のそれである可能性を生むからである。従って、平塚城といっても中世初頭の豊島氏の本拠、戦国期の豊島氏の戦略的拠点、さらに庶子平塚氏の城館の三側面を念頭に置く必要がある。検出した遺構や出土した遺物を慎重に判断することが望まれる。

(12) 前掲注（7）書。

(13) 石井進『鎌倉武士の実像』（平凡社選書、一九八七）、海津一朗「東国・九州の郷と村」（雄山閣出版刊『日本村落史講座』2巻景観I、一九九〇）。

(14)『豊島馬場遺跡』（東京都北区教育委員会刊、一九九五）。ただし、出土した青磁は龍泉窯の鎬蓮弁文青磁碗（龍泉窯系碗B1類）であり、付近に鎌倉期頃の遺跡が存在する可能性を示唆する。

(15) 前掲注(7)書

(16)『北区』一三五

(17)『北区』二一二

(18)『北区』八五～八七

(19) 通説からすれば、滝野川氏を加えるべきであろうが、豊島一族滝野川氏の存在を確認する史料を欠くため考察から除外する。

(20) このうち石神井については先の系図により鎌倉期には藤原姓宇多重広、その後に泉氏・宮城氏が領主として確認されることから、先行する居館が存在する可能性は高い。

(21) 前掲注(7)書。

(22) 豊島泰盈本豊島系図(『北区』第五編四)及び金輪寺本豊島家系図(『北区』第五編五)。

(23)『北区』一三五

(24)「吾妻鏡」建久元年(一一九〇)一一月七日条に「志村小太郎」及び「志村三郎」が見える(『北区』記録一―(25))。なお、『板橋区』一〇一は本史料に「志村氏は豊島郡志村(板橋区志村)を名字の地とした有道姓児玉党(武蔵七党の一つ)の一族といわれるが、詳細は不明。」という注を付す。

(25)『志村城山遺跡第2・第3地点発掘調査報告書』(板橋区教育委員会・堀ノ内遺跡調査会刊、一九九六)。

(26)『志村城山』(板橋区教育委員会刊、一九八八)及び前掲注(25)書。

(27)「豊島氏と城郭」(豊島区立郷土資料館「生活と文化」研究紀要第二号 一九八六)。

(28) 山田邦明「東京地域の中世史研究進展のために」(『地方史研究』第四八巻第一号、一九九八)は「熊野領豊島年貢目録」及び「豊島名字之書立」から「一人の当主が一郡を支配するのではなく、かなりフラットな関係で結ばれた一族が郷村支配の主体で、彼らが全体として郡レベルの領域支配を行っていたと考えられるのである。」と述べている。

(29) 厳密に言えば石神井川沿いの世界も、飛鳥山を境に上流と下流で二分されると思われる。上流は谷田開発の世界であるのに対し、下流は大規模な開発を要する沖積地である。開発主体の相違もしくは年代的な相違を想定する必要があると思われ、また村落構造にも差を考えなければならないだろう。現に「熊野領豊島年貢目録」には年貢負担者として「十条 作人平部」「十条郷 作人三平」が登場する。恐らくは石神井川沿いの世界も細分されるのであろう。

(30) この二つ世界の形成には志村氏の出自の問題が有るのではなかろうか。他氏である志村氏を豊島一族として包摂した結果、異なる世界を領域に内包したため、このような構造の領域になったのではなかろうか。
また二つの地域に包摂されず、かつ挟まれた地域に岩淵郷が存在することになる。この地には鎌倉時代には岩淵氏が存在したことが「六条八幡宮造営用途注文写」(『北区』一九)に見える。その後の具体的な継承関係は不明であるが、岩淵については橋や宿に関する史料があり、当該地域にあっては岩淵が経済的に大きな位置を占めていた。おそらく岩淵氏もこの地に居館を営んでいたであろう。
(31) 『北区』記録四八
(32) 『日本城郭体系』第五巻　埼玉・東京(新人物往来社刊、一九七九)の巻頭写真には昭和二年(一九二七)撮影として、三枚の写真を掲載している。
(33) 前掲注(27)論文。
(34) 浦辺仙橘「瀧の川・練馬両城址研究」(『武蔵野』第一一巻第四号、一九二八)及び鳥羽正雄「練馬城址の南虎口に就いて」(『武蔵野』第一四巻第四号　一九二九)。議論の主題は主郭の虎口の数の多さと南虎口に馬出があるかどうかである。
(35) 『練馬城址遺跡調査報告書』(豊島園刊、一九九一)
(36) 榊原松司・青木一美「石神井城跡の第一次調査」(『西郊文化』第一五・一六輯、一九五六)、青木一美「石神井城跡発掘調査の成果と課題―第二次・第三次・第四次調査概報」(『土』第二号、一九五八)、東京立正高校考古学班「石神井城について＝発掘調査の記録」(東京立正高校考古学班レポート、一九六七)、『練馬区石神井台一丁目遺跡調査略報』(練馬区石神井台一丁目遺跡調査団刊、一九七三)、『練馬区石神井台一丁目遺跡―一九七九・六調査―』(練馬区教育委員会刊、一九七九)、『練馬区の遺跡』(東京都練馬区教育委員会刊、一九八三。のちに『練馬区史歴史編』(東京都練馬区刊、一九八二)に再録)、大河内勉「石神井城跡―石神井台一丁目遺跡」(『奥田直榮先生追悼集』学習院大学輔仁会刊、一九八九)等がある。
(37) 前掲注(36)のうち、東京立正高校考古学班(一九六七)及び東京都練馬区(一九八二)。
(38) 前掲注(36)のうち、青木一美(一九五八)。
(39) 前掲注(36)のうち、榊原松司・青木一美(一九五六)。なお三宝寺の西のF～Gにも土塁と堀を想定しているが、判断を保留したい。

(40) 前掲注(27)のうち、大河内勉(一九八九)。
(41) 「練馬区石神井町池淵遺跡調査略報」(石神井池淵遺跡調査団刊、一九七三)は石神井城の構造について「一般的には舌状台地の先端部に郭を構築する例が多いことに反し、基部に設けたこと」に一般の中世城館との相違を認めている。
(42) 前掲注(8)報告書。

第三章　本拠の展開——居館と「城郭」・「要害」——

はじめに

近年の城館研究は、中世居館・戦国期城下町・縄張りなど多様な方面で研究成果を生んでいる。それぞれ基礎となる方法論の相違から多角的な議論を呼ぶに至っている。

しかしながら、方法論の相違から中世城館の研究を中世全般にわたって見通すという視点を欠いているのもまた事実であろう(1)。例えば中世居館研究は考古学資料の増加から中世前期より一五世紀までを扱っている(2)。一方、城下町研究は織豊期を中心に戦国期前半からを対象としている(3)。また縄張りからのアプローチは、現在残る遺構からおおよそ一六世紀の研究に集中する傾向を有している(4)。したがって一五世紀はそれぞれの接点になっているが、相互の関連性が明確でなく、城館の展開を理解できていない。

この原因には、個々の城館の分析が十分でないことが先ず考えられる。一個の城館が如何なる目的で、如何なる機能を有し、何時、誰によって築かれたかという分析が十分でないため、違った素材を同一平面において考察するという混乱した状況を招いている。

さらに城館の研究が個城館として扱われ、城館の経営主体、すなわち領主と関連させて考察することが深められていないことによる。以前、教科書的な理解として、城館は山城―平山城―平城へと展開するとされていた。しかし現在では村田修三によって館および阻塞・塁の展開として城館の歴史を理解する段階へと進んでいる(5)。多様な機能をもつ城館をそれぞれの機能に応じて把握する枠組みはできつつある。しかし城館がどのように領主と関連していたかを把握するにはまだ研究途上といえよう。この背景には領主制研究の停滞という研究史の状況があることも事実である。

そこで本章においては、以上の問題意識に基づき、一四・一五世紀の本拠のあり方を分析して、居館から戦国期の城館への展開を見通し、領主の存在形態の変化を把握することにしたい。

本章で扱う用語のうち、城郭とは山上にある遺構などに象徴的な、城館の主郭部を指すこととし、城一般については城館を使用する。また、一四世紀頃に史料に散見する「城墎」および一五世紀の「要害」は城郭と一括して扱えると想定しているが、景観的に正確に把握できないとともに、年代差をもって理解するため、史料に即して使用することとした。

一 「城墎」を構える

南北朝動乱期、日本各地で城郭が築かれ、そこを舞台として合戦が行われている。古文書にはしばしば「構城墎」として見ることができるが、居館はともかくとしても、一四世紀にどのような城郭が築かれたか、遺構としてどのようなものであったか、明確にされているとは言い難い。考古学的にも一四世紀の城郭の代表事例といわれると、躊躇するのが現状ではなかろうか。

そこで先ず文献資料で確認できるいくつかの事例から、一四世紀の城郭について明らかにしてみたい。

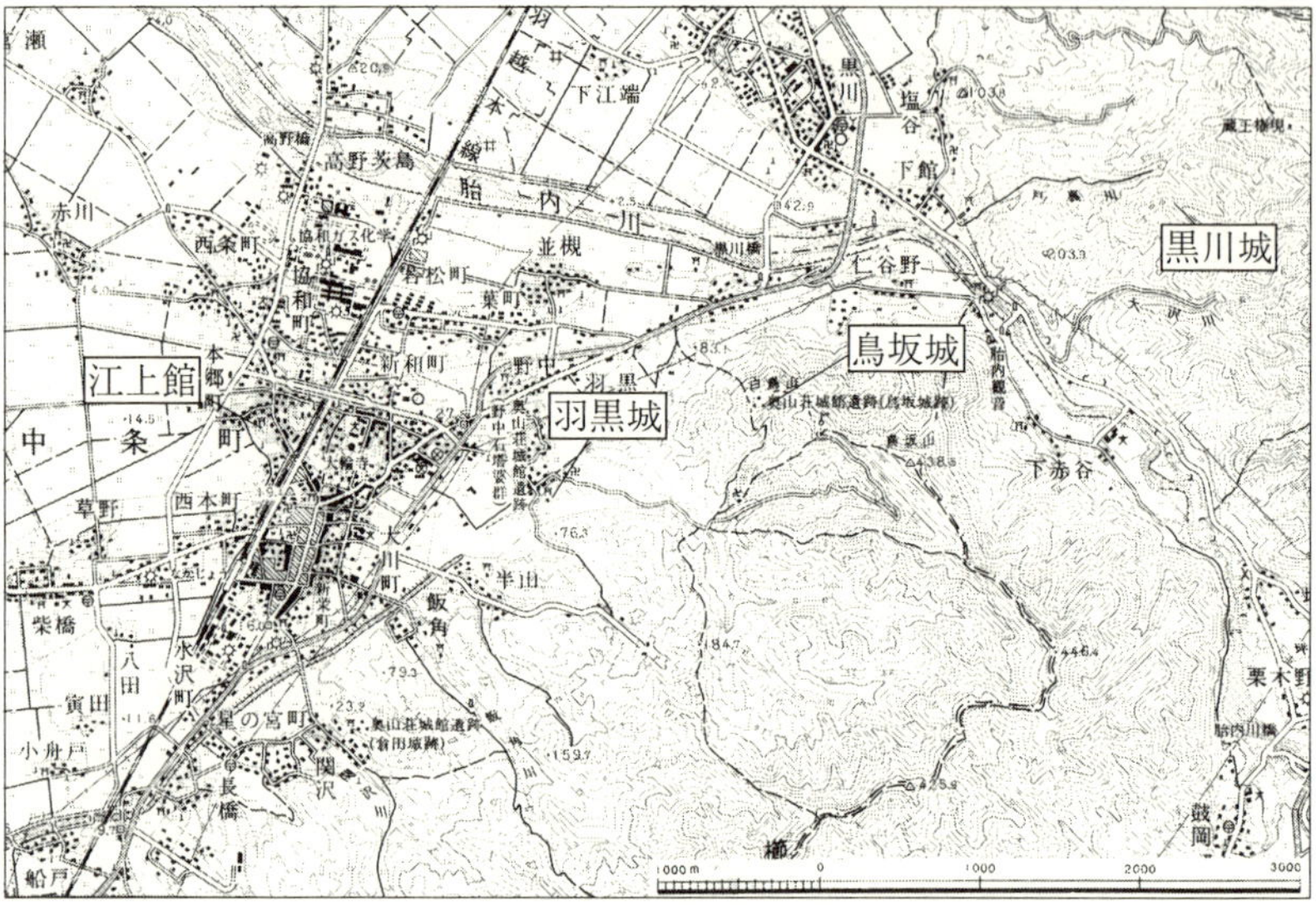

図10　鳥坂城周辺城地形図

【鳥坂（鶏冠）城】

建武五年（一三三八）、越後国奥山荘内に鳥坂城という城があった。(6) 隣荘の色部氏の庶子色部高長が越後国大将佐々木加地景綱に属して、この鳥坂城に籠もっている。北朝方の下越における重要拠点であったと思われる。

鳥坂城について、一世紀余経った享徳三年（一四五四）に中条秀叟によって興味深い述懐がある。(7)

此時誘鶏冠城、彼要害者城大郎資持之後、曾祖父茂資為閉籠、其中間一百二年、今度房資再興スル者也享徳二、癸酉於子孫不可捨者也、

この史料によれば、鳥坂城は建仁元年（一二〇一）に城資盛が使用した後、私の曾祖父にあたる三浦和田茂資が籠城し、この度、自分、中条秀叟が享徳二年に再興した、と述べている。

三浦和田茂資が籠城したのは観応の擾乱の頃となる。茂資はこの際に尊氏派として転戦しているが、具体的に鳥坂城が用いられた史料は残念ながらほかにはない。

少なくとも文献史料より享徳二年（一四五三）の中条秀叟

再興にいたるまで、城資盛以降、三度の使用が認められる。一見してこの鳥坂城は鎌倉時代初頭より存在していたように思える。しかしながら秀曳は茂資が籠城してより後、「其中間一百二年」の期間を経て「再興」したと述べているのであり、鳥坂城は「廃城」の状態にあったことになる。

この鳥坂城は新潟県北蒲原郡中条町羽黒にあった（図10参照）。標高四三八・五メートル、山麓との比高差、約四一〇メートルの鳥坂山頂に比定され、現在も時期不明であるが僅かの遺構を残しており、非常に要害堅固な地である。戦国期は西側に下り、現在、白鳥城と通称される城郭を取り立てている。

このように鳥坂城は中条秀曳再興に至るまで、この天険を利用し、必要に際して臨時に取り立てられていた。

【小 山 城(8)】

常陸国中郡庄事、度々軍忠異于他上、構城墎、致忠節之間、自将軍家被仰下之程、所被預置也、仍可被致所務之状、依仰執進如件、

建武三年十月廿八日　　源（斯波家長）（花押）

小山大後家殿

小山貞朝後家の度々の軍忠、とりわけ「城墎」を構えたことを褒じられての発給である。建武三年の小山城の役割は、単に小山氏の私的な城館に留まらず、下野守護小山氏によって動員された下野御家人が籠もった北関東における足利方の拠点とされている。(9)この拠点作りに果たした小山貞朝後家の行動が評価されて、この文書が発給されたと考えられる。

しかし小山城を築いた背景にはかなり危機的な状況が窺える。小山氏にしてみれば、先代の小山秀朝が中先代の乱に際して、先々代の貞朝没後わずか五年にして自害。そのあとを小山常犬が当主となったが、足利尊氏に従って転戦

し、在所の小山は留守の状態。小山貞朝後家宛に文書が発給されているのはこのような状況による。

また当時の情勢では、尊氏が畿内で破れ、九州へ下向するという状況で、野本鶴寿丸が、

一　小山城合戦事、将軍鎮西御下向之後者、前国司方軍勢等令蜂起、人民無安思、然而当城者為一陣之間、御方仁存御志一族等、馳籠彼城、

と述べているように[10]、関東に残された足利方にとっても、北畠顕家軍の蜂起を受けて、危機感が高まっていた様相が窺える。

この際の小山城は、『小山市史』によれば「『小山祇園城』ではなく、南北朝時代の小山氏の本拠の鷲城と、その東にある小山氏館（神鳥谷の曲輪）であると思う。」としている[11]。小山祇園城でないことは後述する理由から明らかであるが、鷲城及び神鳥谷の曲輪であるとすることも確定の限りではない。

しかしながら、この時の小山城が平地居館であることは動かない。建武三年八月二四日夜、茂木知貞の代官祐恵は「小栗城郭」より「小山之館」に移って、警固しており[12]、茂木知貞自身も一二月一〇日には「小山之館」に籠り、北畠軍に備えている[13]。この二事例に挟まれて、先の斯波家長奉書は出されているのである。すなわち、この時に構えられた「城郭」とは「小山之館」を要害化したものとなる。

また只単に「小山之館」を「城郭」と呼んだのではないことも指摘できる。この小山城での合戦は翌建武四年まで続くが、建武四年に発給された管見の文書は、合戦の行われた場所を「小山之館」と呼ばず、「小山城」としている[14]。前年と言葉が区別される何らかの変化が、「構城郭」という行為のなかにあり、「館」から「城郭」へと呼称が変化したに相違ない。

【寛徳寺城】

小山城は周囲の状況下、臨時に城郭化されたのであるが、同じ様なことは広く指摘することができる。相馬一族が築いた寛徳寺城という城もその一つである。(15)

同廿六日(建武二年一二月)当国行方郡高平村寛徳寺打越、舎弟八郎衛門尉家胤、同九郎兵衛尉胤門并次郎兵衛尉胤景・同又次郎胤時・同彦次郎胤祐・同孫五郎親胤相共構城館、於御方館築候之處仁、

この当時、相馬一族の惣領は相馬重胤である。重胤は後醍醐天皇に反旗を翻した足利尊氏に従い、鎌倉へ向かう。一方、重胤の従兄にあたる胤平は一族家胤ほか四名とともに（図11参照）寛徳寺に「城館」を構え、南朝方として行動したとしている。

寛徳寺城は福島県原町市上高平字竹下にあったとされるが、遺構などの詳細は不明である。(16)小山城と同じく、流動的な情勢下、急遽「城館」を築いていることが窺える。しかし、類似点はそれだけでない。寛徳寺築城の記事は相馬胤平軍忠状の始めの部分にあるのだが、この城館は南朝方の拠点であることが主張されている。先の小山城が北朝方の重要拠点であったことと同様の存在意義の主張を考えることが可能になるが、何よりも「御方」として「城館」を構えたことを軍忠の一つとして申請内容に含めていることに注目したい。実際に寛徳寺城で合戦が行われたかどうか、この軍忠状は語っておらず、また他の史料においても確認できない。すなわち、合戦があって、どのような軍忠をあげたかではなく、「御方」として「城館」を構えること自体が、当時、軍忠の一つとして認識

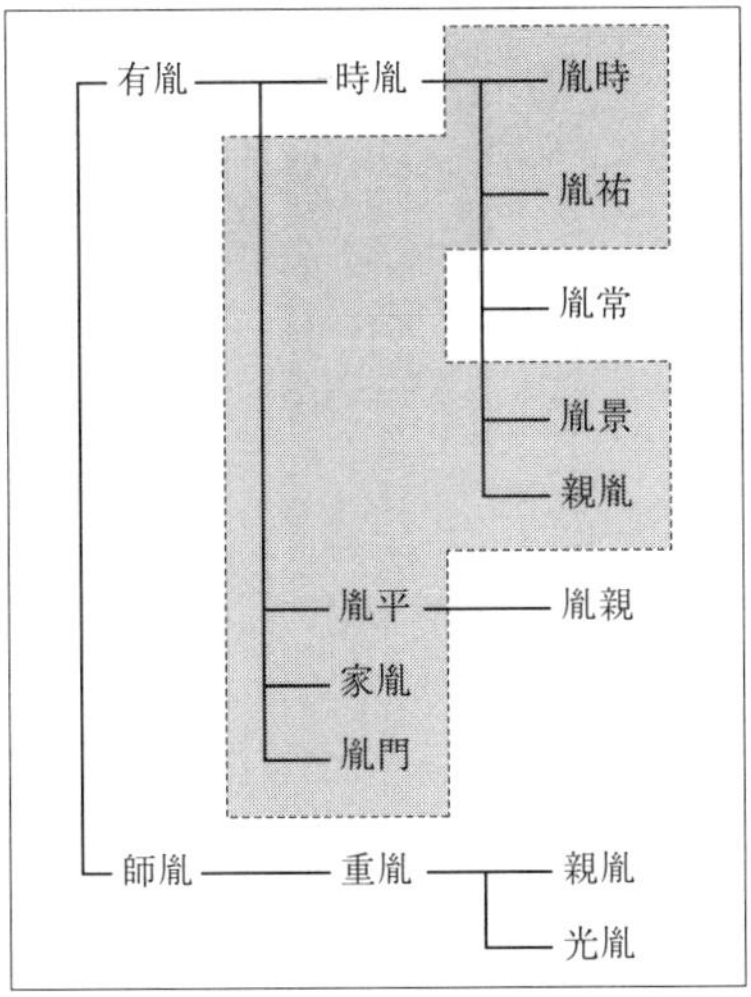

図11　相馬胤平一族略系図
内は，寛徳寺城を築いた一族

されていたことになる。先の小山の事例にあっても、忠功の一つとして、「構城郛、致忠節」したことが掲げられている点はこのことを強く認識させる。

【小　高　城】

相馬胤平が寛徳寺城を築いたわずか数ヵ月後、惣領相馬重胤は小高に「楯」を築くよう命じている。(17)

　於国可楯築事書目六

　　定

一、奥州行方郡小高堀内、構城郛、并□凶徒等可令對治之也、

（中略）

右、目録状如件、

　　建武三年二月十八日　平重胤□

　相馬弥次郎（光胤）殿

相馬重胤は鎌倉において小高築城の命令を次男の弥次郎光胤に発している。この「目六」には「楯築」のほか、近隣諸氏を味方に付けること、在所と京・鎌倉が一体となって行動して、遠所であっても独自の行動をとらないこと、軍忠を行った一族・他人を注進すべきことなど、直接築城に関連しない事柄をも含んでいる。しかしながらこれらの項目が「於国可楯築事書目六」として一括されていることは、重胤が当時の状況を乗り切る施策として数ヵ条を示し、その中心が「楯築」であると考えていたことを物語る。さらに他の史料には、「右、為国楯築（中略）守事書之旨」(18)・「爰為国中静謐」(19)とあり、小高築城がいかなる名目を持って周囲に知らしめられていたかが語られている。一四世紀の城郭を構えることの意義を考えるうえで興味深い。

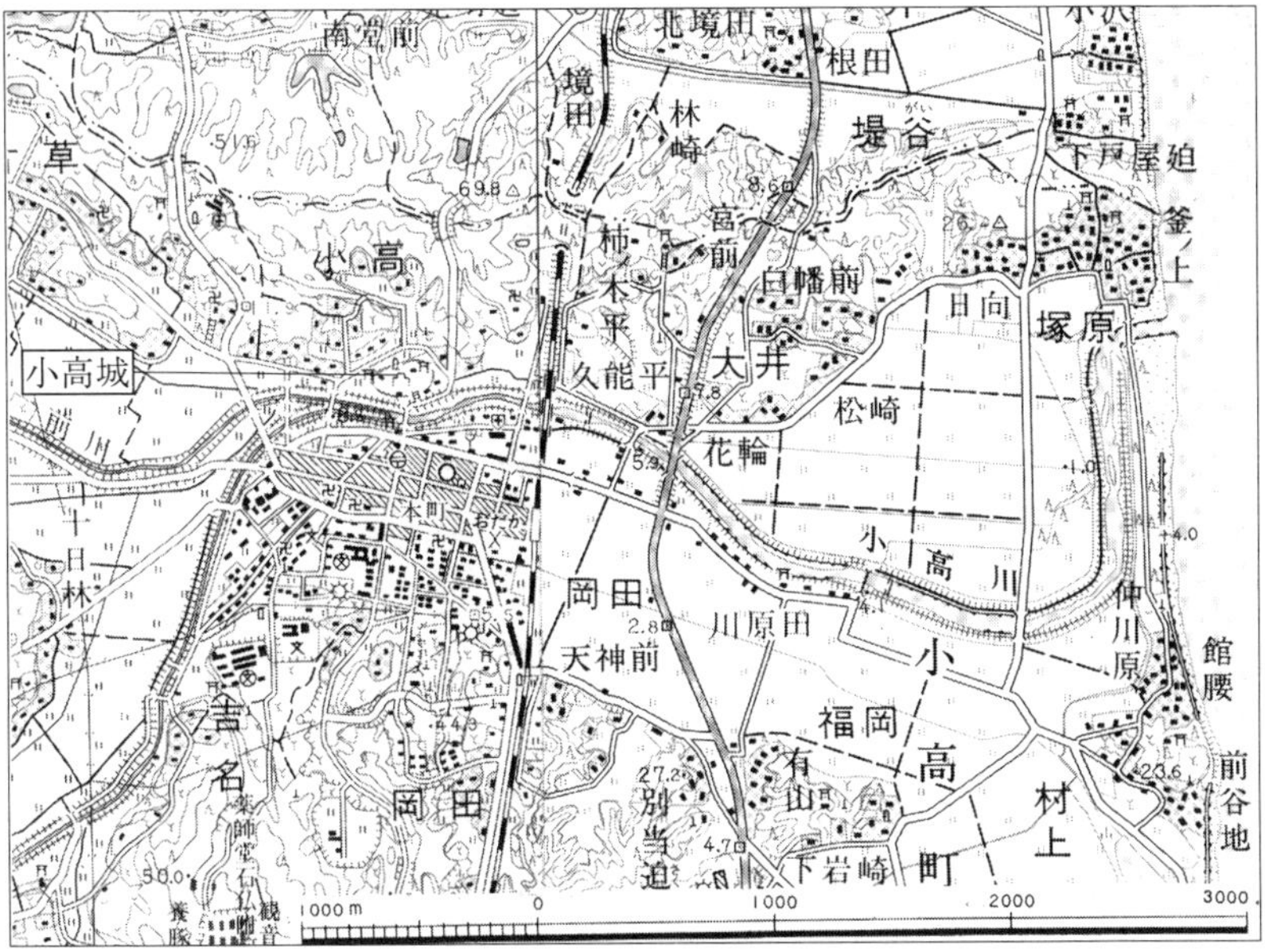

図12　小高城周辺地形図

この時期、京都において足利方が破れ、九州へ敗走する。先の小山城の事例と同じ状況下での築城であり、尊氏の九州敗走は関東に残された足利方に危機感を募らせ、各地に城館が築かれたことを予想させる。この相馬氏の場合は、鎌倉に上った一族を分かち、一方は次男光胤を惣領代として小高に向かわせ、光胤への助力を庶子に命じて楯を築き、所領の維持並びに一族ほか近隣御家人の統率を計ったのである。

築城を命じた重胤本人にも危機感があったのも確かであろう。「目六」に先立って、建武二年一一月二〇日[20]および建武三年二月五日[21]の二度にわたり譲状作成を行っている。前者の時期は中先代の乱により鎌倉にはいった足利尊氏が後醍醐天皇に対し反旗を翻した時期であり、譲状作成直後には後醍醐天皇より尊氏・直義追討の綸旨が発せられるという混乱した時である。重胤はこうした世上を意識し、譲状をさらには「目六」を作成したことが想像できる。実際に、重胤は「目六」を作成した約二カ月後に北畠顕家により自害に追い込まれている。

このように小高築城の場合も、混乱した情勢化、臨時の築城であったことが先ず確認されよう。重胤の築城命令後、僅か一カ月余にして、小高城に南朝方は攻め寄せている。きわめて短い期間で小高城は城郭となっているのである。小山城と同様、「相馬孫五郎重胤屋形構城墎」[22]と、居館を「城墎」に構えたことがわかる。短い時間で通常の居館に手を入れたものであった。

さて、この「相馬孫五郎重胤屋形」であるが、言うまでもなく通常の居館であろう。相馬重胤と小高との関連であるが、元亨二年（一三二二）七月四日付、関東御教書とこれに先行する長崎思元代良信申状[23]では重胤が「小高孫五郎」と呼称されるが、前年の元亨元年一二月一七日付相馬重胤申状[24]には「重胤以下総国相馬郡居住」とあり、この両者間に何らかの変化が生じたのであろう。しかし、鎌倉末期には固定的な居住地を有していたのではなく、全国の所領各地に屋敷を持っていたであろう。この屋敷は在地の政所であったはずである。領主は必要に応じて、この多くの屋敷に下向し、鎌倉と個々の所領の屋敷地を往復していたのである。すなわち固定した一カ所のみという本拠ではなかったはずである。そのなかで相馬氏の場合、下総国相馬郡＝本領に対して、一族としての本領であるという意識を持ち、屋敷を有しつつも、行く行くは本拠となる地＝小高に、他者から見れば名字にしてしまうほどに比重が増していったのである。この小高築城は「政所」が「城墎」に、臨時に、改修されたものなのである。

短時間で臨時に構えられていたとすれば、「楯築」の内容に土塁・堀などの普請が含まれていたかが疑問となる。建武四年（一三三七）四月九日、小高城に籠もっていた相馬朝胤は軍忠状のなかで、「爰數輩凶徒等、切入東壁間、朝胤捨身命塞戰□敵了」と述べており[25]、攻防のポイントが壁であったことを記している。この史料からは土塁および堀がともなっていたかどうか定かではないが、壁が焦点になったいることは注目してよいのではなかろうか。すなわち、この一カ月での築城の重要作業は壁などの作事であった可能性を示唆する。

ほぼ同じ時期、宇津峯城において「同十五日、於壁際合戦者、」と壁際での攻防が行われていることが確認できる。[26]攻める側、守る側双方に壁が認識されている。この時期の城郭とは壁に特長があったのではなかろうか。このことにより「館」と「城郭」に差異が生まれ得たのではなかろうか。

【真　壁　城】

時代は下るが応永三〇年（一四二三）、常陸の真壁氏は城郭を構え、足利持氏に対している。七月一〇日、室町幕府管領畠山満家より、信濃の市川義房へ、「佐竹刑部大輔・常陸大掾・小栗常陸介・真壁安芸守等事、有京都御扶持之処、関東様御発向云々、早為彼等合力、相催随逐与力人等、令談合細川刑部少輔并小笠原右馬助、可被致忠節之由」として軍勢催促がされている。[27]これによれば、京都扶持衆として、山入祐義・大掾満幹・小栗満重・真壁秀幹が持氏に反旗を翻していることを知ることができる。

これに対して持氏は、現在わかる範囲では別府氏などの白旗一揆・烟田氏[28]・鳥名木氏[29]、完戸氏[30]など関東各地から小栗城を目指して、出陣させている。この軍勢のうち、鹿島・行方・東条の軍勢が真壁城を攻めている。[31]

この真壁城攻めの勢に加わった鳥名木国義は自身の軍忠状のなかで、「同八月二日城責時、（中略）打破南面壁、最前切入、致散々合戦、責落、（中略）同夜堀内城令没落上者」と述べている。[32]城攻めのポイントが「南面壁」であったことは先の小高城の例に共通する。

また、真壁城を「堀内城」としていることは、真壁城が山上などの要害を求めて築かれた城郭ではなく、平時の居館を含む堀ノ内を城郭化したものであったと考えられる。先の小高城も「小高堀内、構城墎」とあったことからこの両者は約九〇年の時間差を隔てていながらも類似点が多い。

さらにこの真壁城は臨時に築かれた城郭であり、恒常的に維持された城郭ではなかったことも指摘できる。

去応永卅年以勝定院殿御成敗、就小栗常陸介御合力、被成下御教書間、伯父安芸守相共、構一城、抽戦功刻、持氏様御發向時、小栗城没落後、失力、無程令退散訖

永享一一年（一四三九）、没落した真壁氏が再興を計る際に提出した真壁朝幹代皆川綱宗申状写の最初の部分である。[33]この史料によれば、応永三〇年の合戦が起こる時点で、真壁秀幹が「一城」を構え、足利持氏により「退散」したとされている。臨時に城郭化されたことは明らかであろう。後述するが、真壁氏は寛正七年（一四六六）にいたっても恒常的な要害を持っていなかったことから、応永三〇年の真壁城も一時的なものであったことが明らかである。しかも先に確認したように、通常の居館を城郭化したものなのである。一五世紀の前半に至るまで、南北朝期に築かれたと同様な「城墎」が再生産されていたのである。

以上、南北朝期初頭から一五世紀の前半まで概観してきたが、小括してみたい。

当該期に「構城墎」として、史料に城郭が築かれたことが散見されるが、これは政治的な理由などにより、臨時に急遽、築かれたもので、恒常的な維持管理を企図して築かれたものではない。更に短期間に築かれることから、普請が十分に行われたとは考えられず、壁などの作事が中心であったと推定される。しかしながらこの作事によって「館」と「城墎」が区別できるほどになっていたと考えられる。

またこの「城墎」は通常の居館を城郭化するものと鳥坂城のように天険の要害によるものとの二通りがあった。

以上のような「城墎」の取り立ては一五世紀の前半に至るまで行われた。

ところで管見の事例では通常の居館を城郭化するものが多く見られた。これは平野が広がる東国の地形によるものであろう。その意味では、他の地域においては鳥坂城のような例が多く見られると考えている。

二　「要害」を築く

前述では臨時に城郭が構えられる諸事例を見てきた。このように考えるならば、鎌倉初期以来恒常的に維持された城郭は存在しなかったことになる。また現在各地に存在する城郭遺構も一五世紀前半以前に溯らないことになろう。ではいつごろどのようにして恒常的に維持される城郭が生まれたのであろうか。

【鳥坂（鶏冠）城】

先に一四世紀の鳥坂城について概観したが、その中条秀叟記録によれば、鳥坂城は享徳二年（一四五三）に「再興」されたとしている。中条氏一族の事績を書き記した記録に鳥坂城再興を含めるのは、秀叟自身が一族の重要な事績として評価しているからにほかならない。さらに「於子孫不可捨者也」と記して、鳥坂城を捨ててはならないと述べ、常に維持することを定めている。基本的に中条秀叟記録は南北朝期初頭以降より自身に至るまでの事績等の事実関係を記したものである。そのなかにいくつか申し送り的な内容があり、更に二カ所ほど置文の役割を期待するような文章が含まれている。その一つがこの部分である。すなわち、中条秀叟は記録の中で強い意志をもって、鳥坂城を恒常的に維持するように子孫を規制したといえる。

このような意図を秀叟が持つに至った背景には如何なるものがあったのであろうか。その一端は記録の四年前、宝徳二年（一四五〇）に作成した譲状(34)に窺える。

譲与所領之事

右、蒲原郡奥山庄中条者、三浦和田前土佐守房資法名秀叟入道代々相伝所領也、仍譲渡子息弾正左衛門尉朝資処

也、

（中略）

一、他国所領之事、雖非当知行、同譲与処也、任先祖之掟、以自然之次、可有知行也、仍為後日亀鏡、示置之状如件、

于時宝徳二太才癸酉年九月十八日

前土佐入道秀叟（花押）

中条秀叟が子息朝資に与えた譲状の一節である。筆頭にある奥山庄中条は、名字の地をともなった中世後期の中条氏の本領である。他国所領は当時不知行化した所領で、秀叟先代の中条寒資の譲状[35]に載せる阿波国勝浦山などであるが、何よりも三浦和田一族の本領である相模国津村が含まれることを忘れてはならない。この津村が他国と意識されていることは中条氏の歴史のなかで画期となるのではなかろうか。津村と奥山庄中条の価値が逆転し、津村が他国所領となって切り放され、本拠としての中条の位置が不動のものと化していく。領主中条氏の存在形態が変化した時期とすることできる。そのような背景があって、鳥坂城は築かれているのである。

【真壁朝幹と要害】

中条秀叟が記録を書いたほぼ同じ時期に常陸国真壁郡でも、真壁朝幹が要害にかかわる置文を書いている。先に持氏に攻められ所領を失った真壁氏であるが、永享の乱後、真壁朝幹が所領を回復する。そして約三〇年後に譲状を作成し、あわせて置文を書く[36]。

とも〻とかしそんたるへく候ハヽ、ようかいをこしらへ、ようしんちうやともにゆたんあるへからす候、ようかいをこしらへ候ハん事、身のついせんと存へく候、

寛正七年（一四六六）三月二六日に作成された置文の一部である。朝幹が子孫に対して恒常的に維持される要害の築城を要求している[37]。「昼夜ともに油断有るべからず」という決意は、前代の「城墎」を構える段階と差がある。

そして、要害を築くことは、自身＝朝幹に対する追善供養であると宣告していることは、中条秀叟にも増して強い決意といえるのではなかろうか。真壁朝幹はこの翌年にも再度、置文で「世上物騒之間者、此要害あるへく候間」[38]としてその重要性を説いている。一時とはいえ所領を手放したことによるのだろうか、朝幹は要害の必要性を認識し、訴えている。この点は中条氏の場合と同様といえる。

中条氏と真壁氏の二例を見たのみであるが、一五世紀中頃に領主が自己の恒常的に維持される要害が必要であると認識していたことが確認される。この時期以後、現在我々が見ることができるような遺構の城郭が築き始められると考えられよう。

【金　山　城】

一五世紀に領主が自己の意図で恒常的な要害を必要とし始めたとすれば、各地で在地の本拠に要害を取り立て始めたはずである。上野国新田庄でも岩松氏が金山城を築いていることが、『松陰私語』に見える[39]。

〇　文明元年己丑二月廿五日、金山城事始、源慶院殿爲御代官、愚僧立鑁始、地鎮之次第、上古之城郭保護記爲證之、地鎮之儀式　供天神地祇、七十餘日普請無斷絶走巡、九字并四大王之守護所也与取堅也、大槩造功畢、同八月吉日良辰、自屋形五十子有御越御祝言、

金山城は新田庄の東の金山丘陵南端に築かれている。『松陰私語』の記載によれば、文明元年（一四六九）に「事始」されたことになっている。

源慶院殿＝岩松家純の代官として松陰が鍬入を行い、地鎮祭を経て築城したと記している。岩松家純がどのような

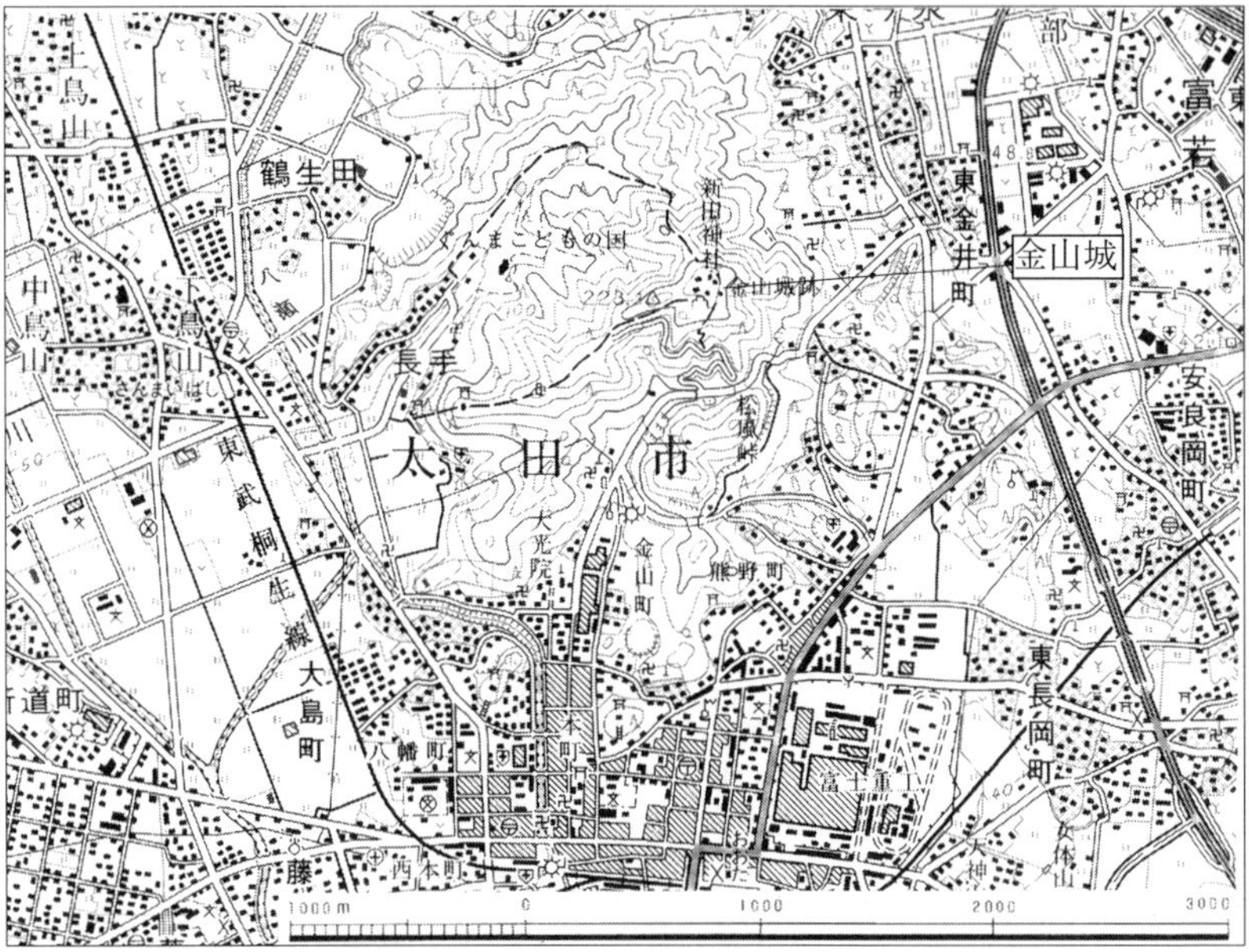

図13　金山城周辺地形図

意志を持っていたか、詳細に知ることはできない。しかし領主の意志のもとに「事始」が計られたことを知ることができる。中条秀叟や真壁朝幹と同じ認識をもっての「事始」であったことはまず間違いなかろう。

二月二五日の地鎮祭後、約七〇日間の普請を行う。さらに約三カ月の作事工事を経て、八月には大略が完成したとしている。約五カ月強の期間を要している。一五世紀後半の築城時間を知るのに貴重な記事である。

この『松陰私語』の記載の続きには、「当城御供上座之中央、御相伴之衆左右二行被着、」と屋形金山城完成祝言の着座次第へと続く。ここに記された着座次第はその後の規範とされたようで、「爲後代記之畢」と締められている。この座次第を『新田町誌』[40]第四巻は「両流(礼部家と京兆家)が、嫡流によって統一された形式をとり対座する。」とし、「岩松氏の家臣団は一族、被官、賞翫の牢人衆という三大区分の構成をとっている。ここに禅秀の乱以前の岩松氏の統一された状態が出現したのである。」としている。金山城の完成と家臣団の統一という二つの事実がまとめて、しかも象徴的に記されている。松陰は何らかのエポックを感得して記していると思われる。先に見た真壁朝幹の場合、置文を嫡男尚幹のほか、「皆川殿」ほかの「宿老中」に宛て出している。(41) 中条氏の場合は、秀叟の跡を継いだ中条朝資の寛正五年（一四六四）譲状に個条書きで、築地、羽黒両庶子に対する権限が含まれ、(42) 更に越後守護上杉房定に「御当知行并庶子分事」として安堵状を得ている。(43) また中条氏に隣接して存在する同じ三浦和田一族の黒川氏は文明一二年（一四八〇）に「黒川家被官中連署起請文」(44) を書かせている。

このように要害が必要であると認識した時期に庶子が惣領に取り込まれ「家中」が成立していくのである。この両者は別の次元のこととすることはできず、何らかの関連性を考えねばならない。

一五世紀中頃より、領主は自己の要害を恒常的に維持する必要性を認識し、本拠に要害を取り立てる。その多くは鳥坂（鶏冠）城のように前時代までに使用したことのある城郭の「再興」と称するものであろう。一見連綿と続く各地の城郭の歴史も、この一五世紀中頃という時期に大きな画期を持っているのである。

そして背景には中条氏に見られたような自己所領の限定と在地化、および「家中」の創出などがあり、これらの事態と関連をもって「要害」が取り立てられたのであろう。

もちろん真壁氏に見たように「世上物騒之間、」というような政治的インパクトは存在したであろうが、応永三〇年の段階で見た段階とは明確に変化している。このことは領主の存在形態の変化を想定しなければならないだろう。

小結

中世後期の領主は、南北朝期に臨時に「城墎」を構えるという段階を経て、一五世紀中頃より自己の本拠に「要害」を持ち始める。この段階差を把握することが本章の意図であった。

しかしながらすぐに城郭と居住空間が一致するような形態の本拠を持つに至ったわけではない。中条氏については前項で本拠の展開を簡単ながら素描し、鳥坂城を築きながらも戦国時代後半に至るまで江上館が維持されたとした。[45]このように城郭と居館が併存する時期が、ある時間内は存在したのであろう。

中世前期より、ある場合は「政所」と呼ばれたであろう居館が絶えず存在し、必要に応じて「城墎」が構えられる段階から、常に維持される「要害」を設定する段階へと変化する。居館－「城墎」という関係から、居館－「要害」という本拠の形態への変化、すなわち「城墎」から「要害」へという変化に、領主の存在形態の画期が想定できる。その背景に、血縁による一族結合から血縁のみによらない領主結合へという領主の存在形態の変化、および在地との結び付きの深まりが考えられる。中世城館は個として変化するのではなく、領主の存在形態に規定されて、かつ個々の城館と関連して展開するのである。

とりわけ在地との結び付きとの関連についてはより大きく評価すべきであると考える。荘園制のネットワークから切り放され、都市領主[46]から在地領主へと変化し、在地性をより深化させる。その過程で「要害」が設定される。このことの更なる意味は今後の課題としなければならない。

また相馬氏の小高城のように平地部の城館を城郭化しなければならない場合、基本的な本拠の構築についての考え方は同じであろうが、景観的に相違があることは間違いない。具体的にどのような変化があったか検証できていない。この点については、真壁氏が従来の館を放棄して要害を設定しようとしていることが今後の素材となろう。

しかし小高城のような場合、居館と要害の関係より堀ノ内の展開がどのようになったかが、むしろ興味をもつ。建武三年に構えられた小高城は、「相馬孫五郎重胤屋形」を「城墎」にしたものであった。この典拠とした史料は相馬氏の庶子の作成した文書であるが、同じ文言を相馬竹鶴丸申状案[47]と相馬福寿丸申状案[48]に見ることができる。この両通は、自己およびそれぞれの父親の名前を除き、同文であり、正文は斯波家長の挙状[49]を得て京都に進達された。この挙状によれば更に相馬孫鶴丸申状もあったことが分かる。この三者はいずれも建武三年五月二四日の小高城の合戦で父親を亡くしており、本申状もそれに伴う申請である。恐らくは現存しない相馬孫鶴丸申状も先の二通と同文のものであったろう。庶子家の提出したそれぞれの申状が同文であったということは、少なくとも同じ過程で作成されたことは間違いない。服部英雄が相良氏の軍忠状を分析し、「惣領（その祐筆）が庶子軍忠状を作成することが多くあったことが明らか」と指摘したこと[50]を想起するならば、先の申状は相馬惣領家で作成されたことになろう。とすれば、「屋形」を「城墎」化したという認識は、相馬惣領家自身の認識となる。

そこで建武三年の「目六」に戻るが、そこでは「小高堀内」に「城墎」を構えよと指示している。この「堀内」を近年の研究成果に基づき、堀ノ内＝方形居館ではなく、広がりをもった空間[51]としてとらえるとすれば、小高堀ノ内のなかに「屋形」「城墎」があったことになる。

このことを前提に文正二年（一四六七）二月二五日付目々澤道弘置文[52]を対比すれば興味深いことが推測できる。この置文は従来、目々澤氏自身のことを語っているとされているが[53]、私見によれば、文頭は相馬氏の流れを語っていること、かつ敬語表現を考えると、相馬氏のことを記したものと考えたい。

一、御在所之事者、当郡小谷郷内小高村中四郎内と申所被構御城内御座候也、

相馬氏の「在所」が「御城内」にあると述べられている。中心部の「在所」と「屋形」「城墎」という対比は問題なかろう。注意したいのは外枠の表現が「堀内」と「御城内」という対比になる点である。

今日、城郭遺構を調査すると、主郭部より数キロメートル隔たった箇所に堀を発見することがよくある。通常、外

郭線などと表現し、そこまでを城域とするが、この城郭・町場・宿・そして耕地をも含み込んだ城＝「御城内」と堀ノ内との空間の等質性を我々はもっと評価しなければならないのではなかろうか。

このことについての定見を持つに至ってはいない。領主の存在形態の変化に即して、一定の「御城内」というエリア内で、「城埻」から「要害」への変化があったと考えているが、それに比例して、堀ノ内の外縁部にどのような変化が起きたかも、今後、注意したい。

注

（1）市村高男「戦国期城郭の形態と役割をめぐって」（『争点日本の歴史4　中世編』新人物往来社刊、一九九一）は村田—橋口論争に触れて、「両氏の分析対象設定の差異が、視覚や方法論のズレ（軍事面を重視するか、支配拠点・生活の場としての面を重視するか）を増幅する要因の一つとなっていたことは否定しえない事実である。」と述べている。
（2）橋口定志「中世東国の居館とその周辺」（『日本史研究』三三〇、一九九〇）ほか、橋口の一連の研究が代表される。なお研究史の現況については、橋口定志「方形館はいかに成立するのか」（『争点日本の歴史4　中世編』新人物往来社刊、一九九一）に詳しい。
（3）例えば、千田嘉博「尾張国における織豊期城下町網の構造」（『中世城郭研究論集』一九九〇）
（4）この傾向は松岡進「戦国期城郭遺構の史料的活用をめぐって」（『中世城郭研究』二、一九八八）、市村前掲論文に整理される。
（5）村田修三「中世の城館」（『講座日本技術の社会史』日本評論社刊、一九八四）
（6）『新潟県』一〇五一（四）
（7）『新潟県』一三一六
（8）『栃木県二』松平基則氏所蔵六
（9）『栃木県史　通史編』（栃木県刊、一九八四）四六七頁
（10）『栃木県四』熊谷家一

(11)『小山市史　通史編』（小山市刊、一九八四）五五〇頁

(12)『栃木県二』茂木一三

(13)『栃木県二』茂木文書一四

(14)纂集『飯野』一四五・『栃木県二』茂木一六・『新潟県』六〇六ほか。

(15)纂集『相馬』相馬四二。延元元年（一三三六）八月二十六日の日付をもつこの文書は、従来、史料の内容に去年＝建武三年（一三三六）および当年＝建武四年とした記事があることから、延元二年（一三三七）の誤りとされてきた。しかしながら、詳細に検討してみると、河俣城攻め（纂集『相馬』相馬三六）、小高城攻め（纂集『相馬』相馬岡田二二、纂集『相馬』相馬三〇）、菊田荘三箱湯本堀坂口合戦（『いわき市』七三―四九）、久慈東郡での合戦（纂集『飯野』一三五）等に関連史料が見られることから北朝年号の使用に一年の誤りがあり、日付の延元元年は正しいと判断された。よって寛徳寺城の築城も建武二年と考えられる。

(16)福島県教育委員会編『福島県の中世城館跡』七九―〇〇〇

(17)纂集『相馬』相馬二七

(18)纂集『相馬』相馬二一

(19)纂集『相馬』相馬三二

(20)纂集『相馬』相馬二三・二四・二五

(21)纂集『相馬』相馬二六

(22)纂集『相馬』相馬岡田三二・三三

(23)纂集『相馬』相馬一四・一五

(24)纂集『相馬』相馬一二号

(25)纂集『相馬』大悲山七

(26)纂集『飯野』一六五

(27)『信濃叢書』市川五三〜五四頁

(28)『神奈川県』五六八五

(29)『茨城県Ⅰ』鳥名木一〇

(30)『神奈川県』五六八六
(31)『神奈川県』五六八五
(32)『茨城県Ⅰ』鳥名木一〇
(33)『真壁町Ⅰ』一一七
(34)『新潟県史』一八二二
(35)『新潟県史』一八一〇
(36)『真壁町Ⅰ』三五
(37)従来、真壁氏は初代長幹より現在の真壁城の位置に館を構えていたとアプリオリに考えられていた。しかしこの史料他によれば、屋敷を寺にすることを命じていることから館を移動していることは明らかと考える。詳しくは第一部第一章参照。
(38)『真壁町Ⅰ』三八
(39)『群馬県史　資料編5　中世1』
(40)『新田町誌　第4巻　特別編　新田荘と新田氏』(新田町刊、一九八四)四三八頁、峰岸純夫執筆部分
(41)『真壁町Ⅰ』三五・三六
(42)『新潟県史』一八二六号
(43)『新潟県史』一九一六
(44)『新潟県史』一三三七
(45)拙稿『中世後期の本拠と国人領主』(『中世城郭研究』三、一九八九)
(46)入間田宣夫「守護・地頭と領主制」(『講座日本歴史3　中世1』東京大学出版会刊、一九八四)。またこの問題については第一部第一章でも触れた。
(47)纂集『相馬』相馬三二
(48)纂集『相馬』相馬三三
(49)纂集『相馬』相馬二七
(50)服部英雄「軍忠状の彼方に」(『史学雑誌』第八九編第七号、一九八〇)

(51) 竹内千早「堀の内論の再検討」(「歴史学研究月報」三五〇、一九八八) および橋口前掲注 (2) 論文
(52) 纂集『相馬』相馬一三四
(53) 角川日本地名大辞典7『福島県』(角川書店刊、一九八一) のうち、小高・小谷・千倉荘の項。

補論一　南北朝期の陣城

第一部では南北朝期に、合戦に際して築かれる城館は臨時性が強いと説いてきた。その具体的な像は如何なるものか明らかにすることも本来は求められていよう。しかし、南北朝期に合戦のために用いられた城館の具体像を提示するのは極めて難しい。特に山城については、年代が考古学的に確認された実例はない。

そこで以下には文献資料と地名・遺構から、南北朝期の陣城の可能性が考えられる例を掲げ、その構造を検討することとする。

大窪範光「南北朝の内乱初期の金砂郷村(1)」は、花房山の合戦等を経て、佐竹勢は瓜連城を攻略することに成功した、と述べている。

目安

伊賀式部三郎盛光軍忠事

右、八月廿二日建武三常陸国寄苽(瓜)連城處仁、御敵小田宮内少輔(治春)并広橋修理亮(経泰)以下凶徒、同国馳向花芳(房)山・大方河原之間、致合戦忠節候畢、此条搦手大将佐竹奥次郎義高被見知者也、仍被加一見、為備後證、目安言上如件、

建武三年八月　日

(異筆)「一見了、(佐竹義篤)(花押)」(2)

氏はこの史料他に基づいて先の結論を導いたのであるが、氏の視点に拠って、今一歩この史料を分析してみたい。

北朝方の伊賀盛光が常陸国瓜連城に攻め寄せようとしたところ、南朝方の小田治久・広橋経泰が花房山・大方河原に向かった。両者はその場において合戦になった、としている。飯野八幡宮文書の他の史料では「同年八月廿二日、（中略）同来郡華房山合戦(3)」、「於常陸国久慈東郡花房山以下所々合戦(4)」とあり、建武三年（一三三六）八月二二日の合戦の中心は花房山であると考えられる。

図14　花房城周辺地形図（太字は小字）

さて、氏も論ずるように、この時の合戦場は、「花房山から浅川沿いの大方河原、山田川沿いの大里にかけて」であろう。とするならば、花房山の所在地は、花房という地名の内で、かつ合戦場の西の端となる。「山」と呼称されているという地形的状況から、花房山は南朝方の拠点であった可能性が高い。

　さて、以上の文書史料による考察はひとまず置くこととしてフィールド・ワーク等から考えられる花房山周辺はどのようであろうか。

図14に示した位置、小字陳ヶ峰の位置に中世城郭の遺構が確認される。

久慈川と浅川に挟まれ、南北に連なる山の峰に小丘陵が群在する。そのなかの標高六九・二メートルの山に、花房城はある。北・西・南の三方向は小山があるために眺望は悪いものの、東側に対しては障害物がなく展望が良く、大方や大里方面が良く見渡せる位置にある。選地からはこの築城者は東に目を向けた者であり、恐らくは花房山より西に本拠を持った者であると推定される。

城跡であると確認される根拠は当時の普請の痕跡＝遺構が残されていることによる。この遺構は当時に何らかの考えによって普請されているのであり、遺構を読むことによって築城の目的が想定できる場合がある。この花房城の場合は想定が可能のケースである。

構造は単郭を配置するのみで簡単なつくりをしている（図15参照）。北側には尾根続きからの侵入を配慮して堀切を普請している。堀切の両端に竪堀を配置し、堀切の主郭側は高い壁となっている。遮断を目的として普請されていると評価でき、北側は花房城の背後となる。主郭内は広い面積をもつものの、北辺の一部分しか平坦面がなく、全体的にほぼ自然地形のままで、主郭の縁辺に向けて緩く傾斜している。虎口は南側に設けられている。下の郭と高低差があるために、現況では斜面に沿うように道が付けられている。下の郭に降りた地点には土橋がある。城外への連絡は、この土橋から真下にいたる竪堀状の遺構を上り下りしていたと考えられる。

北を除く三方には、主郭の腰のところに細長くテラスのような郭がある。花房城の場合、主郭の斜面を「壁」として際立たせるために、自然地形を掘り込み、その普請によってできたスペースがテラス状の郭（腰郭）となっている。

花房城の構造は単郭で必要最小限の普請を施しただけの簡単な城館である。遺構を概観すると、合戦の際に臨時に使用された陣所＝陣城の可能性は考えられる。

このことは小字からも確認できる（図14参照）。付近に御陣殿・御陣取山・陳城山・三殿山・殿前・殿山・殿山下・陳ヶ峰等の中世の在地領主に関連すると考えられる地名がある。特にこのなかで「陳」の文字が四カ所に使われているのには注意を必要としよう。「陳」は「陣」に通じ、合戦に関連するからである。実に花房城が陳ヶ峰にあること

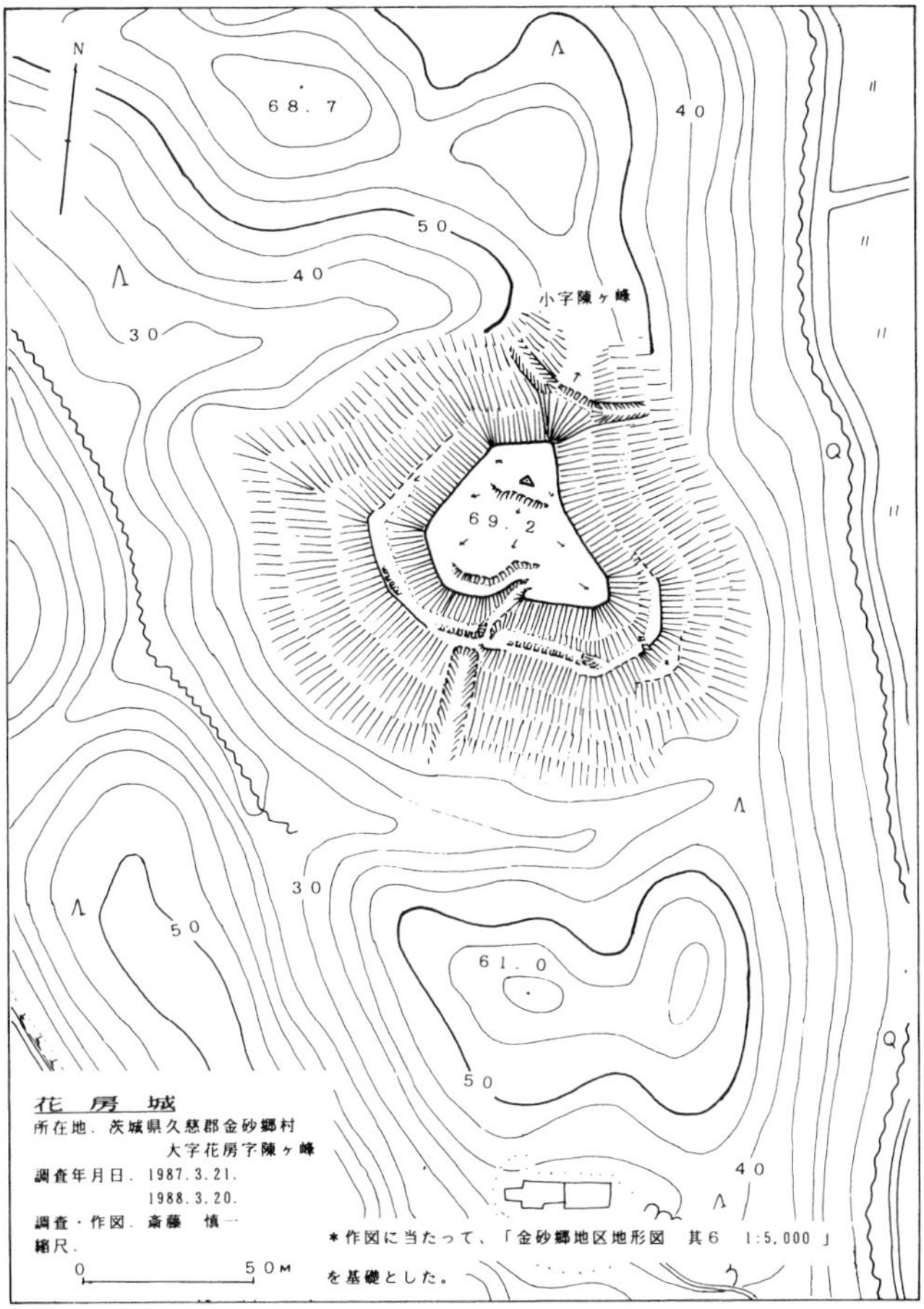

図15　花房城縄張図

も偶然の一致ではあるまい。

以上の考察から、この花房城は、東側に対して展望が良いことから、東を敵方、西方向を自領とする勢力によって築かれたと導かれる。

文献史料、選地・遺構等のフィールド・ワークによる考察、そして小字による考察を行ってきたが、それらから、いずれも合戦の舞台としての花房山が描き出され、中世という時代にあっての花房山の役割の一端が明らかとなった。そして、花房山を使用した主体は花房山より西側に本拠を持った者であるということも言い得た。逆に言うならば、花房山は、その西側に本拠を持つ者によって、合戦の際の東端の境界（もしくは自己の支配領域の境界）として意識されていたといえよう。その際に、本拠とは瓜連城と考えてよいであろう。

さて現在に残るこの花房城の使用された時期はいつごろであろうか。現在のところは関連する史料としては冒頭に検討した、建武三年八月日・伊賀盛光軍忠状等（飯野八幡宮文書）をあげることができるのみである。花房城が建武三年八月二二日・花房山合戦に関連する可能性は頗る高い。(5)

注

（1）久慈郡金砂郷村「村史だより」第八号（金砂郷村史編さん委員会　一九八六）

（2）纂集『飯野』一三五

（3）纂集『飯野』一四八

（4）纂集『飯野』一四九

（5）しかしながらこの時期以降、とりわけ戦国時代においての関連を考える必要もあり、今後の更なる検討も望まれる。

補論二　越後国奥山庄内須川城と内須川氏

はじめに

中世社会を論じるため、また地域の歴史を掘り起こすための史料として中世城館を活用する。実践することはきわめて難しい問題をともなうのが常である。その作業のスタートは縄張りの解釈であると私は考えている。如何なる目的で個々の城館は築かれ、如何なる機能を有していたかについて、縄張りを読み込むという作業を通してアプローチし、一個の中世城館の存在意義を明らかにする。その作業を積み重ねることによって平面的な広がり（一定の地域）のなかにその個々の中世城館が位置付けられ、城館群をもって中世のある時期の地域史像に迫れるのではなかろうか。その作業をするに当たっても、個々の中世城館の縄張りの解釈という作業が基礎にあるのだが、一個の中世城館が如何なる歴史的環境のなかに立地するのか。この点までも含めて縄張りを解釈し、その城館の持つ機能まで論じられることはまだそれほど多くないように思う。

そのような研究状況下、近年の横山勝栄の研究(1)は注目される。氏は各地域に群在する「小型城郭」にスポットをあて、狼煙台のような情報網に関係する施設としての見方や戦時用施設としてすべての山城を理解しようとする見解に対して批判を加え、「地域住民の生活感覚と深く係って存在し続けていた状況」を想定し、「考古学上の見地からの解釈の見通し」を述べられている。近年の中世村落史研究の動向に沿い、その方向性は「村の城」の検証にある。厳密な意味では氏の作業がそのまま「村の城」を検出し得たとは言い得ないにしても、氏の研究の積み重ねは着実に実を結びつつある。複数の「小型城郭」について集落の位置関係を踏まえ、「規模の点では大型のものはなく、曲輪の造設は掘土、削土の移動が限られていて、すべて山成り工法によっている。したがって各曲輪の面積は極端に狭隘になり、整形で規格的な曲輪が並列されることは少ない。土塁の造設がなく、大型の縦堀、横堀等の施設はないが尾根が掘り切られる場合は比較的大がかりなものとなる。また、これらの山城には居住機能は具備していない。」という現状遺構の分析は、個々の縄張りの解釈を通して中世城館の機能に迫る高い水準の研究と評価されるのではなかろうか。

以下では氏の所論に導かれて、「村の城」の一事例として内須川城を紹介する。現在の新潟県岩船郡関川村内にあり、遺構もよく残っている城館である。とりわけ、数点の文書からある程度の中世における様相について追うことができるため、この内須川城の事例は中世東国の研究のなかでは稀有の位置を占めるのではないかと考える。

一　内須川城

内須川城は日本海に注ぐ荒川の南側約二キロメートルの所、河川沿いに開かれる水田地帯を望む丘陵上に位置する（以下、図16参照）。中世では奥山庄内関郷に属していたと推定される。

周辺には中世奥山庄に関連する遺跡等が多く存在する。奥山庄北条地頭三浦和田黒川氏の庶子下関氏の城館とされる下関城のほか、南赤谷城や土沢城などの城館が存在する。また三浦和田氏文書第一巻に残る『荒川保・奥山庄堺相論和与絵図』(2)に示される正応五年（一二九二）の境界線も鍬江沢川沿いの図16に示した位置に比定されている。この

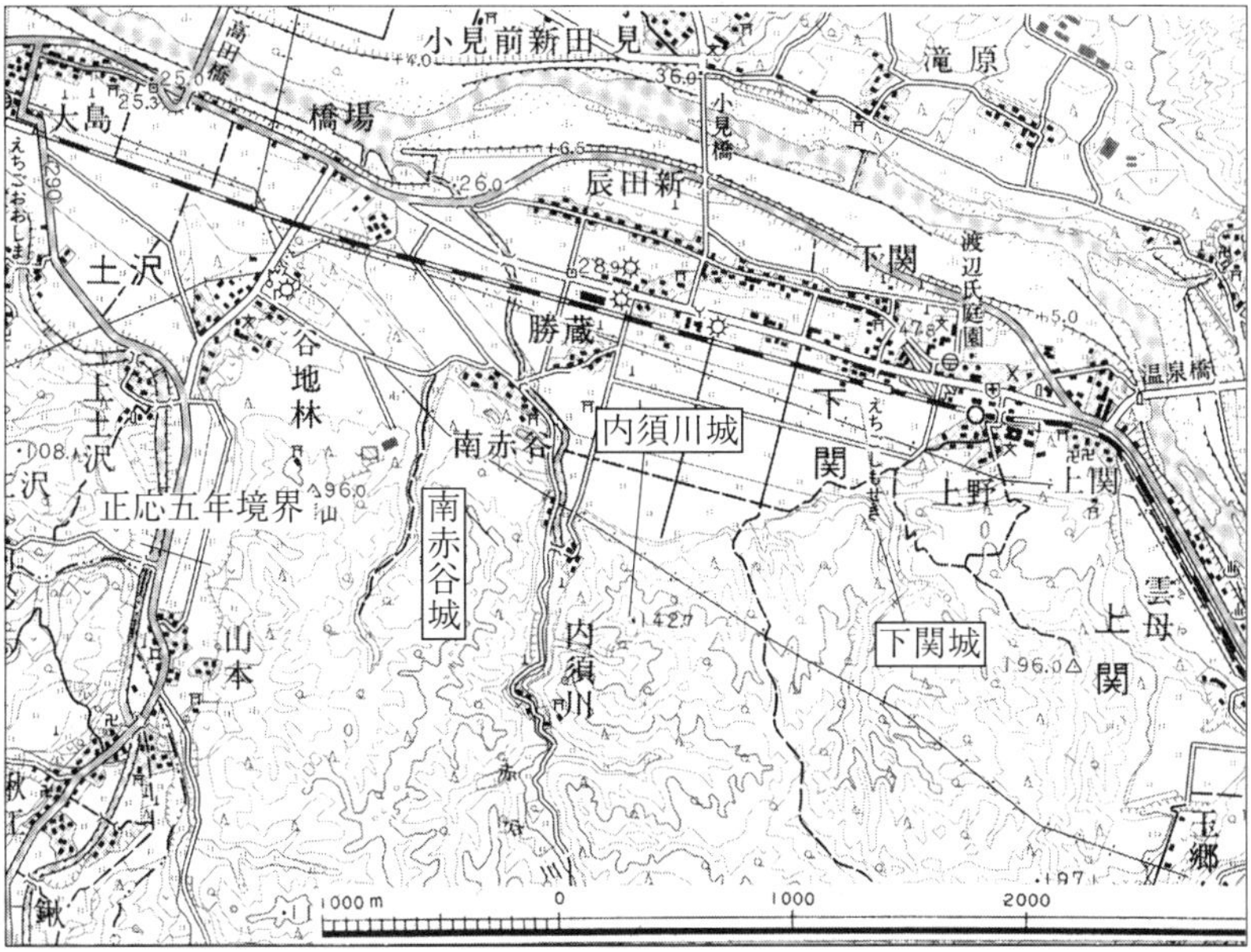

図16　内須川城周辺地形図

鍬江沢川沿い「鍬江」の地名は鎌倉期の文書からも確認できるほか、「山本」についてはこの地の在地領主と考えられる「山本帯刀左衛門尉儀元」が文明一二年（一四八〇）の史料(3)に確認される。

　さて、内須川城は現在の内須川の集落の東側、標高一四二・七メートルの山頂に残っている。遺構は図17に見るように極めて簡略なものである。基本的に山頂部の一郭からなっており、尾根は東西南北の四方向に伸びている。中心の郭（以下、仮に主郭と呼称する）は、広いものではなく、縁の部分もしっかりとした普請が成されていない。現状では自然地形に近い状態に観察される。土塁は盛られておらず、主郭の虎口についても詳細は不明である。

　尾根の処理については主たる尾根続きの方向である南北方向の普請が顕著である。南側は主郭を出て南下した尾根が東方向に折れるが、その場所に規模の大きな堀切が普請されている。堀切を渡る通路も現状では確認できない。堀切を越えたところは尾根が細くなっており、尾根幅を狭めるために削土されている可能性がある。遺構の状況から考えて、南側からの尾根伝いの侵入に対しての遮断の堀切と判断される。

北側についても同じである。主郭の外に小さな曲輪を配し、遮断の堀切を普請している。但しこの尾根が延びる北西の方向には内須川の集落があり、尾根も比較的緩やかであることから、主たる登城路であった可能性がある。堀切

図17　内須川城縄張図

の部分にも現状観察から点線で図示したような道筋が確認された。

南北の方向に規模の大きな遮断の堀切が配されていたのに対して東西の方向は不思議な程に普請の規模が小さい。西方向は主郭をやや下りたところに小さな堀切が施され、その後細い尾根がしばらく続くものの、まもなく自然地形となり、山麓へ続いている。小さな尾根であるため普請を多く必要としなくても良かったためであろうか。縄張りとしては極めて簡単な尾根の処理である。

東方向は平坦でやや幅の広い尾根が暫く続く。居住空間としても使用できそうに思えるが、この尾根の方向に対しては、堀切も施さず、小さな郭を三段ほど配置しただけで城外としている。特に主郭に上る道筋も確認できなかった。この尾根の解釈は今後に課題を残しているが、現状では戦略的に放棄しているかのように思われる。

以上、遺構を概観したが、内須川城は二本の大きな遮断の堀切のほかに大きな普請をともなっておらず、自然地形に近い小さな主郭一郭の小型城郭であると観察できる。南北の二カ所の堀切は、遮断の堀切であるが、その部分にのみ普請の量が多いことはこの小型城郭の性格と関わるように考えられる。すなわち山頂の主郭に籠もり、他の侵入を遮断しようと意図しているということである。内須川の集落との位置関係をも考え合わせると、先に確認した横山の見る小型城郭との共通点が認められる。

二　内須川氏

この内須川城に関する文献的裏付はないものであろうか。『白河風土記抄』の「岩船郡小泉庄関郷　内須川村」の項に次のような記事が見られる。

【史料一】(4)

古城蹟

村ノ北ニアリ、字谷地ケ城ト云ヘリ、村ヨリ山上迄四百間斗ニシテ周廻二百八十間斗、墟長サ十間余、巾六間余、上杉家ノ臣内須川左門居ルト云、此人ノ事蹟考ル処ナシ、北越ノ事記シタル諸書ニモミヘス、

この地誌の記載によれば、内須川城の城主は戦国大名上杉氏の家臣の内須川左門となる。後世の地誌のため全面的に信を置けないが、内須川氏が城主であったとする点には注目してよいだろう。

内須川氏について『白河風土記抄』は考察不可能としているが、三浦和田氏の関係文書のなかに同氏が散見する。文明一二年（一四八〇）一〇月五日の連署起請文(5)には「内洲河掃部助儀次」という人物が見える。内須川氏は上杉氏の直接の家臣ではなく、この地域、奥山庄北条の領主である黒川氏の被官になっていたことが確認される。

この内須川氏について興味深い文書が一点伝わる。

【史料二】(6)

うちのすかい入道ハ、其頃河口とおさえてなのり候て、ふと内すかいニハ仕候也、
落合文書就紛失事、内すかい、前ニ時宜具申上候処、府中屋形様より、御定被下候、就其飯沼方屋形様之御意をうけ、具条々申旨候、其子細うんせう寺被致披露候、仍書状候也、就如此儀御陣五郎殿さまへ申上候処、御判被下候、此子細は、こつほん長尾信濃守殿前より、人々の親類めしつかわれ候間、此方より内すかい・ねぎし・ささわ・二郎四郎・さハたきの五人、内すかい入道ハ河口にて落合か領内をあふりやう候間、六人信州へ出候、然間為以後、五郎殿より被下候旨、長尾弾正方へ申きかせ候て、一筆取其礼いたし候、以後為心得時宜申候、

文明五　五月廿日　　　　氏実（花押）

難解な文書で十分に意味を取ることができず、また原本も所在不明のため、良質な状態での史料に接することができないのが残念である。落合氏と内須川氏が所領相論を起こしたが、その地は黒川氏が以前に紛失した文書に関わる所領であって、黒川氏や内須川氏を始めとする被官層、更には守護代家迄も関連して複雑な状況下で相論が進行したようである。黒川氏は内須川氏に利が向くよう府中に画策し、種々の約束の文書を得ていた。その発給の経過を記したのが本文書と考えられる。

史料中の最初の行は文書の袖に書かれた追而書と考えられる。やや文章が乱れているが、内須川入道はその頃、河口である内須川の地を押さえて内須川の名字を名乗ったという文意はつかめるだろう。「其頃」が何時かということが問題になるが、紛失した文書が問題になる点や所載される関連文書(7)、長尾信濃守頼景の時期ということで一五世紀の中頃であることは良いだろう。すなわち、内須川氏は一五世紀中頃に内須川に住み始めたことになる。先に見た内須川城もそれ以降の築城になることが明らかとなる。

さてそこで内須川氏について、在地での存在形態を若干、次の文書で探ってみたい。

【史料三(8)】

就一子不被渡候、沢田与太郎方を息女仁被申会、所帯相続可然候、但於以後実子出来事候者、与太郎方にハ、有少志之儀、実子仁可有相続由承候、心得申候、若彼息女離別之儀候者、於所帯者為息女之計、得惣領之儀、名代を取立、如先々可有候、如此之間、養父・与太郎方相共ニ、如魚水可有公私之奉公候、万一各々儀候者、不可然候由可申候、恐々謹言、

文明四

卯月三日　　　　　　氏実（花押）

内菅川殿

男子に恵まれない内須川氏の当主は養子を黒川氏から貰おうと、黒川氏実に願い出た。これに対して氏実は内須川氏と同じ被官である沢田与太郎(9)を婿養子として取るよう斡旋した。養子縁組み成立後の実子誕生が有った場合の処置、および離別があった場合の対応について取り決めがなされ、この相続は成立した。

養子を主従関係で得ようとし、成されない場合、ヨコのつながりに求める。主従関係もしくは在地社会において血縁関係を結び、自己保全を計ろうとする行為を見ることができる。あるいは内須川に基盤を得て十分な時間を経ていないという事情が背景にあるためであろうか。そして、相続の仲介までも黒川氏に頼る内須川氏の行動に当時の在地の小領主の状況を知る。一方、奉公の客体と見なされつつも、仲介に積極的に乗り出し、書状という様式で取り決めを行い、申し渡すという領主黒川氏のあり方に、内須川氏のような村落を基盤とする領主と黒川氏のような国人領主との関係を考えるうえで興味深い点がある。

以上、内須川氏は一五世紀中頃に内須川に居住し始めた、村落を基盤にした領主で、国人領主黒川氏の被官であったこと、および主従関係の一端を確認した。そしてその作業を通して、内須川城も一五世紀中頃以降の築城であることも明らかにできたと思う。

三　内須川城の意義

内須川城について検討してきたが、以下にまとめてみたい。

先ず、築城年次が一五世紀の中頃以降である点である。小規模で普請の量も多くない城郭が、一般に稚拙な城館のため戦国大名の城館と比較され、いわゆる城郭研究者の間では「古手の城」などといわれたりするが、村落レベルの城の場合であっても、このような城館は一五世紀前半にまで上るものではなく、一五世紀中頃以降に築かれた城館と考えられることになる。また領主が積極的に自己の要害を持ちたいと考え始めたのが一五世紀中頃以降であると述べた(10)。その状況は村落レベルの領主でも共通しており、この時期以降に生まれた可能性があることになる。今後に更なる事例が望まれる。

国人領主の被官の城館であることにも意義があろう。黒川氏の領域内には持倉城という連続堀切、連続竪堀をもった小規模ながら縄張りに工夫を凝らした城館が存在するが、この城館と比べて同一主体の築城技術が反映されているとは考えることは構造から考えて難しい。すなわち内須川城の場合、内須川氏が独自の基盤で普請したと考えざるをえないのである。一定の国人領主の領域内に国人領主独自で設定する城館のネットワーク以外に、多数の城館が存在していた様相が想定できるのである。逆に言うならば村落の上級領主に対する自律性の一断面を見られるといえるのではなかろうか。

注

（1）「新潟北部の中世の小型城郭について―中世城館基礎資料―」（昭和六三年度三川中学校『研究紀要』一九八八）、「中世の川に臨む城館」（『両越地域史研究』創刊号、一九八八）、「川に臨む城館址『琴平山城』について」（『北越考古学』第2号、一九八九）「新潟県東蒲原郡の中世城館資料について―山城の位置を考える」（『新潟考古学談話会会報』第4号、一九八九）ほか

（2）『新潟県』一二二二

（3）『新潟県』一三三二

（4）「近世関川郷史料二」〔史料一四四〕

(5)　『新潟県』一三三七
(6)　『越佐史料』巻三
(7)　『新潟県』一三八〇・一三一五・一八三〇・一三八三ほか
(8)　『新潟県』一三七七
(9)　沢田与太郎について、管見の限り他の史料に見えない。『新潟県』一三三七には黒川氏実の被官に「沢田太郎持儀」および「沢田四郎実満」なる人物が確認される。恐らくは同族であろう。
(10)　「中世後期の本拠と国人領主」(『中世城郭研究』第3号、一九八九)及び第一部第三章参照。

第二部　戦国期城館の成立と城下町

第一章　戦国期城下町成立の前提

はじめに

戦国大名の研究が大きく変化しようとしている。従来の文献史学による研究蓄積に加えて、考古学資料が著しく増加しているからである。従前であれば、一乗谷朝倉氏遺跡の発掘調査のみで考古学の戦国時代が語られる場面が多かった。しかし戦国大名の本拠クラスでは後北条氏の小田原城（神奈川県小田原市）、上杉氏の春日山城や至徳寺（新潟県上越市）、織田氏の清須城（愛知県名古屋市）・岐阜城（岐阜県岐阜市）・安土城（滋賀県安土町）、大内氏の大内氏館（山口県山口市）が調査を重ね、加えて近年では武田氏の躑躅ケ崎館（山梨県甲府市）等の調査が進展しつつある。さらに後北条氏では八王子城（東京都八王子市）や金山城（群馬県太田市）などの有力支城の調査や、南部氏の根城（青森県八戸市）や高梨氏の居館（長野県中野市）など、いわゆる戦国大名よりは規模の小さな領主の拠点まで明らかにされつつある。いまや考古学データが集成され、相互比較される直前にまで至っていると言っても過言ではなかろう(1)。

このような考古学調査の進展と平行して、戦国期城下町の研究もこの一五年間で大きく進展した。その牽引車であったのは小島道裕(2)と市村高男(3)の両名である。

小島は近世の一元的に編成された城下町に至る前段階の戦国期城下町の特性を、主従制＝イエ支配の原理による給人居住域と公界である市場の二つの要素で解明し、戦国期城下町の二元性論を提唱した。さらにこの二元性論の戦国期城下町は北は東北南部から西は中国地方まで存在すること。二元性論の戦国期城下町を守護所及び守護城下町との連続で捉えるとし、その上で天文年間に大きな画期を求めた。そして天文年間以降に戦国期城下町論の説く都市像があると述べた。(4) この論点は一九九三年度日本考古学協会新潟大会シンポジウムに引き継がれている。(5) この小島の城下町二元性論を継承したのは前川要であり、考古学的データを加え、小島論を図式化して捉えた。(6)

小島の城下町二元性論を最初に批判したのは市村であった。市村は既存の町場を城館の移転及び惣構の普請によって取り込み、一元化するとした。小島と類似の発展段階を提示するが、戦国期城下町は二元的ではなく、軍事政庁地区・町場・寺社群などで構成される多元的かつ分散的な構造をしていたとする（市村A説）。

構造論の正否については別の機会に譲るとして、小島・市村両氏とも一元化への発展段階に加え、戦国期城下町発生以前の段階での町場との関連は低く評価する点も共通している。小島にあっては、美濃の土岐氏の枝広館や土佐の細川氏の田村などを例として、「守護所あるいは十六世紀はじめころまでの『戦国前期』の城下町というのは、こうした城主の館のようなものを中心にして、と言うよりはこの中に必要なものを入れてしまって、あとは家臣の屋敷などが周辺に散在している、その程度のものではないか」と都市の連続を認めながらも、前段階の達成を否定的に見通している。一方、市村は結城氏や小山氏を例として、既存の町場へ領主が本拠を移転させて、町場との関係を結んでいくとしている。

両説とも戦国期城下町の発生前での領主と町場との関係を低く捉え、相対的に戦国期城下町の達成の高さを見ようとする論理構成を見て取ることができる。

このような立場に対して伊藤毅の所論(7)は注目される。伊藤は都市空間を「境内」と「町」の類型で把握しようとするもので、とりわけ「『宿』の二類型」論文では「領主館に付属する宿衛・宿直的な場（『武家地』系宿）」が「境内」系に属する町場の一部で、平将門期にまで連なるとし、従前の戦国期城下町論とは別の系譜を引く、城下町の構成要素の一淵源としている。

また一方で市村は先の結城氏や小山氏の事例とは別に、鎌倉期よりの都市の連続面を想定し[8]、常陸国内の戦国期城下町の事例を検出し、「戦国期城下町の研究に際しては、その前提となった都市の存否、存在したとすればそれはどのような性格の都市であったのか、それに対する領主権力の関わり方の質と量はどうであったか、などの点を十分に踏まえつつ、領主権力の存在形態を含めた総合的な観察を行うことが必要」と述べ[9]、前代からの継承関係に着目している。具体的には前身としての国府や郡衙、守護所などとの関係であって、公権の継承を重視した論点といえる（市村B説[10]）。

この伊藤説及び市村B説を踏まえた際、現在の戦国期城下町の発生について次のような問題点が生じる。

第一に、戦国期城下町出現の前提にはいかなる状況があったか。この場合、小島・市村A説との関連はどのようになるのか。

第二に、戦国大名の系譜が守護のみでないことは明らかであり、継承関係を守護所のみとすることには疑問がある。前提となる町場は、郡規模で存在した領主層までも含め、今少し広い視野で検討する必要があるのではなかろうか。

第三に、従来の戦国期城下町の研究が町場側の視点に立つもので、中世城館の側の視点を欠如させていたことが指摘できる。中世城館の変遷を踏まえ、戦国期城下町の問題を再検討する必要があろう。

本章は、以上の視点に立ち、東国の事例を中心に戦国期城下町の発生について若干の検討を行うものである。

一　「根小屋」の成立

中世城館の変遷を考える上で、一五世紀中頃に一つの画期があると述べたことがある。(11)越後国奥山庄中条氏と鳥坂（鶏冠）城、常陸国真壁氏、上野国新田庄岩松氏と金山城等の事例を通じて、一五世紀中頃より領主は恒常的に要害を持ち始めるとした。当該期よりは以前の段階では臨時に改修、もしくは取り立てによって対応するとし、段階的変化を指摘した。この内、真壁氏の事例については詳細に検討を加え、真壁城以前は桜川対岸の亀熊にあり、少なくとも鎌倉時代末より本拠があったことを論じた。(12)

この亀熊城から真壁城への移転は考古学的にも資料が存在し、(13)真壁城出土遺物の様相は一五世紀から一六世紀を示しているとされる。(14)文献による寛正七年（一四六六）以降の移転について、相互に検討できる状態になっている。また、真壁城下の整備の問題については市村による考察があり、(15)亀熊城より真壁城に移転後、城下町が整備されていったことを指摘している。

真壁氏の亀熊城から真壁城への移転は、明らかに領主の居住空間の移転であり、その延長に城下町の整備が行われることになる。(16)丘陵に立地する城館のように、要害の設置と領主の居住空間の移転がセットとなる場合、両者の設営が連続的に行われる可能性はある。しかし、一五世紀中頃の要害の設置と城下への町場の設営が連動する事態ではないことは以下の事例から理解することができる。

一五世紀中頃に要害が設置された一事例として、越後国奥山庄中条氏の事例をあげた。中条氏は平野部に江上館という居館を構え、鎌倉時代よりの本拠地としていた。その中条氏が享徳二年（一四五三）に鳥坂（鶏冠）城を築いた。

築かれた要害は以後恒常的に維持されたと考えられるが、即座に江上館を放棄して、鳥坂（鶏冠）城に居住地を移すには至らなかった。

明応八年（一四九九）に越後国揚北の本庄氏が謀反を起こした際、討伐のために守護軍が奥山庄を通過した。その折りに、黒川氏の謀反の気配が有ることを知った中条朝資は、守護勢に対して「陣お深被成、其御凶事可為一定候間、所詮某居たちお可明候、是ニ可被為陣候、涯分案内者申、可致忠節」(17)と述べ、進陣を思いとどまるように説得している。自らの居館を陣所に提供すると述べていること、「居たち」＝居館の語を用いた点が重視される。すなわち、鳥坂（鶏冠）城に入城をするように促すのではなく、居館に迎えるとしているのであり、この居館は江上館を指すと考えられるからである。年代的には鳥坂（鶏冠）城は存在しているのであり、あわせて江上館も存在していることがこの文言より推測されよう。

この推測は近年の江上館の発掘調査によって裏付けられる。最新の調査報告書(18)によると、江上館はⅠ期からⅥ期までに時期区分される(19)。遺跡としての廃絶年代はⅥ期の一六世紀中葉であるが、一六世紀代に入ると遺物の質量ともに低下するとしている。遺物の問題に加えて建物の構造・配置から報告者の水沢幸一は、館の機能はⅤa期（一五〇〇年から一五二〇年）で喪失され、生活空間ではなくなった可能性を指摘している(20)。すなわち、一五世紀後半にあっては江上館は居館として機能しており、かつ鳥坂（鶏冠）城も維持されていたことになり、要害と居館の併存が確認されるのである。

同様な事例はほかにも確認される。下野国の佐野氏は一六世紀には唐沢山城(21)を拠点としていた。唐沢山城の起源は定かではないが、享徳四年（一四五五）の六月から一二月頃の状況を示す記事が『松陰私語』(22)にあり、その中に「其夜中佐野一党児玉陣ヲ引分而、天命之上之山佐野城ニ取籠」の一節がある。この内の「佐野城」が唐沢山城の初見とされる。年代から考えてもこの時期の前後に佐野氏の要害として唐沢山城が取り立てられたのは間違いなかろう。

これよりやや後の文明三年（一四七一）七月二日付足利義政御内書写[23]に「次太田図書助依令進発佐野越前入道館、彼等降参、将又攻寄上州佐貫庄立林舞木城之刻、図書助其外数多被疵并討死有之云々」と報じられた文言がある。太田資忠が佐野越前入道盛綱の館を攻め、降参させたことが窺える。文章の前後関係から、佐野館は所領の地の佐野庄近辺に所在したことは間違いない。そこで、「佐野越前入道館」と表現されていることに注目したい。さきの中条の事例と同じく、要害が存在している時期であるにもかかわらず、「館」と記載されるのは注意してよい。やはり佐野氏の場合も一五世紀後半では唐沢山城と居館が併存していたと考えられるのである。

この併存の状態について、中条氏の江上館のほかにも示唆的な状況を報告している考古学的事例がある。

飛驒国江馬氏の居館である江馬氏下館が一九九四年以降、継続的に調査されており、その成果が報告されている。[24]江馬氏は天正一〇年（一五八二）の本能寺の変の余波によって飛驒国の領主三木氏によって滅ぼされたとされ、本拠地は江馬氏下館の背後の高原諏訪城であるとされている。

発掘調査の報告よると年代は一三世紀から一六世紀までの中で大きくは三期、細かく五期に区分される。その中で、「十六世紀初めを境として、江馬氏は別の場所、おそらくは東町城、今の神岡城に本拠を移した。」と報告されている。前代以来の居館が一六世紀初等段階で中心的な機能を終えるとするのは、先の中条氏の例に類似する。

また、美濃国東氏の居館も同様な状況を報告している。[25]

東氏は東国千葉一族の系譜を引く領主で、篠脇城という山城を本城とする領主であった。篠脇城は起源は明らかではないが、応仁の乱時には存在が確認され、天文九年（一五四〇）までは東氏の本城であり、本城移転後の永禄二年（一五五九）に廃城になったとされている。[26]

この篠脇城の北山麓の谷間にある東氏館は、発掘調査の結果、一六世紀の遺物が少量ながら含まれるものの、一三世紀から一五世紀にかけて三期以上にわたって存続したとし、一四世紀から一五世紀が主体であったと報告している。すなわち一六世紀の初頭頃に東氏館は廃絶したとできるのであろう。

以上の事例検討の結果、次のような傾向が指摘できるのではなかろうか。すなわち、一五世紀中頃以降に要害を設置するが既存の居館をすぐには放棄せず、一定期間は従前（あるいは鎌倉時代以来）の平地居館と要害の併存の期間が存在した。この併存が解消されるのは一六世紀初頭であった。このように指摘できるのではなかろうか。

このように把握した際、関連が注目されるのは市村の根小屋の研究である。[27]氏は永正年間を初見として史料に散見する「根小屋」の語を注目し、構造について分析を加えている。市村は「はじめに」で触れた伊藤の「境内」論の枠の中で捉え、「根小屋から内宿へという発展コースを想定し、その根小屋の成立を戦国期地域権力の形成期に対応した十五世紀末から十六世紀初めのことと考えている」とし、さらに「根小屋・内宿を戦国期特有のもの」と述べている。

すなわち、一五世紀後半の要害と居館の併存期、一五世紀末から一六世紀初頭の居館の廃絶と根小屋式城館の成立という段階が浮き彫りにされてくることになる。[28]さらに冒頭の研究史整理の中で触れた小島・市村A論の戦国期城下町論は要害と領主居住空間の一致以後の発展の段階と位置づけることが可能であろう。

このように相互を連関させる時、従前の城下町段階論は、町場との関係を重視した反面、城館そのものの段階、言い換えれば領主の存在形態と隔絶するところから出発しているところに盲点があったことになる。城館の発展段階、領主の存在形態を踏まえた際、戦国期城下町研究も新たなる段階に進む可能性を有する。

とするならば、次なる問題として根小屋式城館の成立以前の状況が問題となる。なぜ、要害と居館が併存する時期が存在したのか。また根小屋式城館成立以前の空間構成、町場との関係である。

二　居館と町場

要害を設置した直後に、なぜ居住空間を移転せず、従来の居館にとどまったか。その原因解明には居館が存在した空間を把握する必要があろう。小島・市村A説の説く従前の城下町論のように、城館ははたして町場から隔絶した存在であったろうか。断片的な史料からではあるが、当該期の本拠の空間の様相を把握してみたい。

まずは常陸国真壁郡の亀熊の様相である。

（端裏書）
「せつちう状」

常陸国真壁郡亀熊郷 堀内南方 宿南方 細柴村 新堀村 西荒野村・桜井郷・田村郷・山宇郷・山田郷・下小幡郷・押樋郷・上谷貝郷内金敷村半分并庶子白井修理亮・飯塚近江守等事、任仰下之旨、為折中之分、所沙汰付真壁安芸守朝幹之状、如件、

享徳五年六月三日

左衛門尉康定（花押）
前下野守義行（花押）[29]

康正二年（一四五六）発給のこの文書は、享徳年号を使用していることから、古河公方家の発給であることが確認される。本文に「為折中之分」とあることから、本来の所領構成の半分であったことになる。

真壁氏の本拠の地であった亀熊郷は「堀内」・「宿」・「細芝村」・「新堀村」・「西荒野村」の外、三カ村で構成されていたと推測される。他の郷と異なり亀熊郷が郷単位ではなく、村単位で付与され、さらには堀内と宿が分割されているのは本拠の地であるためと考えられる。すなわち本拠の地については丁寧に分割されているのである[30]。そしてきめ

細かく細分された「堀内」と「宿」の存在から両者が真壁氏の本拠地である亀熊郷の空間の中枢となっていたことが確認されるのである。

「堀内」については第一部第一章で確認したように、北から南に伸びる台地上に堀で区画された、南北約四五〇メートル・東西約二〇〇メートルの長方形の空間である。また書き立てに表された「宿」については残念ながら比定地が不明である。(31) しかし書き立ての性格から、「宿」が「堀内」の内に所在しないことは明らかであろう。しかも折中状の中では「宿」が郷を構成する上で、「堀内」とならび南北に二分するほどに重要な単位であったとして把握されていたのである。

この亀熊郷の「堀内」と「宿」が伊藤の構想する「境内」と「町」に対応すると理解できるのではなかろうか。すなわち、真壁氏の本拠では一五世紀の段階に小島の説く戦国期城下町の二元性的な構成はすでに空間として現出していたのである。

次の史料は下総国守護の千葉氏に関する『千学集抜粋』(32)の一説である。同史料は前半部分に千葉氏歴代の事跡を書きとどめており、その内の千葉胤持と馬加康胤の項目の間に次の部分が含まれている。(33)

大治元年丙午六月朔、はしめて千葉を立つ、凡一万六千軒也、表八千軒、裏八千軒、小路表裏五百八拾余小路也、曽場鷹大明神より御達報稲荷の宮の御前まて七里の間御宿也、曽場鷹より広小路・谷部田まて、国中の諸侍の屋敷也、是ハ池内、鏑木殿の堀の内有、御宿ハ御一門也、宿の東ハ円城寺一門家風おはしまし、宿の西は原一門家風おはします、橋より向御達報まては宿人屋敷也、これによつて河向を市場と申なり、

千葉氏宗家の拠点である千葉の様相が描写されている。景観の年次が明らかではないが、千葉氏の惣庶の交替を受けての記事と推測されることから一五世紀中頃ではないかと推測される。

多分に誇張があると推測されるものの、この記事によれば千葉は「曽場鷹大明神」と「御達報稲荷」の間にあり、河にかかる橋を挟み二地域に分かれて構成されていた。一方には池内氏と鏑木氏の堀ノ内、及び千葉氏一門の「御宿」を中心として、東西に円城寺氏・原氏の「一門・家風」の屋敷があったとされている。これに対して橋の反対側には「宿人屋敷」があり、「市場」であったとされている。「河向」とも意識されており、橋を挟んで異質な空間が対置されていた様相を窺い知ることができる。

この『千学集抜粋』の景観は現地に比定することが可能であり、おおよそのところで空間の復元が可能である。(34) 両地域に分割する河川は都川に相当し、領主層の居館が立ち並ぶのは、都川右岸の現在の千葉神社を中心とした地帯。(35) また一方の町場は、都川左岸の現在の市場町から港町・寒川町・稲荷町にいたる海辺の街道沿いに連なった地域と推定される。

千葉氏は下総守護の家柄でもあり、かつ千葉の地は下総守護所の地でもあった。この千葉の構造が二元的な構成を持っていたことが確認されるのである。

小島は守護所と戦国期城下町の連続を想定しながらも、消極的な連続を想定していた。これに対して市村B説は前代よりの継承を常陸大掾氏と常陸府中の例を通じて積極的に肯定していた。この千葉氏と千葉の事例も常陸府中の事例に類似し、戦国期城下町以前の守護所において基本的な構造が整っていたことを示している。

北関東の代表的な町場の一つとして天命宿がある。天命宿は下野国安蘇郡に所在したとされ、上野国新田庄から下野国足利を経て、宇都宮に至る幹線上に所在した交通の要所の宿であった。建武三年（一三三六）には地名が確認され、(36) 少なくとも鎌倉期にまで淵源は溯ると推測される。(37) 中世後期にはしばしば合戦の際に登場し、小山義政の乱・享徳の乱(38)の際などには陣が置かれている。

また天命は中世東国の代表的な鋳物の産地であった。天命鋳物師と称する職人たちはこの天命宿を活動の拠点としていたことは間違いない。

天命宿の所在する付近は佐野氏の所領が広がる地域である。しかしながら、従来の研究では天命宿と佐野氏の関わりを説くものはなく、両者の関連は不明であった。しかし、次の史料は系図の記載ながら重要な論点を提供する。

（前略）─秀綱　左近将監
　　　　　　　　佐野天命家督、従是代々佐野嫡家也、
　　　　　持綱（記事略）── 氏綱（記事略）─
　　　　　　早綱　佐野亦次郎、文明三年辛卯五月廿日下総国於古河成氏公上杉民部大輔顕定合戦ノ時ニ討死、于時二十一歳、
　　　　　　季綱　大三郎、天命ノ佐野伯耆守盛綱為継嗣継嫡家、任越前守、
　　　　　　政綱　佐野五郎太夫、大炊助、母左近将監秀綱女、但シ兄早綱早世、同次男季綱天命依家督、三男某継家督、于時大永六年戌三月四日卒ス、四十九歳、法名建堂院殿正心照矩居士 ─ 晴綱（以下略）
　　　　　　　　（後略）

下野佐野一族で古河公方、小弓御所そして近世喜連川家に関わった一族の江戸時代中期頃に成立した系図である。(39) 掲げた部分はその系図の一五世紀後半から一六世紀前半部分にあたる部分で、惣領家より当該の佐野家が分出する世代の箇所である。

秀綱・季綱・政綱の箇所にそれぞれ「佐野天命家督」・「天命ノ佐野伯耆守盛綱為継嗣継嫡家」・「男季綱天命依家督」と惣領家の家督の記載があるが、それぞれに「天命」の地名が付されている。これらから佐野氏の惣領家が「天命」に住していたことを窺い知ることができる。先に一五世紀後半において佐野氏も要害と居館を併存させていたとしたが、要害の唐沢山城に対して居館は天命の内に所在していたことになる。

このように解すると、唐沢山城を中心とした城下町を設営する以前、佐野氏は町場の天命と空間的な関連をもって存在していたことが推測できる。

以上、断片的な史料からであるが、一六世紀の戦国期城下町の成立以前における居館周辺の様相について、真壁氏・千葉氏・佐野氏等の事例を通して検証してきた。その結果、戦国期城下町以前にあっても、領主は自らの居館のみで存在していたのではなく、周辺にある町場と密接に関連し、空間を構成して存在していたことが指摘できたのではなかろうか。(40) そして居館と要害の併存の時期の存在は、この既存の空間の維持・存続と廃絶に関わっていた可能性が高いことが推測されよう。

小結

戦国期城下町成立の前提について、いくつかの点にわたって論じてきた。推測にとどまっている部分も無しとはしないが、問題提起は行い得たのではなかろうか。

戦国期城下町が成立する以前に、居館の周辺に町場が存在し、相互に関連して領主の本拠の空間を構成していた。いわば小島の想定する二元的な空間はいわゆる戦国期城下町の成立以前より存在していたのである。

そして、一五世紀中頃以降に前代以来の本拠の空間に加えて要害も恒常的に持つようになり、併存の時代が現出する。さらに一五世紀の末から一六世紀初頭の頃に居館の空間が移転し、要害と一体化し、いわゆる戦国期城下町の形成が開始されるのである。従来の戦国期城下町発生の視点は城館の変遷をドロップさせた点に欠陥を有したことになる。

本章では、史料的な制約があり、市村が論じる寺社の問題、城下の多元論を十分に論ずることができなかった。しかし、『千学集抜粋』は寺社の存在にも触れており、多元的な様相は同じく戦国期城下町成立以前まで溯ることは確実である。

すなわち、従来の戦国期城下町の変遷の問題は戦国期のみの問題としてとどまるのではなく、戦国期を溯り長いレンジで検討する必要がある。その時間軸の中で戦国期城下町を再度位置づけ直す必要があろう。このように論じてくると、斉藤利男の都市論が重要な視点を提供する。氏は在地領主の「本宗家の居館の地はいずれも都市であった事実」に注目している。(41) 問題は中世前期にまで溯る可能性を有するのである。すなわち伊藤が論じた「宿」の二類型の問題とパラレルな関係を見通すことができるのである。

一五世紀後半、居館と要害はなぜ併存したか。このことに明確な答えは持ち得ていない。しかし、従前の都市空間を容易には止揚できなかった点、おそらくは領主と町場との競合関係が併存の関係を創出させたのではなかろうか。今後、この問題を追求する必要があるのであり、この追求を通じて町場をも移転し新たな戦国期城下町を創出した領主権力の飛躍もしくは実体が新たに見いだされるのではなかろうか。

注

（1）小野正敏『戦国城下町の考古学』（講談社選書メチエ、一九九七）は一乗谷朝倉氏遺跡を中心とした分析から戦国時代像を描いた最新の成果である。

（2）「戦国期城下町の構造」（『日本史研究』二五七、一九八四）、「織豊期の都市法と都市遺構」（『国立歴史民俗博物館研究報告』第八集、一九八五）、「戦国期城下町から織豊期城下町へ」（『年報都市史研究』一、一九九三）ほか。

（3）『戦国期東国の都市と権力』（思文閣史学叢書、一九九四）。とりわけ同書第三編第一章「戦国期城下町の形成と民衆」（初出原題

「中世後期における都市と権力」（『歴史学研究』五四七、一九八五）は研究史に大きな影響をもたらした。
（4）前掲注（2）の「戦国期城下町から織豊期城下町へ」による。
（5）金子拓男・前川要編『守護所から戦国城下へ—地方政治都市論の試み—』（名著出版刊、一九九四）
（6）『都市考古学の研究—中世から近世への展開—』（柏書房刊、一九九一）
（7）「境内と町」（『年報都市史研究』一、一九九三）、「『宿』の二類型」（五味文彦・吉田伸之編『都市と商人・芸能民—中世から近世へ—』、一九九三）ほか。
（8）「中世城郭論と都市についての覚書」（『歴史手帖』一五—四、一九八七）
（9）「戦国期の常陸府中についての考察—国期城下町論序説」（『中央学院大学商経論叢』第九巻第二号、一九九五）
（10）「中世東国における宿の風景」（網野善彦・石井進編『中世の風景を読む—2　都市鎌倉と坂東の海に暮らす』新人物往来社刊、一九九四）。なお、この市村論文は文中にあるとおり、前掲注（7）の伊藤第二論文の影響を受けている。市村A説とB説がどのような整合性をとるのか今後を期待したい。
（11）第一部第三章
（12）第一部第一章
（13）真壁城跡発掘調査会『真壁城跡—中世真壁の生活を探る』（一九八三）、川崎純徳「出土資料からみた中世武士」（真壁町歴史民俗資料館『真壁氏と真壁城—中世武家の拠点』展図録、一九九四）
（14）報告書所載の図表等をみると、当該年代の内で古い遺物としては、青磁では端反皿・龍泉窯系碗B4類碗・染付皿B群、瀬戸美濃では古瀬戸後期の縁釉皿が散見される。瀬戸美濃産の擂鉢は残念ながら、大窯第三から四段階のものが一片見られるのみである。また青磁碗で龍泉窯系碗B2類の一片を含んでおり、先行する中世遺跡が存在した可能性もある。
（15）前掲注（9）論文及び「戦国期城下町論」（石井進監修『真壁氏と真壁城—中世武家の拠点』河出書房新社刊、一九九六）。
（16）前掲注（9）市村論文よれば、真壁城の城下町の成立は一五世紀末から一六世紀前半と考えており、移転直後に城下町が整備されたとは考えていない。この点については、後述する城下町の成立の問題と平行することから、肯定的に受け止めたい。しかし、丘陵城郭の特性の問題もあり、今後に大きな課題となる。
（17）『新潟県』一三一七

(18)「江上館Ⅴ」(中条町教育委員会刊、一九九七)
(19)Ⅰ期は一三世紀以降を主体とする一二世紀から一四世紀前半。Ⅱ期は一四世紀後半まで。Ⅲ期は一五世紀第3四半期まで。Ⅳ期は一五世紀第4四半期。Ⅴ期は二分され、Ⅴa期は一五〇〇年から一五二〇年まで、Ⅴb期は一五二〇年から一五四〇年まで。Ⅵ期は一六世紀中葉とする。
(20)近年、調査担当者の水澤氏は年代観を変更させ、全ての段階が一五世紀の内に収まると訂正し始めている。時期区分との対象は明らかではなく、詳細については今後の研究成果の公開に期待したい。しかしながら一六世紀にはみ出す部分を一五世紀に納める方向で検討されており、私見と整合的な整理がなされていると考える。
(21)当該の城館は、現在の遺跡名称としては唐沢山城と呼称される。しかし、中世史料では「佐野城」の名称で登場する。現在の遺跡名称としての佐野城は近世初頭に築かれた佐野市街地の平山城をさす。混乱を防ぐため、本章では唐沢山城と呼称している。
(22)『群馬県史　資料編5　中世1』八一九頁
(23)『栃木県四』御内書符案三四
(24)『江馬氏城館跡―下館跡発掘調査報告書Ⅰ―』(神岡町教育委員会・富山大学人文学部考古学研究室刊、一九九五)、『江馬氏城館跡Ⅱ―下館跡門前地区と庭園の調査―』(同刊、一九九六)
(25)『東氏館跡発掘調査報告書』(大和村教育委員会刊、一九八四)、『東氏館跡発掘調査報告書Ⅱ』(大和町教育委員会・岐阜県教育委員会刊、一九八九)
(26)林春樹編集『図説美濃の城』(郷土出版社刊、一九九二)一二六頁～一二八頁
(27)「中世城郭史研究の一視点―史料と遺構の統一的把握の試み―」(中世東国史研究会編『中世東国史の研究』東大出版会刊、一九八八)、及び前掲注(10)論文。
(28)この発展のモデルは唯一のモデルとして普遍化されるものではない。なぜならば、先に触れたとおり真壁城のような丘陵城郭の場合、併存期を経ない可能性が想定される。また、甲斐国武田氏の躑躅ケ崎館と積翠寺(要害山)城のように、甲斐・信濃・駿河国では要害と居館が併存するまま戦国期末を迎える事例が散見されるからである。全体は把握のためには類型的把握が今後に期待される。
(29)『真壁町Ⅰ』二六

(30)「折中」とあることから、この文書が何らかの相論の結果での発給であることが考えられる。当時の真壁朝幹の論敵の一人として、真壁氏惣領の座を争った真壁氏幹がいる。永享一一年(一四三九)に訴陳を番えている(『真壁町I』一一七・一一八・一一九)。その後の系譜から考えて、結果的には朝幹が惣領になったとできるが、相論自体の結果は明らかでない。状況から推測して本史料がこの相論の裁定である可能性は高い。

(31)現在の亀熊の範囲の内、一部が櫻川を越えて東側に飛び出している。地籍図によればこの部分は短冊型の地割りが道路に面して連なっており、町場の様相を確認できる。この場所が当該の場所である可能性はある。しかしながら、この地籍が中世まで溯るか不明であるので、この場所が亀熊郷内の宿であるとすることは現段階では保留しておきたい。

(32)千葉胤持と馬加康胤はともに一五世紀中頃の人物で、享徳期の千葉家の惣庶の抗争の頃の人物である。この抗争の中で千葉氏の本拠地である千葉は廃絶することとなる。引用の箇所が胤持の項の中に記載されているのは、あるいは惣庶の交替を受けて、原本の『千学集』では何らかの滅亡する千葉宗家の総括的な記事があり、このような記事の配列となったのではなかろうか。

(33)『妙見信仰調査報告書(二)』(千葉市立郷土博物館刊、一九九三)七八頁

(34)この空間復元は『千葉市史第1巻』(千葉市刊、一九七四)で試みられているので参照されたい。但し同書では、千葉氏の居館である「千葉城」を「亥鼻城」に想定している。亥鼻城の年代については小高春雄の指摘(『千葉県所在中近世城館跡詳細分布調査報告書』〔千葉県教育委員会刊、一九九五〕の「亥鼻城」の項)に妥当性があり、空間復元の中から亥鼻城を除外し考えるべきである。

　また近年では簗瀬裕一「中世の千葉―千葉堀内の景観について―」(『千葉いまむかし』第一三号、二〇〇〇)が詳細な復原を行っている。

(35)寒川町に所在する寒川神社は『千学集抜粋』に登場する「結城の神明」に、また稲荷町にある稲荷神社は引用中の「御達報稲荷の宮」に相当する。また一方の境である「曽場鷹大明」は千葉市街地東方の貝塚町の車坂付近に故地が比定されている。これらの神社はいずれも「千学集抜粋」では「千葉の守護神」とされている。

(36)『群馬県』七四四

(37)『神奈川県』四八八一ほか

(38)『古河市』二一二ほか

（39）『栃木県四』佐野正司氏所蔵『佐野系図』

（40）居館と町場について明確に語る考古学的事例は、管見の限り確認できなかった。但し、小稿でも何度か触れた江上館に隣接する下町・坊城遺跡は一九九五年度より調査が行われ、集落を検出しつつある。

（41）「荘園公領制社会における都市の構造と領域—地方都市と領主制—」（『歴史学研究』五三四、一九八四）

第二章　上野国岩櫃城の空間構成と変遷

はじめに

私が岩櫃城の調査を開始してから随分の年数が経過した。当初は『中世城郭事典』①[1]のために調査を実施していたが、思いも寄らないことで長い調査となった。ところで一九九〇年前後に中世史研究者は、上行寺東遺跡・一の谷遺跡・鷲城ほか多くの遺跡保存運動を経験してきた。この岩櫃城も日陰ながら、ほぼ同時期に行われた保存運動の一つに数えられる。当初の調査を行っていた時、城域内に町道が建設されつつあるところに鉢合わせた。削り出された壁面にはV字の断面が明らかに見えていた。切り開かれつつあった道筋を見通して虚脱感を覚えたものだった。その頃の岩櫃城の研究状況[2]では必ずしも明確にはされていなかったが、その町道は後述する戦国期の平川戸の町の中央を縦断するものであった。そのため工事の中止を求めて、林道建設が着手されつつあった同じ群馬県内の松井田城の保存問題とあわせて[3]、行政機関各所に足を運んだ。不幸中の幸いにして、掘削された部分の舗装のみで町道は止まり、現在でも舗装道路は途絶したままとなっている。

　その後、吾妻町教育委員会が主体となって岩櫃城の保存策定を行うことになった。当初は専門職員がいない状況で、事務的な手続きも不案内な中でのスタートだった。過疎の町の教育委員会を取り巻く状況は、現在もなお厳しいものがある。しかし保存に向けて状況は一歩ずつであるが変化した。

さて、以上のような経過で岩櫃城の現地調査（現状遺構の表面観察）を続けてきた。確認された規模は以前にも増して広い面積となり、驚きを禁じ得ない。本章では保存策定作業に関わる再調査で明らかになった構成及び文書史料の分析を通してみた岩櫃城の変遷、とりわけ戦国期末・近世初頭の城下町の構造を中心に述べていきたい。

一　範囲と構造

岩櫃城は岩櫃山（標高八〇二・六メートル）の東に延びる四本の尾根に築かれている。通常、中世の山城は山頂に主郭を設けるが、この岩櫃城の場合は山頂より東方向へ標高にして約二〇〇メートル下った小字伊達（標高五九二・三メートル）の位置、通称イダテに主郭を構えている。この場所を中心に広い範囲を城域としている（以下、図18・19参照）。

小字新井の通称バンジョウザカを東端とし、西側は主郭より距離にして約四〇〇メートル程上った地点を端としている。この東西を両端とし、東北方向へ約一・九キロメートルほど延びる尾根線上に主たる遺構が展開している。南側は霧沢の谷を自然の堀に見立てて南西の境とし、東南側は岩櫃山の山裾の斜面を壁面とする。さらには吾妻川を自然の堀にして活用して南側の限界としている。反対の北側は不動沢が境界線となっている。

この四至内には、既に触れた伊達・新井のほか切沢・新林・立石・保成・殿邸《とのやしき》・城口・上之宿・瀧頭・念仏塚・平沢・岩櫃山などの小字が伝えられている。語源が岩櫃城に関連する地名も含まれていることになる(4)。

岩櫃城は極近くに二つの支城を持つ。東北側の柳沢城と岩櫃山南側の郷原城である。

柳沢城は観音山（標高五四一・一メートル）に主郭を置き、城域は小字古城・新林に展開している。

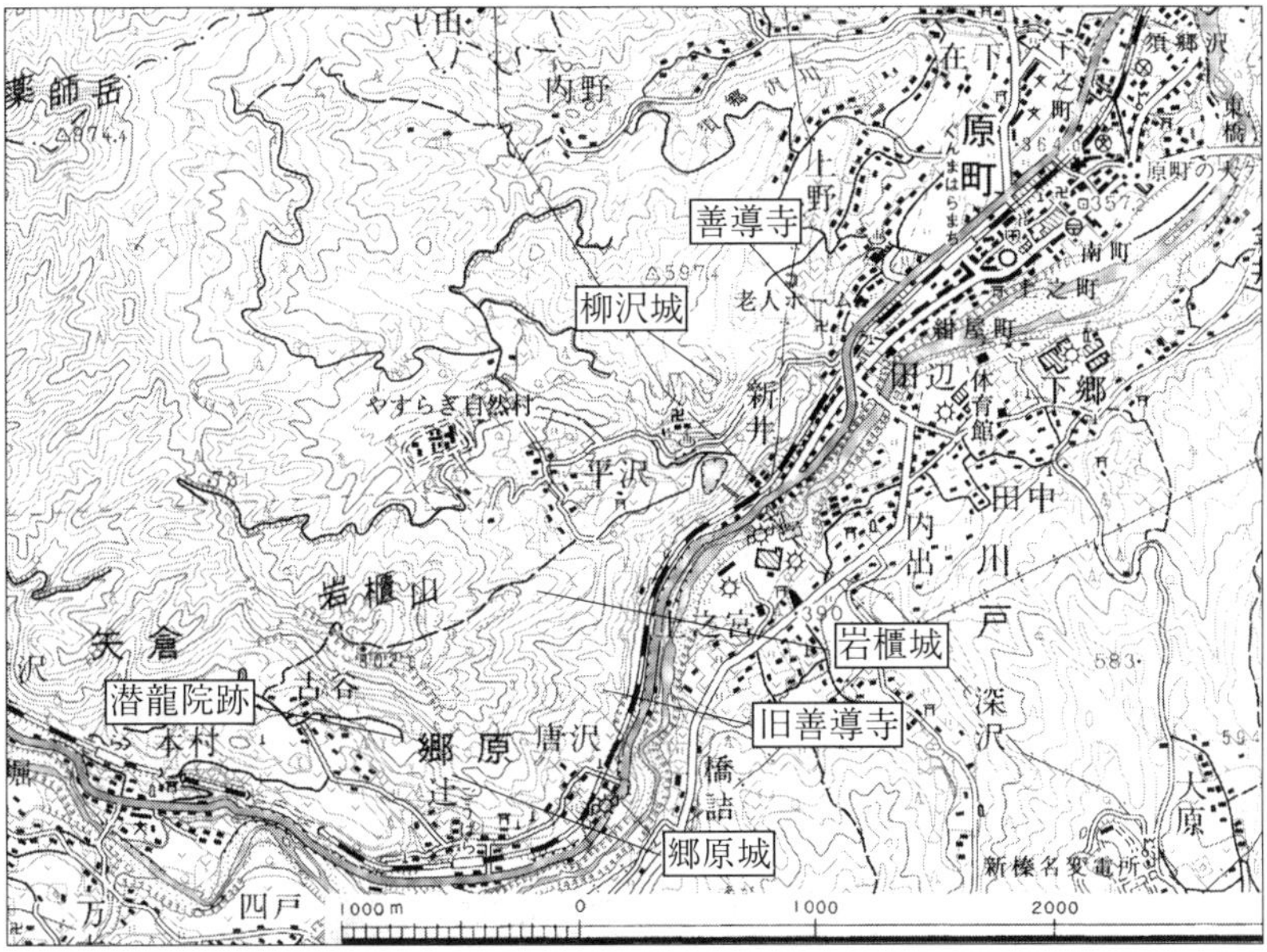

図18　岩櫃城周辺地形図

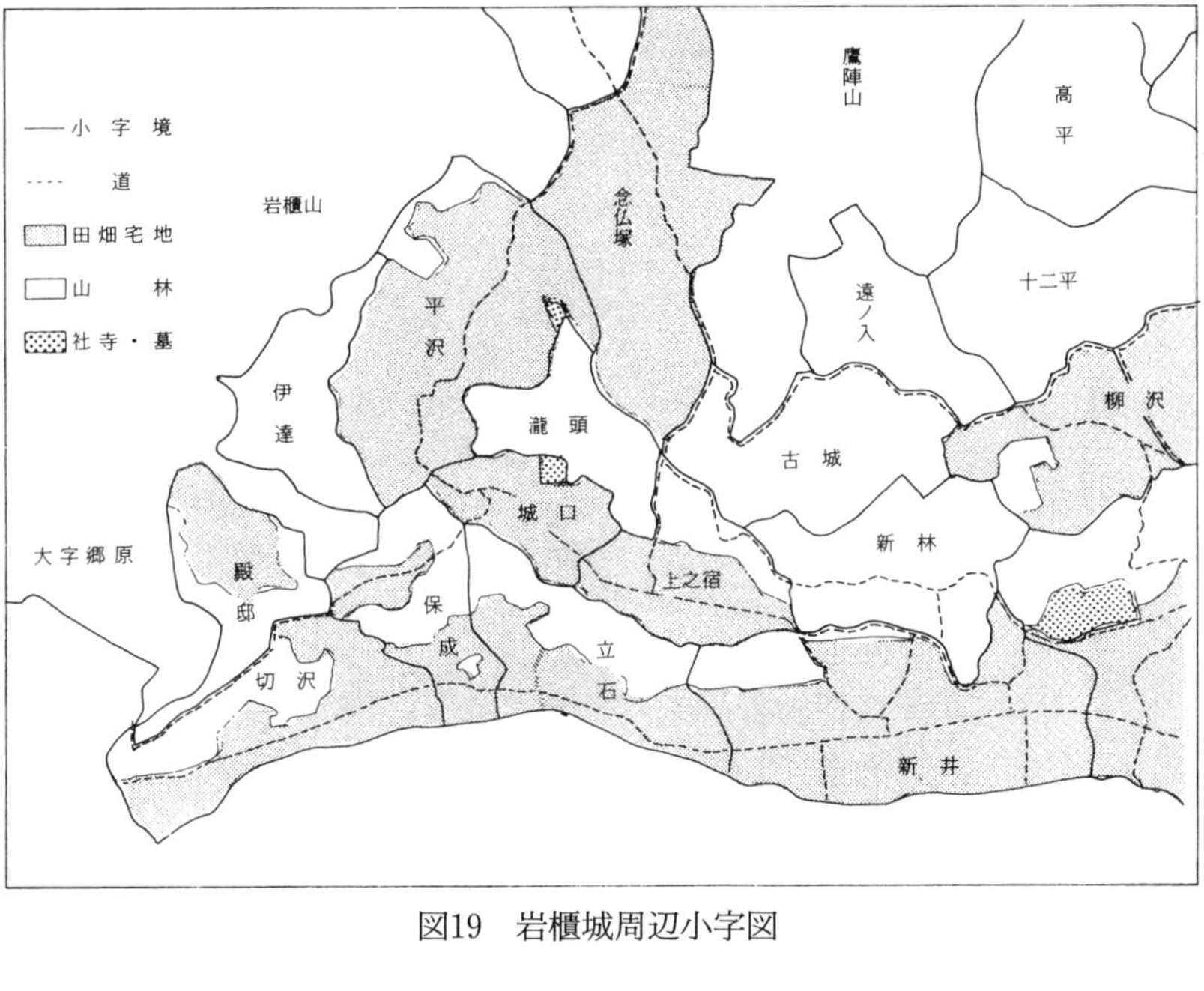

図19　岩櫃城周辺小字図

一方、郷原城は保存計画策定に伴う調査で発見された城館である。大字郷原内の小字立道・猫穴にあたり、主郭は標高五三五・一メートルの山頂にある。付近には武田勝頼を迎えようとしたと伝えられる潜龍院跡がある。

この二つの支城のほかにも岩櫃城の支城はまだ存在する。しかし柳沢城と郷原城は岩櫃城の構造上の不備を補完する機能を有しており、独立した城館ではあるものの岩櫃城の一部であると評価することが可能な城館である。

以上のように岩櫃城は広大な面積に縄張りされており、一括で理解することが困難である。構造と機能を明確にするためには、いくつかのまとまりにわけて把握する必要がある。そこで要害地区・城下町地区・新井地区・北側遺構群地区・柳沢城・郷原城に分けて、以下に遺構を詳述することとする。

【要害地区】（図20参照）

岩櫃城の主郭を中心とした、小字岩櫃山・伊達・保成・殿邸・切沢の地域が要害地区に当たる。地形の制約上、一部分、城下町地区の機能を有しているが、岩櫃城の中枢部である。

標高五九三・三メートルの位置にある東西一四〇メートル・南北三五メートルという東西に細長い郭が主郭である。山崎一[5]は「本丸」もしくは「いだて」「居館」と呼称している。この主郭には東北寄りに二五メートル×一五メートルの基壇状の遺構がある。山崎はこの遺構を「展望台、指揮台を兼ねて城の精神的中枢となっていた所と思われる」と指摘している。

主郭は南北両側に一カ所ずつの虎口を有している。南側は主郭の中央の一段下の郭にある。虎口の内部で一折れしてから、堀を挟んで南側にある土塁上を通路とする道に接続している。この道は東に進み、東側の郭に向けて竪堀を渡る橋に接続している。このように連絡する道は東北方向に延びている尾根の上を進む登城路と推定される。登城路に当たる道であることおよび現在残る遺構規模から、主郭南側の虎口は岩櫃城の格式を示す象徴的な門と推察される。

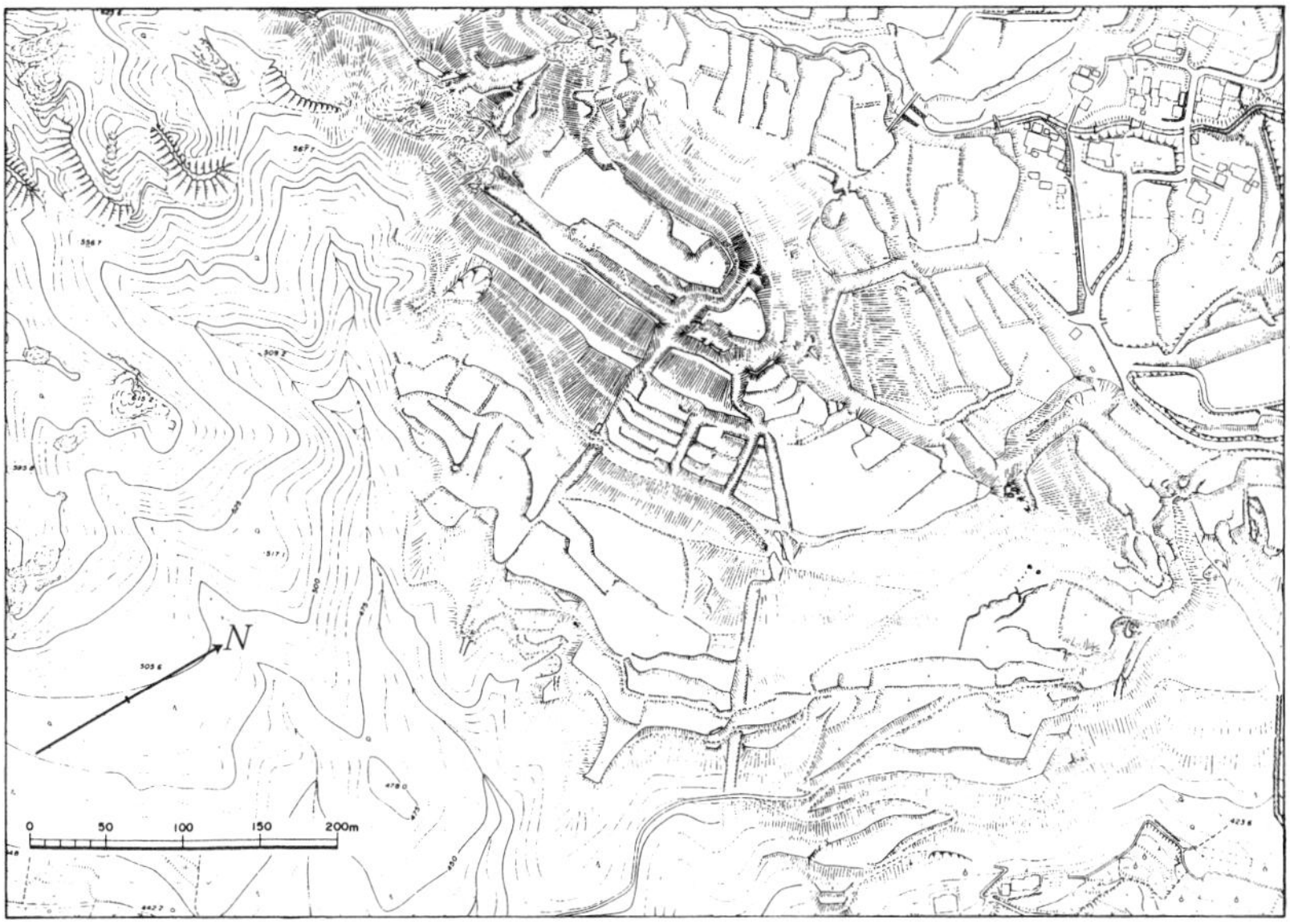

図20　岩櫃城要害地区部分図

一方、北側の虎口は主郭の北西にある。この北の虎口の外側には竪堀などが細かく普請されており、北側の谷沿いに侵入されることに備えている。厳重に竪堀や郭などが配置されてはいるものの、南側の通路沿いに比べて細々とした普請になっている。

主郭を防御するように展開している空堀に注目したい。現在「中城」と呼ばれている三角形の緩傾斜の郭を挟み、北側は円を描くように、南側は逆U字形に斜面を刻んでいる。竪堀が斜面の移動を拒否するために普請された構造物であることから、主郭に至るために、この竪堀を橋で渡ったり、南北の竪堀が形成する空間に挟まれた隘路を通過して登城路は進んでいたことになる。合戦時の主郭への道筋は橋を落とし、竪堀によってデットスペース化された空間を避け、この隘路を通過しなければならないようにシナリオが描かれていたと考えられる。このことを示唆するごとく、この隘路の高所にあたる三角形の郭「中城」の頂部には、虎口を伴う道の遺構がある。

三角形の形をした郭の東端外側で、主郭より続く尾根上には二本の堀切がある。内側の堀切は内寄りの壁が高くなっており、遮断を意図している。一方、外側の堀切は障害物となることを意図して普請されている。この二本の堀切の間には堀切とは垂直の方向に向く三本の土塁がある。城館の破却の跡ともまた一部は虎口とも考えられるが、詳細が解らないため機能の解明は今後の課題である。

二本の堀切の外側は比較的緩やかな歩きやすい尾根となっている。降りきったところには折のついた道の遺構が確認できる。この部分に接続する道はこの場所より北へ約二五メートルの位置にあった橋を渡る（後述）。この橋は要害地区と城下町地区を分ける空堀を渡るもので、現在は要害地区側に幅約一〇メートル程の橋台遺構が残っている。

主郭より橋台に至るまでの道路遺構を中心に概観してきたが、これらの遺構を繋いで主たる登城路は設定されていたと考えられる。廃城後、現在に至るまでの地形の改変や正確な橋の位置が不明であることなどを含め、今後にいくつかの課題を残すが、叙述の場所を通過して設定されていた登城路こそ、いわゆる大手道と推定される。

要害地区のなかで居住空間として考えられるのは四カ所である。主郭、現在「中城」と呼ばれる三角形の郭、「中城」の東下の空間、小字殿邸である。城主の居住空間と考えられるのは主郭と殿邸である。主郭はやや高所にあり、合戦時は中心となる郭であることからすると居住空間であるとするには今後の検証が必要となる。これに対し、殿邸の場所は農作業によって原地形を失っていると思われるが（とりわけ郭群の東側半分）、地名が残ることおよび南向きの広い平坦地であることから城主の居館があった可能性が高い。

居住空間としてあげた第三番目の場所の東端には規模の大きな虎口が残っている。この虎口を出た道は切沢に沿って郷原に至っている。原町からバンジョウザカを登り、上之宿を通過して郷原に至る最近まで使用された幹線道路である。当該の虎口はその道沿いに築かれており、岩櫃城の重要な門と推測される。詳細は後述するが、とりあえず「西の木戸」と仮称したい。

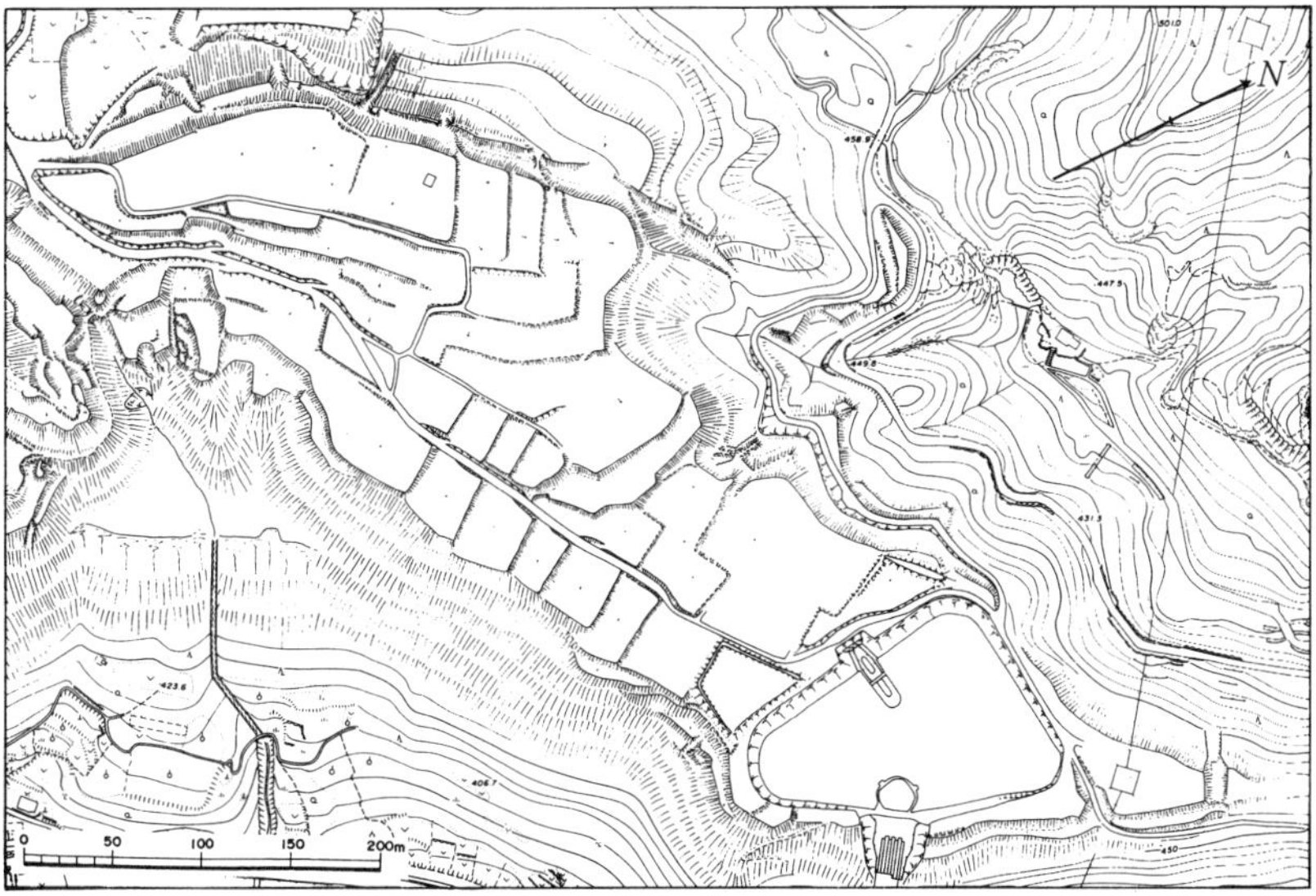

図21　岩櫃城城下町地区部分図

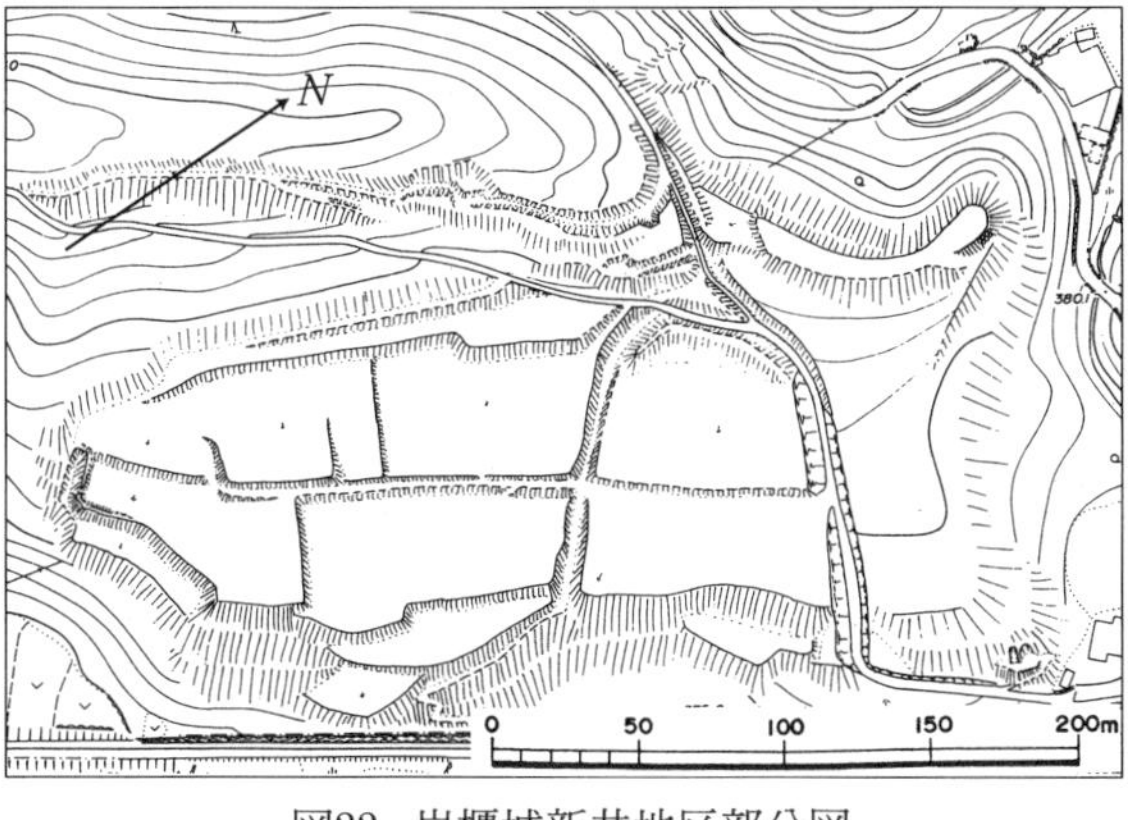

図22　岩櫃城新井地区部分図

【城下町地区】（図21参照）

要害地区の尾根沿いの東側の平地、小字の城口・上之宿・新林が城下町地区に当たる。詳細は後述するが、平川戸の町場があったところである。現在は水力発電所の貯水池があり、送電線の鉄塔も建てられているため、一部旧景を失っている。

「はじめに」で述べた町道はこの中央を貫通していた。

【新井地区】（図22参照）

岩櫃城の東端に当たる部分で、小字新井と新林の一帯が相当する。城下町地区の外側でもあり、城外の様相が次第に濃くなる地点でもあるが、岩櫃城の最外郭の遺構が散見された場所である。

主たる尾根の先端は狭いながら削平地があり、北および東側は急峻な地形となっている。城外にむけての監視所的な場所であった可能性はある。

尾根筋と不動堂に至る山道が交差する付近、送電線の鉄塔の建つ付近であるが、虎口に似る普請の痕跡や竪堀などがある。その内、一本の竪堀は南側の平坦部を二分するように延びている。

南側の平坦地は岩櫃城当時の用途が明確ではないが、先述の堀のほか、西端に竪堀と土塁の遺構があり、岩櫃城を構成していたことは明らかである。

さてこの新井地区であるが、通称バンジョウザカと呼ばれている。この音に漢字を当てはめると、番城坂もしくは番匠坂が当たる。前者については尾根の先端にある削平地を考え、出城の機能をもつ郭があるところといった解釈が可能であろう。また後者については、『加沢記』のなかに「大手番匠坂」と見ることができるが、大工が居た所、すなわち南側の平坦地に職人層が居住していたことを想定することが可能になろう。この両者のいずれか決することはできない。しかしながらどちらであるにせよ岩櫃城に関連した地名であることは間違いなく、この新井地区の意義を考える上で重要な素材を提供している。

【北側遺構群地区】（図23参照）

小字伊達・岩櫃山・平沢・念仏塚の地域に、数条の竪堀が残っている。山崎はこの遺構群について、要害地区を

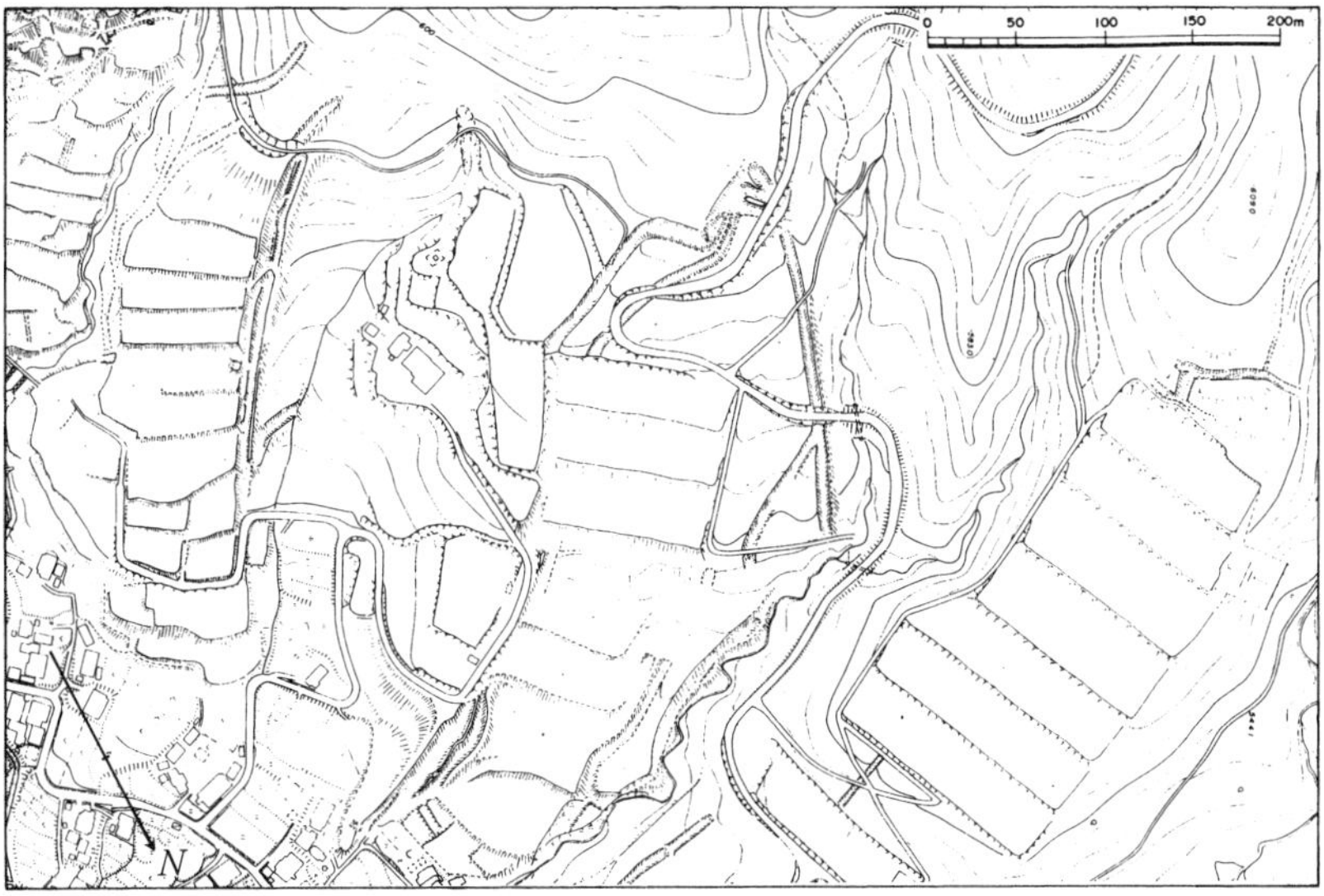

図23　岩櫃城北側遺構群地区部分図

「中核とした統一あるもので、北を外とし南を内としている。」と結論付けている。

苗圃跡地（現、杉並区自然村）の尾根を北限として、要害地区に至るまで三本の尾根に数本の竪堀が掘られている。調査時にはおおよそのプランを知ることはできたが、苗圃や林道などの道路開設などが行われ、旧景を保っているとは言い難い状況であった。

遺構の性格は基本的に尾根の中央部を縦走する長い線を呈する堀と、谷から尾根上に登る間際にある堀の二種類があるが、いずれも尾根の上にある平坦地の使用を制限するために普請されたと考えることができる。

山崎が志摩小屋と呼称した地区には竪堀のほかに階段状の削平地がある。おそらくは郭であり、要害地区の北側の守りの機能があったと考えられる。尾根中央部には櫓台を備えた比較的規模の大きな虎口がある。渡辺昌樹はこの虎口を通る道筋が「本丸に続くもの」と評価している[6]。遺構の規模から考えて妥当な見解である可能性は高い。

この数条にもわたる竪堀の存在は北側に対する警戒心を示し

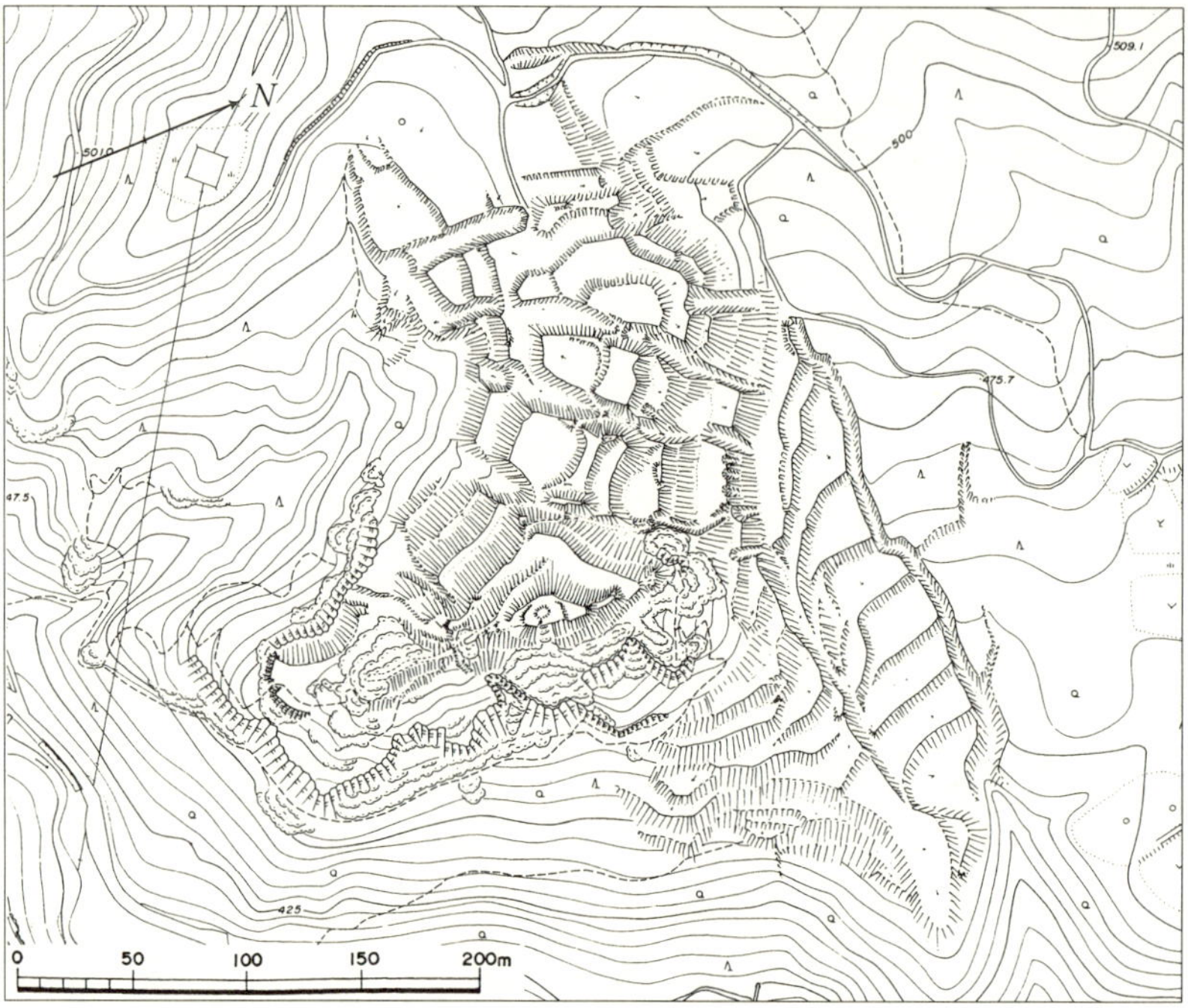

図24　柳沢城縄張図

ており、北側から岩櫃城に至る重要な道筋があったことを意味している。何らかの政治的緊張のなかで、北側からの城攻めが想定されて普請されたものと思われる。

【柳　沢　城】（図24参照）

岩櫃城の北東にある観音山、小字古城および新林に柳沢城はある。南東にむかって飛び出した山の先端の高所（標高五四一・一メートル）を主郭とする。周囲の地形は南西面および南東面が岩場という急峻な崖であるが、北面には緩やかな斜面が広がっている。縄張りは山頂部の五本の堀切で切り分けられる郭群、および北東方向に延びる尾根に普請された階段状の郭群とそれに沿う竪堀から成っている。

山頂部の五本の堀切の内、内側の三本が規模も大きく深い。いずれも横断には橋を用いずに堀底に降りていたようである。堀切に伴う竪堀は岩櫃城の普請と異なり、等高線と垂直にさほど長くはなく、真下に延びている。

東北側の遺構群は、まず城域を画している長い竪堀が重要である。幅の広い谷の底部で柳沢城沿いを、途中二回ほど折れ曲がり、平沢川に続く沢へと延びている。この竪堀は岩櫃城の北側遺構群地区に見る竪堀に類似している。竪堀と主郭側の急斜面の間に階段状の郭が普請されている。郭群の先端は現在の原町への展望がよい場所になっている。

柳沢城は全体に北側に郭を展開させており、岩櫃城の地形的なウィークポイントである平沢を守るため、東北方面を固める形になっている。

また岩櫃城・柳沢城の延長線上には稲荷城がある。短い距離のなかに密に三つの城館が配置されていることに気付く。この配置は、今後、岩櫃城を中心とした支配領域を考えるうえで重要な城館となる。

【郷　原　城】（図25参照）

岩櫃山の南側山腹にある小さな山城である。主郭の南側に数段の削平地を配し、かつ三本の堀切をもつ。反面、背後に当たる岩櫃山の方向には、遮断するような遺構が不思議な程に見られない。

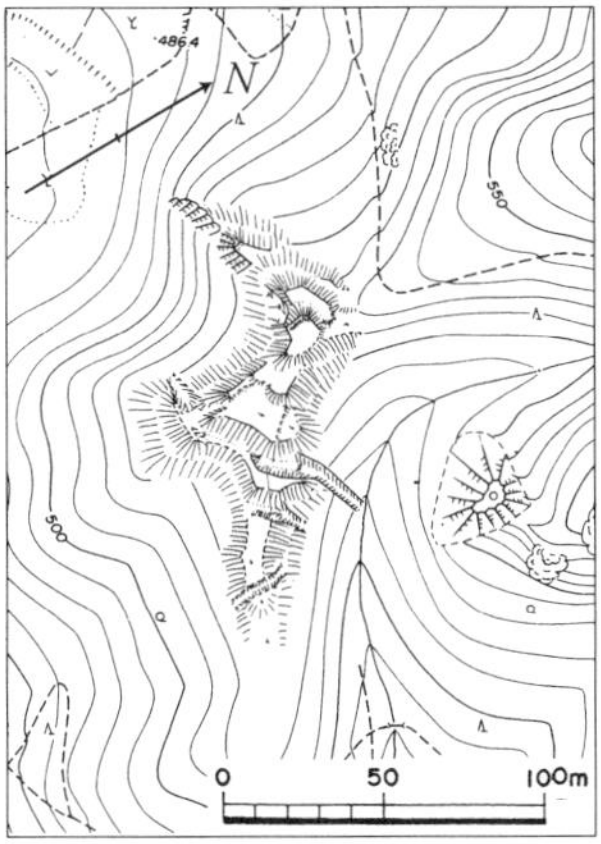

図25　郷原城縄張図

南側の遺構のうちには馬出とそれに連動する虎口が見られる。虎口は主郭より南西に延びる尾根にある。通路は主郭の虎口より谷を横断して南東に延びる尾根に登り、馬出に続いている。馬出の内寄りの堀切は尾根上の西側を掘り残して、土橋にしている。岩櫃城、柳沢城にはこのようなテクニカルな遺構が見られないことから、比較的新しい時期の遺構である可能性がある。

この郷原城の意味は次の二点が挙げられる。一つは岩櫃城背後の押さえになっていることである。岩櫃城は背後が岩櫃山という高所であり、堀切もないため、ウィークポイントになっている。そのため、城攻めの際に背後に回られないようにするために郷原城は築かれたと推測される。郷原城の背後に遺構がないのも、岩櫃城の存在を前提にして理解できる。

もう一つは後述する岩櫃城の城下町を貫通する幹線道路が、城を西に出て、切沢の谷を渡り、郷原城の南側を通る。つまり、郷原城は城下町の西側山麓の交通を監視する機能を持っていたと考えられる。この付近は小字立道というが、あるいは「館に続く道」という意味が語源であるかもしれない。

岩櫃城の遺構について以上のように概観してきた。以下にまとめてみたい。

まず遺構についてであるが、特徴的なのは竪堀である。要害地区ほか岩櫃城の各所および柳沢城に見られる。途中堀の線がクランクすることもあり、長い堀線を形成している。岩櫃城に見るような線の長い堀は長野県によく見られる。戦国期に真田氏が使用していたことと関連する可能性がある。

次いで虎口があげられる。形式のしっかりしたものは多くなく、主郭に二カ所、城下町地区に三カ所（東の木戸・西の木戸・北の木戸）、山崎が志摩小屋と呼んだ場所に一カ所ある。主郭北西のもの以外は規模が大きいのが特徴である。あるいは後年の改修があるのであろうか。

全体として要害地区のプランは広範囲ではあるもののテクニカルなものではなく、土木量の多さによって構成されている。階段状の郭の多用などから「古い」遺構といった感が強い。したがって、部分的に改修、拡張されつつも、初期の段階の縄張り構成が維持され、廃城を迎えたと思われる。

城域内は、城館の中心部分である要害地区、城下町の中核である城下町地区、そして、岩櫃城の外郭にあたる新井地区と北側遺構群地区であり、この四地区で狭義の岩櫃城を構成している。現在残る遺構は、地形に左右されており、江戸時代のように視覚的に明確な区画があるわけではないが、岩櫃城は戦国時代後半に成立した惣構を持った都市であったことを語っている。

二　岩櫃山の選地

岩櫃城について吾妻町民や近隣の人達は郷土の象徴として多大な愛情を持っている。しかし不思議なことに、岩櫃城は岩櫃山の山頂にあると思っている人が多く、山頂から東へ標高にして約二〇〇メートル下った場所に主郭があることはあまり知られていないのが現状であった。この立地は確かに通常ではない。城館の主郭は一番の高所にあるという「常識」と比べて著しく異なっているのである。

ところで、岩櫃山はかつて信仰の山であった。

西側山麓には潜龍院という寺院があった。地元の伝承によると天正一〇年（一五八二）に武田勝頼を迎えようとしたところといわれている。[7] 文政一二年（一八二九）春、潜龍院に立ち寄った河原綱徳は、「当山派年行事の修験潜龍院と云う者に至る。此の先祖は禰津勝直・同正直の弟信直、武田家に仕え、天正年中浪人にして禰津潜龍斎昌月と改め、後、房州公（真田昌幸）に仕え奉ると云う。」と記している。[8] この潜龍院は明治期まで存在し、住職は禰津氏が続いていた。

また岩櫃城と柳沢城の間には不動堂があり、脇には滝がある。この背後の柳沢城のある山は観音山と呼ばれ、延享四年（一七四七）百体の観音石像が祀られた。[9] 岩櫃城のバンジョウザカからの登城路に沿って、石灯籠、石仏、一合目の表示塔などの石造物が建立されている。さらに近隣にはこれらのほかに薬師岳・念仏塚といった地名が存在している。そして城下町地区にある岩櫃神社は、里宮として寛文一〇年（一六七〇）に建てられたといわれる。(10)

そして何よりも岩櫃山自体が奇岩の山であることを落としてはならない。河原綱徳は潜龍院から、米岩・金毘羅岩・赤岩・櫃の口（胎内くぐり）・屛風岩、このほか多くの岩を回り、その上で「猶夥しき岩壁にて、悉く記憶せず」と記している。(11)

これらに見るように岩櫃山は江戸時代には信仰の山として存在していたことは間違いなく、状況証拠の域を出ないが、岩櫃山の山容を踏まえるならば、岩櫃山の宗教性は戦国期にまで溯る可能性はあると考えられる。すなわち、岩櫃城は、宗教、恐らくは修験に関連する信仰の山、霊場であった岩櫃山と関連していたと推定したい。

近年、信仰の山と山城が一致することについて徐々に着目されつつある。ここで忘れてはならないのは、中野豈任の議論である。中野は「中世における地方の霊場はその地方の人びとの心の拠りどころであり、領主もこれを守護しなければ人心を治めることはできなかった。」と述べ、(12)霊場守護の領主の役割を見通している。

このことを具体的に示すのが、背後に岩櫃山を負い、中腹に城館を構えることではなかろうか。この位置関係を採ることによって、網野善彦が発言したように、(13)岩櫃城は領主支配の正当性を地域霊場のフィルターをとおして在地に照射することになり、在地支配の挺子になったと考えられるのではなかろうか。

三　城下町の空間

岩櫃城の廃城について、江戸期の記録などで興味深い話が伝わっている。慶長一九年（一六一四）秋、多くの浪人が大坂城に集められている頃、岩櫃城下の平川戸の市に多くの人が集まって栄えていた。このことを浪人集めと疑われることを恐れた真田信之は、岩櫃城を廃城とし、平川戸の町場を現在の原町に移した、という話である。(14)

当時の緊張した状況を伝えて興味深いものの、安易に信用することはできない。しかしながら平川戸という町が存在したことは注意してよい。中世史料では永禄七年（一五六四）二月一四日武田家朱印状に「今度忠節無比類次第候、本領平川戸六貫文」と八須賀縫殿助が龍朱印状で安堵されているように、平川戸の地名をみることができる。(15)

この平川戸の町場は現在の水力発電所の貯水池付近といわれている。この付近は先に城下町地区としたところであるが、小字では「上之宿」という。地名から町場の存在を確認できる。

この城下町地区を貫通する旧道に沿って、現在でも町場に関連する遺構が残っている。

まず旧道であるが、バンジョウザカの麓から尾根に沿って登り、新井地区の平場を折れ曲がって、貯水池を越え、岩櫃神社の南側下を通過する。その後、要害地区に至った所で岩櫃山の南側斜面を回り、霧沢と呼ばれる沢に沿った尾根を下り、小字切沢に至る。要害地区に差し掛かるまでの道筋は原町から岩櫃山の登山道でもある。

この道は近年まで使用されていた重要な道と地元では言われている。同道は戦国期にも使用されていたことを遺構からも指摘しておきたい。まず、「東の木戸」（仮称　図26参照）の存在である。この木戸はバンジョウザカを越え、貯水池に至る手前、送電線の鉄塔付近にある。道筋に沿って上ると正面に壁面があり、その場で右折し、更に左折するという二折れの構造をもった桝形虎口である。貯水池の築造によって多少遺構が改変されていることも考えられるが、明治期の地籍図（後掲図30参照）においてもほぼ現道のとおりに道筋が確認されることから、二折れの桝形虎口が存在した。比較的規模の大きな虎口で、寄せ手の正面と右側から射かける構造となっている。ただし、貯水池の工事でやや旧状を変更している可能性もある。この虎口の北側にある尾根には堀切が掘られている。尾根上の通行を遮断し、

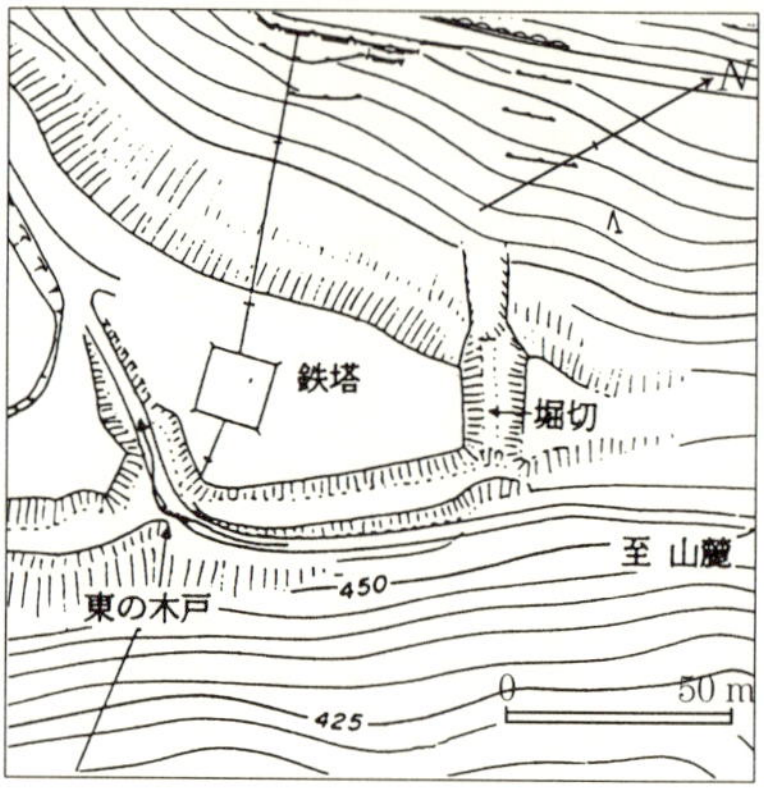

図26　東の木戸付近図

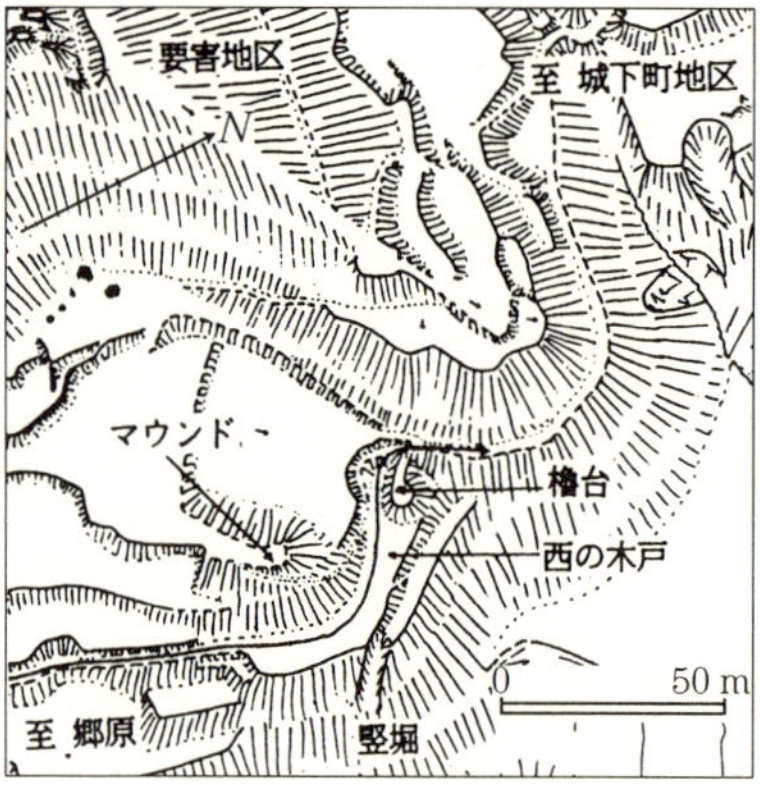

図27　西の木戸付近図

虎口のみを出入りの場所とする構造となっている。この東の木戸は、堀切とあわせて城下町地区の東の境界となっており、かつ合戦があった場合には虎口と堀切でまず食い止めるように構想されていたと考えられる。

既に触れたが東の木戸に対応する「西の木戸」（仮称　図27参照）もある。場所は旧道が要害地区に入り、岩櫃山を南側に回り、やや下ったところにある。切沢から登って来ると、まず西の木戸の前面にあるマウンドに当たる。表面観察のため確定はできないが、マウンドの壁面には石が貼ってある可能性がある。マウンドを九〇度回ったところで、正面に櫓台が現れる。この場所の足下の道路中央には礎石らしき石が埋め込まれており、道路方向に対して垂直の延長線上の谷側には二段ほどであるが、石積みが残っていた（現在は崩落）。この場所に門の構造物があったと考えられる。また谷にむけては削平地と竪堀が普請されている。道筋はマウンドと櫓台の間を通って城内へ通じる。このように西の木戸は普請の工程で石を用い、マウンドと櫓台の二つを効果的に配置し、かつ谷間にむけても削平地や竪堀を普請するという構造を採っている。岩櫃城内の虎口の中では比較的立派な虎口であり、あるいは格式を示していた虎口である可能性がある。

次に要害地区と城下町地区の間の空堀の部分である。現在、道筋は堀底を横断するようになっているが、先述したように当時は橋によって空堀を横断していたと推定される（図28参照）。道幅は一〇メートル弱ほどある。

以上のように原町から郷原に至る旧道に沿って、虎口遺構および橋の遺構を確認した。いずれも堀の遺構などの城館遺構に付随していることから、岩櫃城に関連した遺構と考えてよい。従って、この道筋は戦国期に存在しており、岩櫃城の幹線道路に当たるということができることになる。

この郷原に至る道は岩櫃城の西南の境界である霧沢を渡ると小字切沢の耕地に至る。岩櫃城があった頃、この付近には善導寺という寺院があったといわれている。現在、この善導寺は原町の市街地の西の端に所在する。この移転は平川戸の原町移転にともなうものという。また、切沢に所在する以前には、吾妻川の対岸にある吾妻町川戸小字田辺にあり、田辺からは天文一〇年（一五四二）以降に移転したとされている。[16] 切沢から原町への移転は町場の移転にともなってのことであるから、切沢に所在したことも平川戸の町との関連が考えられよう。平川戸から下る山道は霧沢を渡ったところで平坦な場所、小字切沢に出る。霧沢の谷は岩櫃城の内と外との境界に当たり、そのすぐ外側に接して善導寺があったことになる。この位置関係は今の原町における善導寺の位置関係と同じである。岩櫃城の空間構成が組み立てられる際に、岩櫃城のプランナーもしくは善導寺が意図的に切沢の場所を選んだか、もしくは城の成立より先に移転していた善導寺の所在に合わせて岩櫃城の空間構成が組み立てられた、ということになろう。この空間構成は一乗谷朝倉氏遺跡の上城戸と盛源寺、下城戸と西山光照寺との関係に類似している。

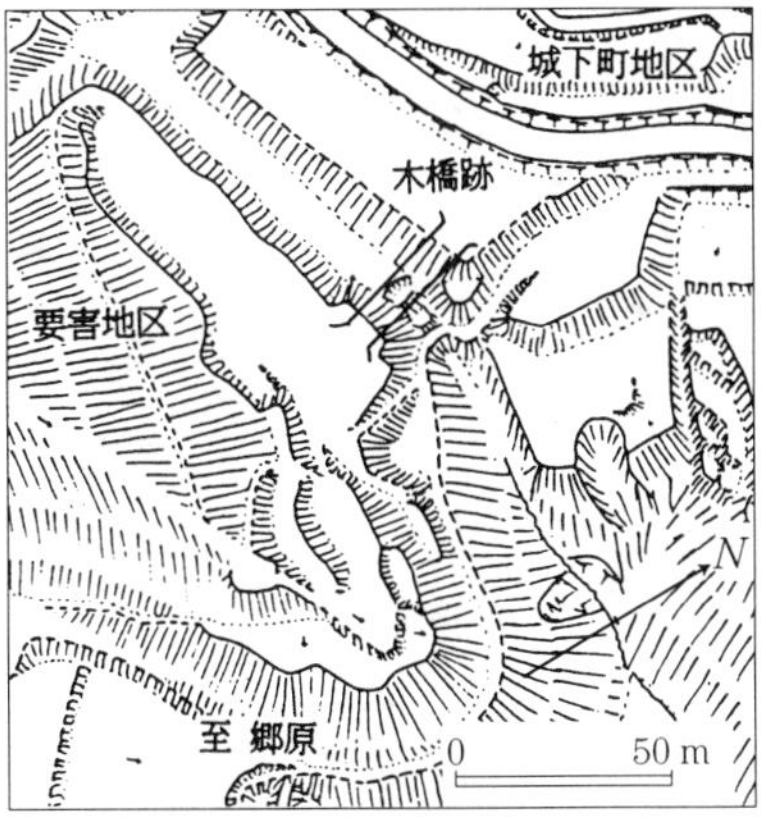

図28　橋脚台付近図

切沢に出た道筋はそのまま西進し、道沿いに今も古い立派な民家が立ち並ぶ唐沢の集落を過ぎ、榛名神社の南へと至る。この榛名神社の背後には郷原城が所在している。郷原城は先にも述べたとおり平川戸に至る道筋の通行の監視する機能があったと考えられる。

以上のように原町から郷原に至る山道は戦国期の岩櫃城の幹線道路であったことが指摘でき、平川戸の東西両側には木戸が設けられていたことが確認できた。

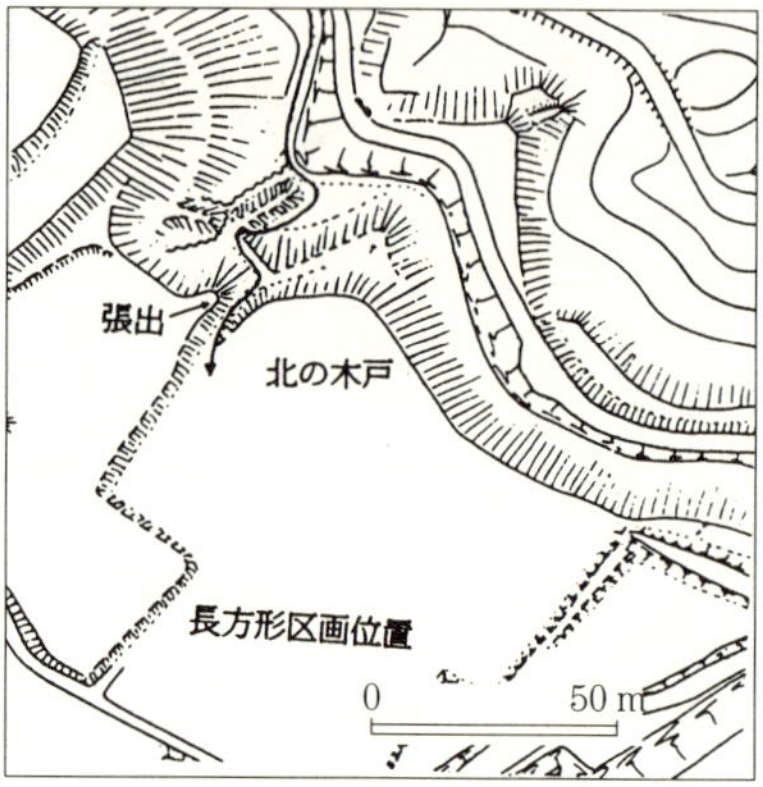

図29　北の木戸付近図

平川戸にはもう一カ所、「北の木戸」（仮称　図29参照）という木戸がある。岩櫃神社の東側の谷間にあり、真下には不動堂の滝を望んでいる。北から入って来ると、谷間のために両側から威嚇される。特に東側には削平地が設けられている。正面に櫓が設けられる程度の大きさの張出がある。張出に向かって直進し、直前のところで二折れして、平川戸の平地に上る。登り切る地点には恐らく門等の構造物があったと推定される。

北の木戸から北に出る道は、全ては把握されていないが、一本の道筋が想定される。谷間を下り、滝の背後に出た後、観音山を背後から登り、柳沢城の尾根続きの鞍部を越えて、字上野に出る。そのまま東に進めば稲荷城との連絡が可能となり、更に中之条に達することができる。北の木戸はこの方面に開かれた木戸であった。柳沢城はこの道筋と関連して、岩櫃城の東面を守るために築かれたと考えられる。後述する嶽山城との関係から強固な構えになっているのではなかろうか。

さて、平川戸の町を遺構から確認し、その状況から周辺との関係を探ってきた。その結果、現状では三方向からの道筋が集まっていることが確認され、その各々の入り口に虎口が構えられていることが解った。問題は町場の中の構

図30　城下町地区付近地籍図

造となる。

現在まで平川戸の町場の故地について発掘調査は実施されていない。既に貯水池と町道などで四分の一は失われてしまったが、まだ旧観を復元することができる。今後の調査が期待される。

そこで地籍図（図30）から状況を検討してみたい。まず城下町地区を貫通する原町からの郷原に至る道筋と、そしてほぼ中央からは北の木戸を出て北に向かう道筋が確認される。この二本の道筋が合流する付近には東西に長い長方形の空間がある。空間機能の検証は今後の課題であるが、城下町地区の中央部に当たり、あるいは広場的な空間かもしれない。この長方形空間の南北に短冊形地割りが、そしてその東側には更に細い短冊形地割りが確認できる。この付近で商職人層が活動していた可能性が考えられる。そしてこの二種類の短冊形地割りの東西にほぼ同じ幅の地割りが道の南北にある。東側は東の木戸の近辺であることから木戸に関連する機能をもった空間であろう。同じ幅の西側の地割りは東側の空間と同じ階層の空間であろうから、こされる。

の東西の空間は家臣団の屋敷地ではなかろうか。いずれにせよ城下町地区には四ブロックが確認され、三階層が想定

以上のように、平川戸の町について、伝承、古文書、遺構、地籍図から確認してきた。この場所に町場があったことは確認されたと思う。しかし何故、平川戸の町はこの場所にあったのであろうか。岩櫃山近辺において都市は平川戸のような高所ではなく、温川に沿った大戸から来る道と吾妻川に沿った道の合流点の平地に発生するのが自然ではなかろうか。逆説的に言えば平川戸は自然発生の町場ではなく、意図的に設定された町場と考えられることになる。このように解すれば平川戸を頂点として登り下りする原町から郷原への道筋も、町の設定にともなって計画的に引かれた道筋であることになる。要害地区と城下町が同時設営ではない可能性は残るが、岩櫃城の要害地区と統一的な設計の下で町場が設定されたことがわかる。

そして、町場が高所に登って設定されたことは、大きな論点になる。この立地の背景には当時の周辺における不安な情勢があるのではなかろうか。不安な情勢ゆえに高所に町場を設定し、岩櫃城の縄張りの内に民衆をも取り込んで安全を確保したのではなかろうか。更に考えるならば、真田氏は吾妻郡を侵略した領主である。吾妻郡統治のため、信濃から真田一族や家臣団のほか商職人など様々な人々を移住させていると思われる。侵略地でのそれらの人々の安全確保も領主責務であり、その達成のための立地であったと考えることも可能であろう(17)。

四　文献史料に見る様相

岩櫃城の築城から永禄期に至る歴史については必ずしも明らかでない。大半は『加沢記』ほかの近世に成立した記

録に拠っている。その通説では岩櫃城は応永一二年（一四〇五）に斎藤憲行によって築かれたとされている。そして永禄六年（一五六三）九月に真田幸隆によって攻め落とされ、岩櫃城主斎藤憲広は越後に落ちて行き、憲広の末子城虎丸は嶽山城に残り、抵抗を続けたとしている。それ以後は岩櫃城は真田氏の属城となったというのが大筋である。(18)

起源については現状では新しい史料はないが、永禄六年九月岩櫃落城説については疑問がある。表2に見るように良質な史料では武田氏の勢力が及ぶ以前は、岩下が中心となっている。『加沢記』所収の史料を除けば、永禄七年（一五六四）まで「岩櫃」の語はない。すなわち、武田氏が領国化する以前には、斎藤氏は岩櫃城より西に約三キロメートル弱の岩下を本拠として、岩下衆を組織していたのであり、岩櫃城は武田領国化以後に登場するのである。

ではなぜ、岩櫃城がクローズアップされるのであろうか。表2に見るように史料の状況から永禄七年には岩櫃城に武田氏の人衆が入っていることが窺える。この当時、中之条盆地には異常な緊張関係が存在していた。

永禄三年（一五六〇）以降、上杉謙信は厩橋に北条高広を置き、しばしば越山を行っている。これに対し、武田信玄は永禄四年（一五六一）一一月二日、佐久郡松原神社に願文を掲げ、鏑川、碓氷川筋に西上州を攻め、先に見たように吾妻川沿いにも徐々に下り、箕輪城にむけて行動を起こしている。

願書

今茲永禄八乙丑春皇二月七日、涓為吉日良刻、任天道運数而、引卒吾軍於上州箕輪之日、先獻願状於新海大明神祠前、其意趣、殆箕輪之城不過十日撃碎散亡者必矣、夫　当社者普賢薩埵之垂跡也、乗人之願轂救苦救難、加之細歎衣為鎧、瓔珞冠為甲、如意鉄為干戈、大白像為駿馬、百億化身瀰満吾方者、可無迂誕、粤太刀一腰有銘、孔方五婚所令進納也、神感猶有余、惣社・白井・嶽山・尻高等之五邑、輙帰予掌握者、諸芯蒭衆於于神前讀誦三百部法華経王、以可報謝　神徳焉、急々如律令、

この文書に見るように、武田信玄は永禄八年（一五六五）に箕輪城を攻め、更なる目標に、周辺の惣社城・白井城・嶽山城・尻高城に目標を定め、東吾妻郡一帯の武田領国化を目指している。この結果、岩櫃城と嶽山城が対陣することになり、四万川が武田氏と上杉氏との領国境界になっていたのである。四万川沿いに両者の出城と思われる城館が向かい合って存在している。恐らくはこの当時に使用された城館群であろう。

于時永禄八年乙丑二月吉辰　　信玄敬白（花押）[19]

このような情勢から考えると、吾妻郡の領国化を企図した武田方が、当面の目標である嶽山城を落城させるべく、岩櫃城を取り立てたことが推測される。すなわち、当初の岩櫃城は吾妻郡の支配拠点というよりは、政治的な状況のなかでの産物であり、軍事目的を主とした城館であったことになる。

ところで、このような軍事的緊張の中であるため、岩櫃城の取り立てに当たって、武田方では上杉謙信の来襲を想定して堅固に築いたことも推測される。周知のとおり、この時に至るまで武田信玄と上杉謙信は数度、川中島で合戦を繰り返しており、その経験を生かして、武田勢の収容を考えた広い範囲にわたって縄張りを施し、来襲の布石とした可能性がある。

岩櫃城が再度クローズアップされるのは天正九年（一六八一）以降である。武田勝頼が真田昌幸に対して、「一、帰城之上、吾妻用心普請、無疎略可被申付之事、」と指示している[20]。普請対象は吾妻郡規模で指示されているとも読めるが、岩櫃城の普請が含まれていたと考えるのが自然であろう。

翌年、北条氏邦が長尾憲景の説を入れて、中山峠を越え、中山城を築いた。これにより、「此上沼田口、吾妻表一途有様[21]」という状況となる。この行動は真田方の沼田城─岩櫃城の連絡を遮断する目的であったことは容易に想像できる。岩櫃城はこの時にも永禄八年（一五六五）と同じ方向、東の嶽山城・中山の方向に対して危機感をもったこと

表２　岩櫃城関連文書

年号	西暦	月　日	史　料　名	文　言	群馬県史
永禄　三年	1560	一〇月　二日	正木時茂書状写	明間・岩下・沼田之城被攻落	2104
永禄　四年	1561	正～四月	関東幕注文	岩下衆	2122
永禄　六年	1563	一二月一二日	武田信玄判物写＊	岩櫃乗執條	2205
永禄　七年	1564	正月廿二日	武田信玄書状	岩下之人質	2217
永禄　七年	1564	三月一三日	武田信玄書状写＊	一徳斎依差図岩櫃江可被相移	2234
永禄　七年	1564	一〇月廿五日	武田信玄書状	自岩櫃如注進者	2264
永禄　八年	1565	正月　八日	上杉謙信書状	岩櫃へ移人数	新潟3790
永禄　九年	1565	一一月一二日	武田信玄書状写	追而、岩櫃へ早速立越	2303
永禄一〇ヵ	1566	閏八月一九日	武田信玄書状写	従岩櫃如注進者	2321
年　未　詳		卯月　七日	山吉豊守書状	雖然岩下・白井・厩橋口之	2351
永禄一〇年		五月廿三日	武田信玄書状写	其地岩櫃在番衆之荷物、	2353
永禄一二年	1567	五月　朔日	武田家朱印状写	於于吾妻、別而相稼之由	2359
天正　八年	1569	二月　二日	遠山康英覚書	青戸・岩櫃筋へ被上火手様	2436
永禄　八年	1580	三月一七日	真田昌幸書状写	吾妻領	2995
天正　九年	1581	六月　七日	武田勝頼条目写	帰城之上、吾妻用心普請	3065
天正一〇年	1582	六月廿一日	真田昌幸書状	早々吾妻着城、堅固仕置任入	3138
天正一〇年	1582	一〇月一一日	北条氏政書状	倉内表・岩ひつ表・寄居之事	3185
天正一〇年	1582	一〇月一三日	真田昌幸書状	今度有吾妻、別而被懃奉公忠	187
天正一〇年	1582	閏一二月廿八	依田信蕃書状	沼田・我妻之間、中山之地取	2213
天正一一年	1583	正月　六日	北条氏政書状写	此上、沼田口・吾妻表一途有	戦02476
天正一一年	1583	五月廿七日	真田昌幸朱印状	依之、湯三吾妻へ被相移之□	3250
天正一一年	1583	九月一二日	真田昌幸判物写	吾妻へ令馳参、別而致奉公候	3261
天正一二年	1584	極月一六日	真田昌幸朱印状写	吾妻問屋之事	3344
天正一三年	1585	極月廿八日	上杉景勝起請文案	沼田・吾妻表後詰	3367
天正一四年	1586	七月一五日	真田昌幸書状	殊ニ 吾妻其地静謐候由	3460
天正一四ヵ		□月一二日	真田昌幸書状	従吾妻之注進状・吾妻へ御移	3461
天正一七年	1589	七月一四日	北条氏政書状	沼田・吾妻之儀付而	3532

○表中，＊は『加沢記』所収文書を示す．また「新潟3790」は『新潟県史　資料編５　中世３』，「戦02476」は『戦国遺文後北条編』の所載番号である．

になる。よって、この時期にも岩櫃城拡張の契機があったことになる。

岩櫃城が取り立てられた要因を探った後、拡張される時期の可能性を指摘してきた。これらの状況が重なり、現状の規模になったと考えられる。この状況をもって、北側遺構群地区を考えてみたい。岩櫃城主郭から嶽山城へ直線的に結ぶと、北からやや東に振った方向になる。このような政治情勢を踏まえ、山を越えてくる攻め手に対する配慮として普請された可能性が考えられるのではなかろうか。岩櫃城の主郭に近寄った攻め手の障害物としての堀群と、更には尾根上で自由な行動を起こせないようにという普請ではなかろうか。

さて、再度、表2を分析してみたい。経過を探ってきたとおり、永禄八年（一五六五）前後と天正一〇年（一五八二）前後に文書は集中している。詳細に見てみると、この二つの時期で岩櫃城の呼称が、岩櫃から吾妻に変わっていることに気付く。後半の年代の史料については、やや広く文書を集めているために必ずしも岩櫃城に限定されていないが、「吾妻着城」「沼田・我妻之間」は明らかに岩櫃城を指す。従って、岩櫃から吾妻への呼称の変化があったことは間違いない。この変化をどう解釈するかであるが、岩櫃城の機能に変化があったといえるのではなかろうか。先に述べたように、当初は軍事目的で取り立てたのであるが、嶽山城の落城とともに軍事的な必要性は減ずる。そして吾妻郡の領国化に伴って支配拠点の整備が必要になる。他方のセンターである嶽山落城が加味され、郡名を冠しているように岩櫃城が吾妻郡のセンターの機能を担うことになり、軍事目的の城館から支配拠点の城館へと機能の転換があったのである。当然、それにともなっての城下町が必要になったのであり、先に見た平川戸の町場の整備もこの間の天正九年（一五八一）に至るまでに開始されたのであろう。

以上のように、史料から岩櫃城の取り立ての時期と要因、拡張の時期と北側遺構群の関係、そして呼称の変化と機能の変化、更に城下町整備について述べた。

小結

城館の存在を検討するに当たっては、個々の城館がどのような機能をもって存在していたかを検討する必要があると考えているが、岩櫃城ついては文書史料より、軍事的な拠点から郡のセンターへの機能の変化があったことが窺われた。変化後の機能については、現状の遺構からもうなずける規模と内容であった。

遺構の広がりから空間構成を分析することにより、郡のセンター、すなわち本拠としての構造についても一部を明らかにすることができた。背後に領主の危機管理意識があり、岩櫃城の取り立て・民衆の保護・交通体系への組み込みが一体となって、領主による空間構成が行われたことが指摘できた。また在地支配にあたってのイデオロギー操作の一端を、信仰の山に選地することによって行われた可能性があることも指摘した。戦国時代の状況に照らして、当時の空間の様相、領主の危機意識や対民衆の認識を知るうえでの重要な史料であることが理解できるのではなかろうか。

これらのことは、文書史料の状況から推測して、武田氏による領国化以後のことと考えられる。岩櫃城は岩下の斎藤氏によって既に築かれていたという可能性は残すが、本格的に取り立てられたことは永禄七年頃以降であることは既に確認してきたとおりである。問題となるのは岩櫃城の構造、とりわけ、高所に町場を設定し、幹線道路までも設定し直し、信仰の山を背後に負って存在するということが、侵略地の新任領主であることからの政策であったのか、それとも戦国期の領主一般の存在形態であるのか、ということになると思われる。このことは二者択一の問題ではないように考えるが、結論は今後に委ねることにしたい。但し、前者の問題は戦国期の領主および城館の存在形態を語る際にあまり注意が払われて来なかったので、岩櫃城の事例は今後の検討素材を提供したのではなかろうか。

注

（1）新人物往来社刊、一九八七
（2）山崎一『群馬県古城塁址の研究』下巻（群馬県文化事業振興会刊、一九七二）が当時の状況であった。
（3）その後、松井田城の状況は町当局の理解によって、林道建設は中止され、保存の方向へと向かった。しかし一時は保存に向けての行動もとられたが、具体的な措置が施されることなく今に至っている。
（4）瀧頭・念仏塚の他、観音山・薬師岳など不動堂に関連すると思われる宗教的な地名もある。
（5）前掲注（1）書
（6）「岩櫃城」（『中世城郭研究』第5号、一九九一）
（7）注（1）山崎前掲書、二三三頁。
（8）「先公実録」（小林計一郎校注『真田史料集』（新人物往来社刊、一九八五）一八五頁）
（9）『吾妻町の文化財』（吾妻町教育委員会刊、一九八五）
（10）『岩島村誌』（岩島村、一九七一）
（11）前掲注（7）書
（12）中野豈任『忘れられた霊場』（平凡社新書、一九八八）
（13）網野善彦・石井進・福田豊彦『沈黙の中世』（株式会社平凡社刊、一九九〇）
（14）『原町誌』（原町刊、一九六〇）
（15）『群馬県』二二二六
（16）前掲『原町誌』
（17）同じ観点で、吾妻郡内の中山城のことについて述べたことがある（第三部第一章）。
（18）山崎註（1）前掲書のほか、近年では『群馬県史　通史編』（群馬県刊、一九八九）がある。

(19)『群馬県』二二七〇
(20)『群馬県』三〇六五
(21)『戦国』二四七六

第三章　下野国唐沢山城の構造と変遷

はじめに

日本全国に数多く存在する中世城館は地域の歴史を語る上で重要な役割を担っている。それゆえに地域のシンボルに扱われている城館も少なくない。極最近に再度のブームとなった「天守閣の建築」はまさにその象徴といえよう。そのブームを批判的に見る場合、「中世には天守はなかったのに」という嘆息が絶えず聞かれるのであるが、その底辺には無批判に鎌倉時代まで城館の存在を溯らせるなど、個々の城館に関する史実の検討が怠られているということがあるように思えてならない。そのように考えた際、中世城館の変遷の理論はまだ確立していないことにも気付くのである。

本章で取り上げる唐沢山城も平安時代の藤原秀郷にまで溯るとされ、城主は佐野氏であるとされる山城である。佐野氏は中世を通じて栃木県佐野市および田沼町周辺の領主として存在していた関東の代表的な領主である。本章は佐野氏の本城である唐沢山城を分析し、戦国期の唐沢山城の構造や変遷を明らかにすることを目的とする。

なお、唐沢山城は中世の文献資料においては「佐野城」と見える。本来は佐野城と表記したいところであるが、近世の佐野城（佐野市若松町、別称春日城）との混乱を避け、遺跡名称である唐沢山城と表記する。

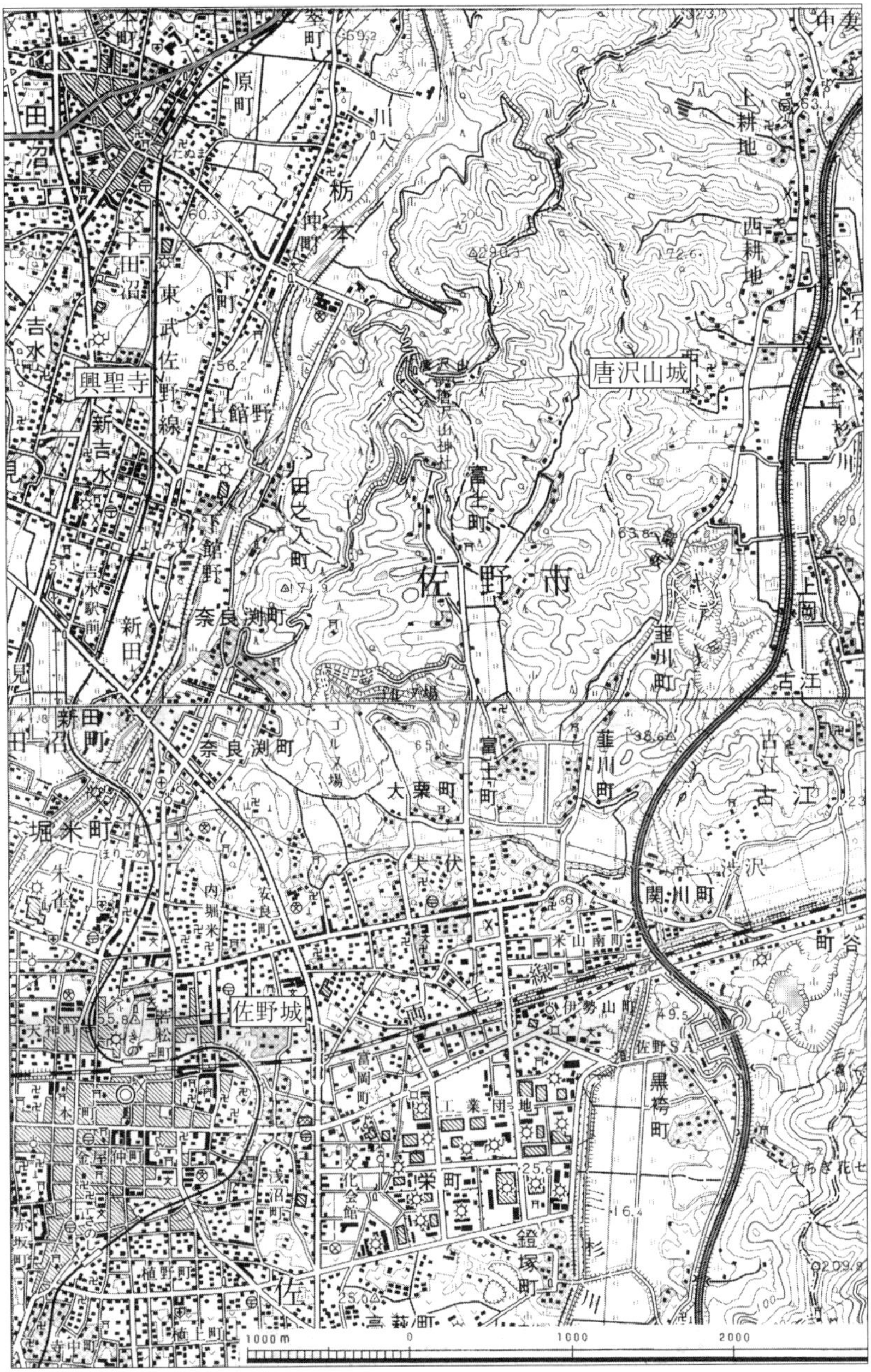

図31　唐沢山城周辺地形図

一　変遷——城主と普請——

まずは文献資料から唐沢山城の変遷をさぐってみたい。伝承では唐沢山城の起源は平安時代の藤原秀郷に溯るとされるが、確かな記録では一五世紀後半に確認されるのが初見である。『松陰私語』のなかに「其夜中佐野一党兒玉陣ヲ引分而、天命之上之山、佐野城ニ取籠、」という記事がある。佐野氏一族が天命の背後にある佐野城に籠もったとある。ここに登場する佐野城こそ、唐沢山城と推測されている。詳細な年代は不詳であるが、唐沢山城は一五世紀の後半には機能を開始していたことになる。[1]

ところで唐沢山城の城域では近年、頻繁に開発が行われているものの中心部では発掘調査が行われていない。[2]考古学的には研究の進展がないことは残念であるが、若干の採集遺物の報告が『田沼町史』[3]によって行われている。採集地点は現在の青年の家がある山頂部のほか、西側山麓の隼人屋敷、和泉屋敷や家中屋敷と呼ばれる付近である。擂鉢、常滑焼の甕や壺、椀、皿、かわらけ、鍵・轡などの金属製品、漆器・下駄等の木製品、硯・茶臼・臼・五輪塔・板碑等の石製品が出土している。全体に生活臭の強い遺物が採集されている。同書によれば年代的には一五世紀の後半から一六世紀におさまると報告されている。先の『松陰私語』の年代から、後述する戦国時代末までという文献資料によって得られる年代と平行する年代観が遺物から与えられているのは注目すべきであろう。とりわけ上限が一五世紀後半としている点は『松陰私語』に記載される時期までしか唐沢山城の起源が溯らないことを示唆している。すなわち、現時点では唐沢山城の起源は一五世紀後半ということができる。[4]

次に唐沢山城が文献に登場するのは永禄六年（一五六三）である。この年の四月初旬に上杉謙信が越山して小山秀綱が籠もる祇園城を攻略した。さらに謙信は余勢をかって佐野氏をも攻めた。その際に謙信は「爰佐野小太郎其身若輩候、家中有誘人、色節成表裏候間、向小太郎在城寄馬候」(5)と述べている。謙信は佐野家の実情を把握し、かつ家の動揺をねらって佐野昌綱が在城する唐沢山城を攻めたことがわかる。唐沢山城は永禄六年の段階では上杉謙信の当面の攻撃にも耐え得る拠点として機能していたことが窺える。

しかし上杉謙信が佐野氏を攻めたのは、この時が最初ではない(6)。佐野氏の本城である唐沢山城は上杉謙信の標的にされていたのである。そして永禄六年以降も謙信は佐野攻めを敢行する。そのうち最大の攻撃は、唐沢山城が開城となった永禄七年(一五六四)二月、とりわけ一七日に行われた。現在伝わる感状の数の多さが戦闘の激烈さを暗示している。謙信はこの合戦について、

野州之内、佐野小太郎事茂、去頃覆味方、無程飜忠信之条、陣之刻寄馬、雖嶮難之地候、砕手為攻候之間、外構押破之処、様々詫言之条、随分之証人数多取之、小太郎進退令免許候畢、

と経過を述べている(7)。「嶮難之地」という表現はまさに唐沢山城ならではの表現といえる。この開城によって唐沢山城は佐野氏の本拠の城から上杉謙信の北関東の重要拠点へと性格を転換することになる。

謙信にとって唐沢山城の位置付けはどのようであったろうか。次の永禄九年(一五六六)五月九日付の願書(8)に謙信の考えの一端が窺える。

一　分国何も無事長久、就中、越後国・上野・下野・安房、何事なく、喧嘩こうろん、無道らうせき、はくち、はくゐき、火事等無之、増而兵乱夢ニ見す、亦其内ニも越後、佐野之地、倉内之地、厩橋之地、長久無事事、

この願書において謙信は後半部分で「とりわけ」として佐野の地の重要性を説いている。倉内(沼田)や厩橋(前橋)が果たした役割を考えると、佐野もこれらの地と並んで関東の重要拠点として使用しようとしていた謙信の認識

を知ることができる。

佐野氏の本拠の山城から戦国大名上杉氏の北関東の重要拠点へという性格の変化は、城館の構造にまで変更をもたらしたことは想像するのに困難なことではない。おそらくは政治的・軍事的問題も考慮に入れて、上杉氏流の築城技術による改修が行われたであろう。このことを裏づけるのが次の史料である。永禄九年（一五六六）二月に上杉謙信が佐野に在陣して唐沢山城を普請している様子が書状に残っている。「佐野御在陣、急度可申達処、朝夕御普請取紛、及承令思慮、」と大仲寺良慶が謙信が懸命に唐沢山城を普請している様子を気遣っている。(9) おそらくはこの時に大改修が施されたと考えてよいであろう。そして謙信は唐沢山城に色部勝長・五十公野氏といった越後国揚北の軍勢を残して管理させた。(10)

しかし、戦国大名上杉謙信の支城となった唐沢山城も万全ではなかった。永禄一〇年（一五六七）一二月、唐沢山城は後北条氏の攻撃を受ける。謙信の書状によると、「野州佐野之地衆、悉替覚悟、爲初佐野小太郎、武・相之衆千騎引付、実城一廻輪之躰ニ取成」(11)とあり、後北条氏の攻撃を受けて唐沢山城は佐野の地衆を中心として防戦に当たったが、武蔵と相模の軍勢千騎が押し寄せて、いわゆる本丸に相当する郭一つまでになってしまったのである。

当時、北関東の情勢は上杉氏にとって悪く、武田信玄が西上州の大半を入手し、上杉方は厩橋の維持ができなくなっていた。そのため佐野が孤立しつつある状況にあった。加えて後北条氏の脅威が迫っていたのである。一二月の唐沢山城での攻防戦の後、謙信は「佐城之儀、手越之地」(12)として維持をあきらめ、佐野城から撤退することになる。翌年正月八日、謙信は書状のなかで、「旧冬佐城を打明候さへ、無念ニ候処、」(13)と述べている。

上杉謙信の撤退後は、佐野昌綱からの懇望もあって唐沢山城は昌綱に預け置かれている。(14) 事実上の佐野家への返却である。しかも謙信の勢力外に佐野の地が位置付けられたことから、佐野氏は自立性をも一時的に回復したことになる。[15] この時点で一時的ながら唐沢山城は佐野氏の本城として位置付けられる。

しかし佐野氏の本城としての期間は長くは続かなかった。政治情勢が転換して越相交渉が開始され、上杉謙信が北関東の勢力を回復するのである。交渉半ば永禄一二年（一五六九）年末頃、突如として謙信は唐沢山城に入城する。ここに上杉領国の支城としての唐沢山城が復活する。

上杉領の支城としての地位が回復したとしても、唐沢山城は万全ではなかった。永禄一〇年の後北条氏の攻撃の際には「実城一廻輪」にまでなっているのである。構造上の不備を改修する必要があったのである。おそらくは元亀三年（一五七二）の謙信の書状に「殊土橋おも懸普請以下入精由候、」[16]とあるのはこのことに対応するものと思われる。この普請は色部勝長が行っており、書状中において「其地長々在番、苦労無是非候、」と労われていることから、今回も色部氏が在番衆として唐沢山城に在城していたことが窺われる。

さてこの後しばらく唐沢山城に関する文献はない。おそらくは関東における上杉氏の退潮傾向にともなって再度、唐沢山城から上杉勢が撤退し、唐沢山城の性格が佐野氏の本拠に戻ったと推測される。しかし、このことを示すような関連する文献はなく、ましてや普請に関する記録もない。[17]

佐野氏は昌綱以後、宗綱が当主となり天正期中頃まで活躍するが、天正一四年（一五八六）以降は北条氏忠が佐野家を相続する。これにともない唐沢山城は後北条氏の支城となる。

知行之書立

二百五十貫文　　小曽戸丹後守

二百貫文　　星野民部

（中略）

已上七百五貫文
此普請庭、
七間堀、深二尋
已上、
右、可爲苦労候得共、根小屋之儀、肝要之儀候間、申付候、来十四日より三日之内、出来候様ニ可被相稼者也、
仍如件、
正月十日（印文「櫻鬱」）
小曽戸丹後守殿[18]

この文書では「根小屋之儀、肝要之儀候間、」として、長さ七間、深さ二尋の堀の普請を申し付けている。同じ月日でほぼ同様の内容であることから同じ年次と考えられる文書がもう一通存在するが[19]、この文書では「当城宿構」の堀を長さ一間、深さ二尋で普請させている。

この文書の発給された年次であるが、書立の二番目に登場する星野民部が天正一六年（一五八八）に欠落していることが確認されること[20]から、それ以前の文書となる。また天正一四年八月に後北条氏が唐沢山城を接収したこと[21]を考えると、天正一四年であることはあり得ないので、天正一五年もしくは翌年の一六年の発給となる。氏忠入城後、農

閑期をねらっての最初の改修であったと考えられ、天正一五年である可能性が高い。

このほかにも年次不明ながら唐沢山城の普請と見られる文書を見ることができる。宛先はいずれも高瀬紀伊守宛である。

五月一二日付けで普請に関して、興味深い文書[22]がある。

此度当城目懸之所、一普請可申付由、令覚悟候へ共、今時分諸士も又地下人も、作最中之時分ニ候間、諸人ニ為合力、此度者普請不申付候、然者、六月者作之隙之時分候間、六月十日比より廿日迄、一普請可申付候、其支度可有之候、猶普請之模様者、其時分可申出候、仍如件、

五月十二日　（印文「櫻鬱」）

高瀬紀伊守殿

この史料によれば、目に付くところ、気にかかるところがあるので普請を実施する予定であったとある。日常的にメンテナンスを行っていた可能性を示唆する。更に興味深いのは、普請の延期の決定の理由と延期後の日時の設定である。両者とも農作業の具合に拠っていることが注目される。五月の中旬は農作業の時分であるので中止とし、農作業に隙ができる六月に普請を行うとしているのである。役なのか雇用なのか不明であるが普請に挑発される人足が佐野領内の農民であることがわかるのが重要である。

さらにこの文書に対応する具体的な普請命令と考えられる文書が六月七日付で発給されている。「宿構之芝土居、

余見苦候條、一普請可申付候、少々普請候間、各苦労候共、可被致一普請」として普請を命じている。[23] 予定通り六月実施されるのであるが、この文書からは芝をはった土塁があったことが窺える。

そして一〇月二八日付けでは「雖可爲苦労候、能時分候間、当城一普請可申付候、」とある。[24] 時節を見て普請を命じているのである。

これら高瀬氏宛の普請に関する文書からは日常のメンテナンスが窺え、頻繁に普請が行われていたことを知ることができる。天正一四年（一五八六）八月から天正一八年に至るまでに少なくとも大小合わせて三回は普請が行われていたことを示しているのである。したがってこの頻度から推測して唐沢山城にはかなり後北条氏流の築城技術による改修が行われていたと判断すべきである。

天正一八年（一五九〇）以降、周知のように佐野氏が復活するのであるが、[25] 唐沢山城についての史料は管見の限りでは見当たらない。この時期のことについては遺構に関連して、後述したい。

以上のように、唐沢山城は佐野氏の本城であったが、しばしば上杉・後北条といった戦国大名の支城になり、その性格を変えていた。そして性格変化にともない頻繁に改修が施されていたことが史料から確認できた。

二　文献史料から見る構造

唐沢山城はしばしば佐野氏の他の勢力が使用し、普請を加えていたことが明らかになった。経営主体の相違の背景には築城技術や考え方の相違があり、それがそのまま遺構に顕れてくると考えられる。現在残る遺構を読み込み、その普請者の相違をあぶり出すことは唐沢山城の場合、可能と考えられる。その作業を行う前提として文献資料で把握される唐沢山城の構造について分析しておきたい。

城館の中心部は山城、要害の部分となる。しかし多くの城館は、通常、中心部分の記録を伝えていない。唐沢山城の場合も例外ではなく、ほとんどない。わずかに存在するのは先述した永禄一〇年（一五六七）一二月に後北条氏よって攻撃された際の「実城一廻輪之躰ニ取成」(26)という記事である。実城とは通常、本丸に相当する郭もしくは要害部分全体のことをいう。しかしこの言葉は普通名詞として使用され、固有名詞ではない。したがって、具体的な様相はわからない。

細部ではあるが、元亀年間頃に在番として在城した色部勝長が行った普請の内容に「土橋」が含まれていたことを先に確認した。(27)あるいはこの土橋は要害部分にあったものかもしれない。

多くの城館の場合、日常の生活空間は山頂にはなく山麓に営まれるという。東国では「根小屋」(28)などと呼ばれる地区にあった例が知られるが、唐沢山城にも根小屋は存在した。

前期の上杉氏支城時代の史料であるが、「今度氏政佐野地へ取懸候處、根籠屋へ引付切出、凶徒爲宗之者、数多討取、」(29)とある。北条氏政の軍勢を「根籠屋」に引き付けて戦った様相が記されている。時代は下って北条氏忠の段階では先述したように「根古屋」の堀を普請していることが確認された。(30)また花押から天正一五年（一五八七）～一七年（一五八九）と推定される北条氏直書状には「於佐野根小屋」(31)とあり、佐野根小屋での戦功を賞する感状が発給されている。

このように前期上杉支城時代より後北条氏の支城時代に至るまでは、場所はともかくも根小屋は存在していたことがわかる。またこの唐沢山城の根小屋はしばしば合戦の舞台となったことも確認できる。唐沢山城の根小屋は日常的な場であるだけでなく、軍事的な性格を帯びた空間でもあった。

とするならば、問題は上杉氏以前の佐野昌綱段階で根小屋があったかどうかであろう。永禄六年（一五六三）四月一四日付の武田信玄書状に[32]「然而敵□□根小屋へ執懸候処、足軽軍被得勝利□□」とある。根小屋の直前の文字が不明であるが、「佐野」であるかもしくは佐野に関連する語があったと推測する。[33]前述したように上杉謙信はこの年の四月初旬には小山氏の祇園城を攻略し、その直後に唐沢山城を攻めている。この時は唐沢山城を落城させることができなかった城攻めである。事実経過および文書の宛先や内容から判断して「佐野」もしくは関連する語があったと推測する。

とするならば、上杉氏の改修がある以前に既に唐沢山城には根小屋が存在することになる。ただしその存在が永禄六年（一五六三）からどれくらい溯るかは定かではない。

既に散見してきたが、惣構・遠構という城下町を取り込む防御線である外郭線についてはどうであろうか。永禄七年の佐野昌綱の段階には、「外構」があり上杉謙信の攻撃対象とされていた。[34]「外構」が押し破られて佐野昌綱は開城の決断をしたのであるから、「外構」は判断の基準となるほどの重要な施設であったのだろう。

また北条氏忠期には「宿構」があったことを確認した。[35]宿構には堀が掘られておりかつ芝土居があった。しかしこの「宿構」は佐野昌綱期の「外構」と同一であるかどうかは不明とせざるをえない。

以上、大きな構造であるが、唐沢山城は東国の一般的な城館の姿と異なることなく、

要害―根小屋―外郭線（外構・宿構）

という構造をしていたことが文献から確認された。ただ強調しておきたいのは、このような基本的構造が謙信以前の佐野昌綱の頃より存在していたことである。すなわち一六世紀の前半においてすでに基本的構造が成り立っていたことが確認できるのである。そしてその後に唐沢山城を使用した他勢力である上杉謙信および北条氏忠は、この基本的

な構造を維持し、規模の大小は不明であるが改修を加えて唐沢山城を使用したのである。[36]

三　遺構の特徴

天正一八年（一五九〇）にいたるまでの戦国期の北関東において、唐沢山城は重要な位置にあったことは文献資料による検証で、おおよそは明らかになった。しかし唐沢山城の詳細な構造と佐野・上杉・後北条氏等といった諸氏との関連はまだ明確にはされていない。この解明が全く不可能なのかというとそうではない。唐沢山にはいたるところに城館の遺構が残されているからである。

全体の状況については既に『佐野市史』『田沼町』[37]で解説されているほか、遺構の残存については安蘇史談会編『唐澤城発端之事』[38]に所収される縄張図（渡辺昌樹作図）[39]によって詳細を知ることができる。

本章おいては、現地調査の成果に基づき、先述の問題意識および文献資料から描かれる様相を踏まえて、特徴的な遺構について述べてみたい。

まず注目されるのは石垣の存在である（図32、写真4・5・6参照）。山頂部を中心に石垣が存在しているが、とりわけ、関東地方では珍しい「高石垣」が存在することは注目される。本丸とされる主郭および主郭の南側から西側にかけて（写真4）、社務所のある郭の南面（写真5・6）には特に立派な「高石垣」が残存している。特に石垣の隅の積み方は算木積みという技法が見られるが、整形された石材の長短辺を生かした整った形式を見ることはできず、比較的古い段階の算木積みの様相を示している（写真6）。一般に「高石垣」は織田・豊臣政権以降に各地に普請されたとされるが[40]、この「高石垣」が唐沢山城に残存することは明らかに織田・豊臣政権との関連を示唆する。また主郭の正面

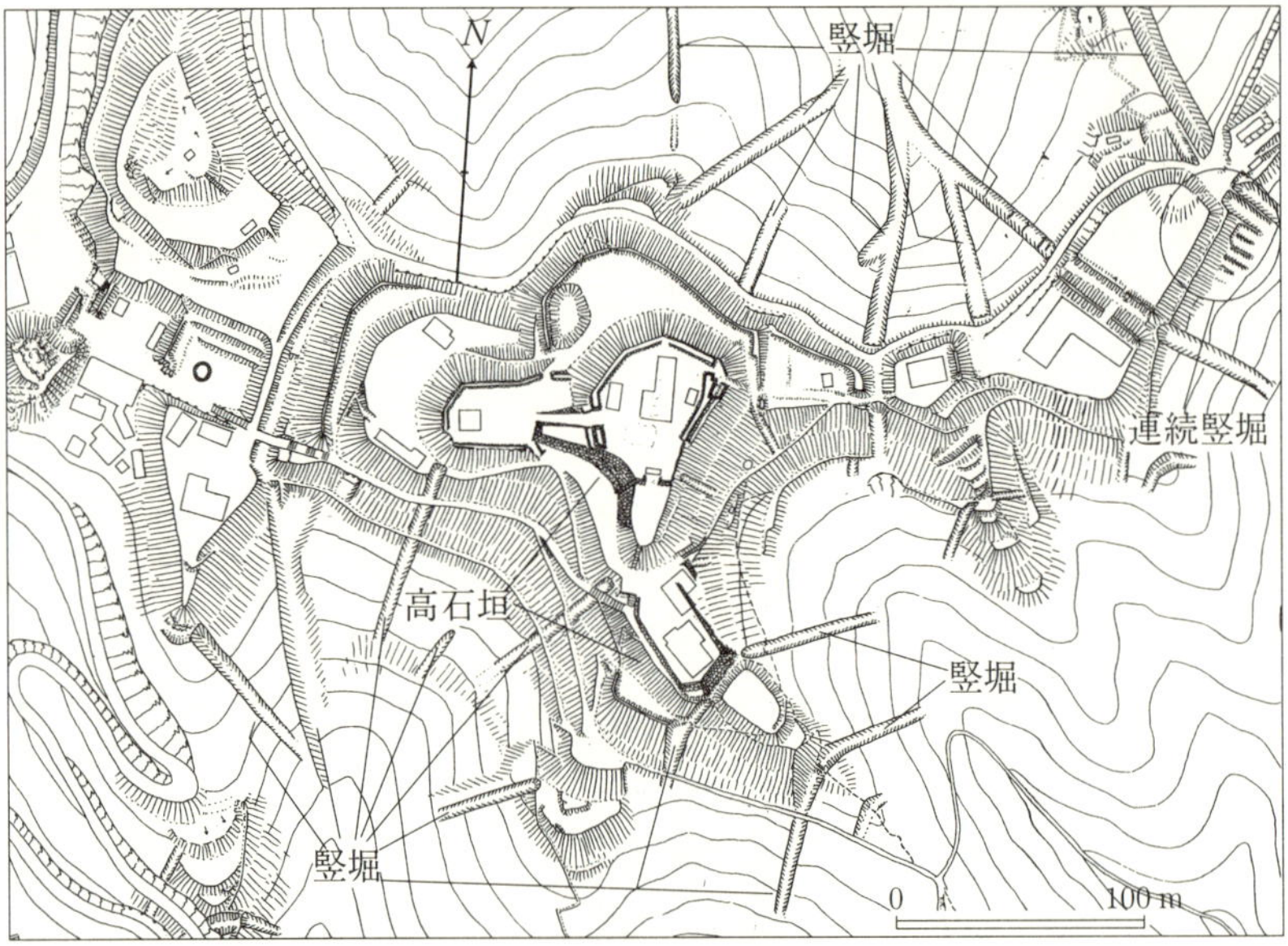

図32　主郭付近部分図

写真 4　主郭正面の石垣（上段の石垣には鏡石がある）

にあたると推測される両側には巨石（鏡石）を配している（写真4）ことも興味深い。[41]

先にも触れたが、天正一八年に後北条氏が滅びて以降、唐沢山城には佐野氏一族の天徳寺宝衍が復帰して佐野家を復興させた。天徳寺宝衍は北条氏忠が佐野家を継承して以降、京都に上り豊臣政権と関係を持っていた。また唐沢山城に復帰後は二年間当主としてあった後、天正二〇年（一五九二）に豊臣政権の吏僚の富田知信の五男信種を養子として迎え、信吉と改名させて家督を譲っている。したがって豊臣政権とのつながりは確かなものであり、高石垣の存在も十分に理解できる。また唐沢山城は慶長一二年（一六〇七）に廃城になったとされることから、石

写真5　唐沢山城南郭（唐沢山神社社務所）南側堀切の築石

写真6　唐沢山城南郭（唐沢山神社社務所）
南西隅の石垣

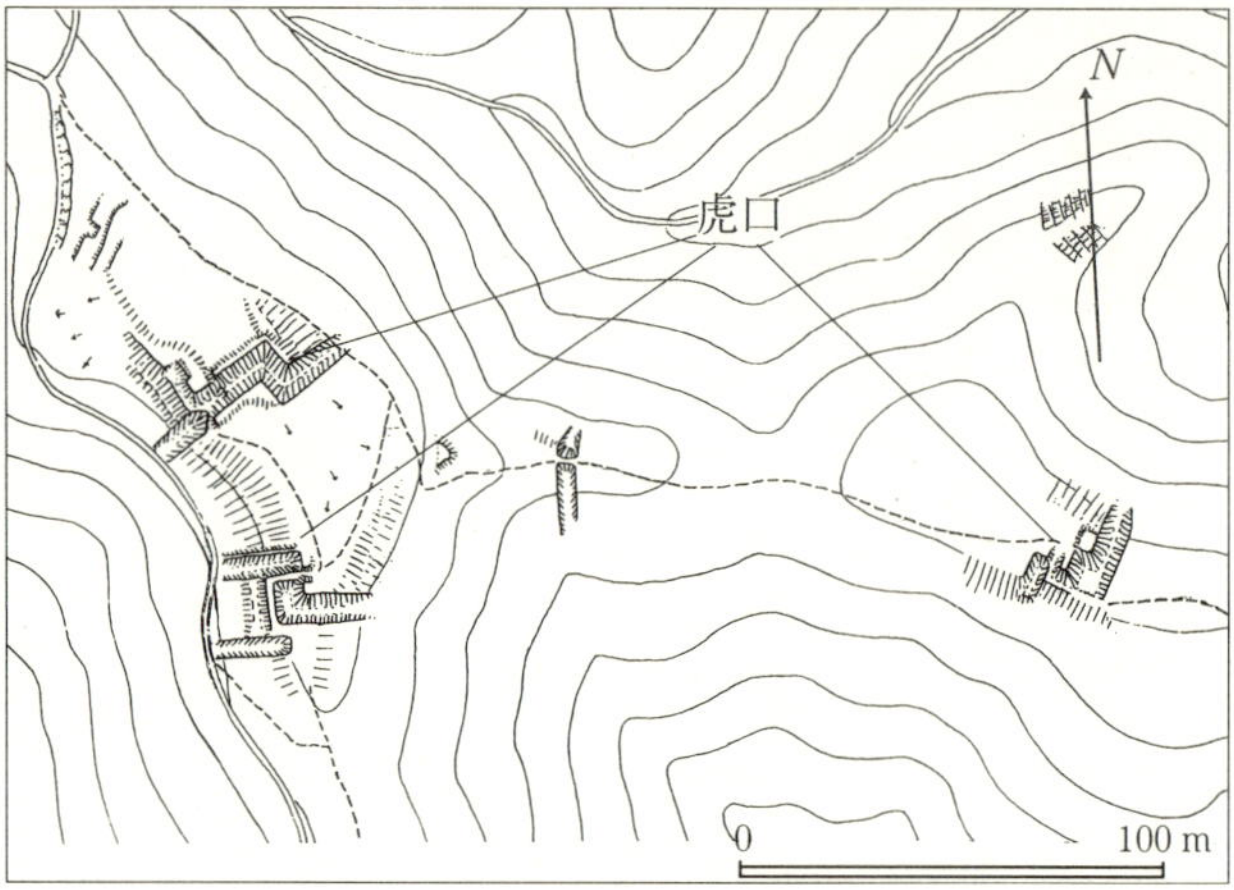

図33　虎口部分図

垣は近世初頭の一八年の間に築かれたとすることができ、時期を限定できる極めて貴重な遺構といえる。[43] すなわち高石垣の存在は天徳寺宝衍もしくは佐野信吉の時代に上方の技術を用いて普請されていることを示しているのである。

また、詳細は不明であるが高石垣に先行すると推測される石積みも散見する。北東端の郭や城内にある駐車場の南西の虎口付近などにみることができる。近年、確認されつつある太田金山城（群馬県太田市）や平井金山城（群馬県藤岡市）の石積みなどと、比較検討していく必要がある。

次に後北条氏時代に普請されたと推測される虎口が特長としてあげられる。主郭から南に伸びる尾根上に三カ所確認される（図33参照）。竪堀、堀切、土塁や側面からの監視や攻撃を意図した「折歪《おりひずみ》」を効果的に配置して普請したもので、城内にはこの部分にのみ顕著に残っている。虎口構造の一部を構成する竪堀は線の短いものであり、後述する城内の他の竪堀とは明らかに異なった構造を示している。虎口の普請主体が他の部分の主体と異なることを示している。

指摘した虎口と類似の構造の虎口は、後北条氏の影響の強い滝山城（東京都）・杉山城（埼玉県）に見ることができる。そして虎口が普請されている場所も自然地形の高まりの場所を占めており、郭が普請されていない。郭を普請して

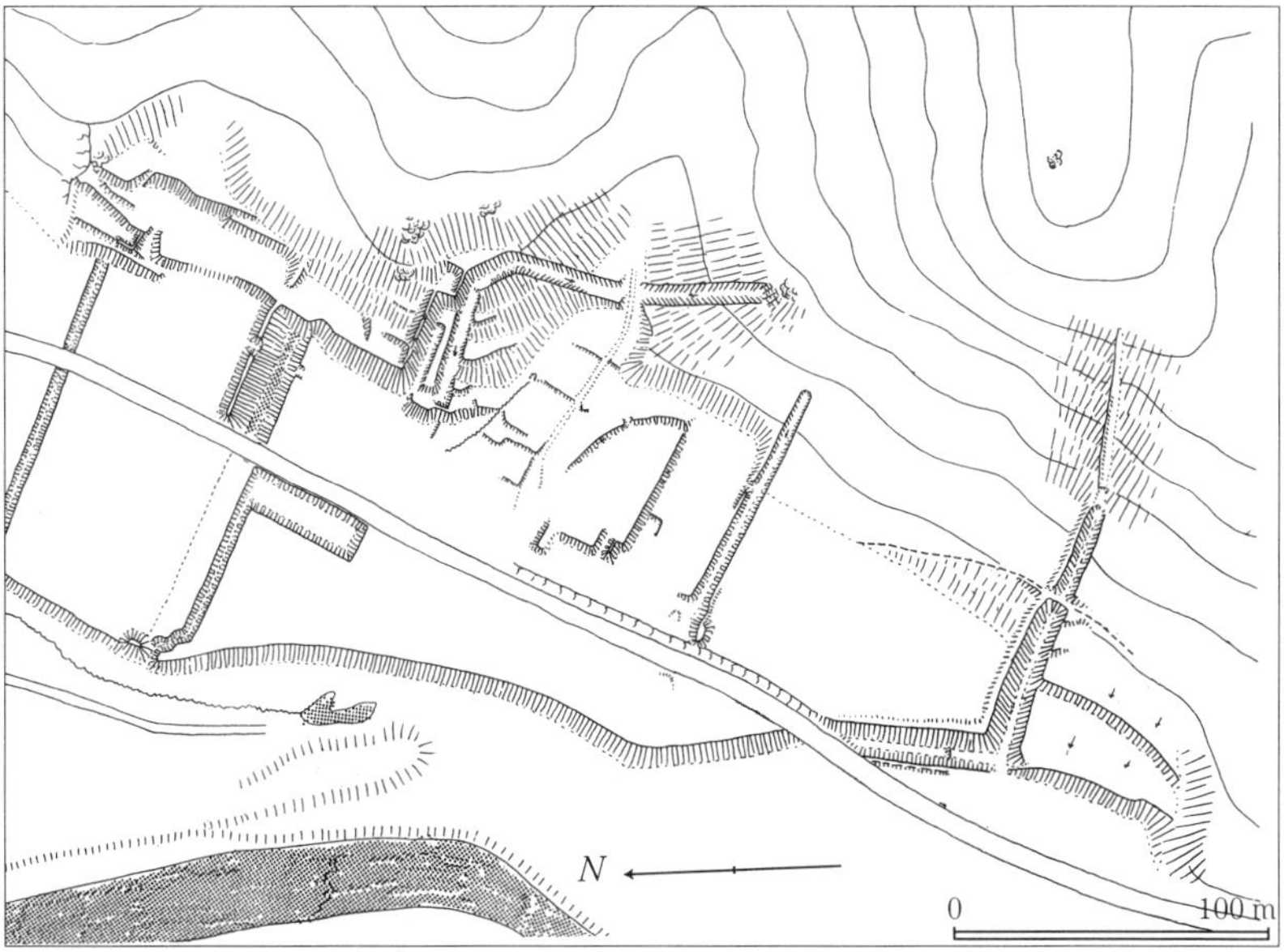

図34　城下町遺構部分図

面的に防御するのではなく、尾根に虎口を普請することによって形成される線で防御しようとする考え方をみることができる。このような構造は後北条氏の城館のなかで下田城や山中城にみることがきる。しかし関東平野の中で多くは類例を見ることはできない。

以上より、ここに指摘した三カ所の虎口は後北条氏時代に普請されたと推測される。

この虎口のある尾根筋の山麓には北条一族で唐沢山城主であった北条氏忠の屋敷が構えたと伝わる[44]。従ってこの虎口は後北条氏時代に重要な道筋として構えられた可能性が高い。

三番目に大規模な竪堀の存在を指摘したい。とりわけ、主郭から東北方面の北側斜面には、線が長くかつ深さのある竪堀を見ることができる（図32参照）。先の虎口の竪堀が後北条氏のものとしたが、とすればこの線の長い竪堀はそれとは異なるものであるから、後北条氏のものではないことになる。関東地方には線の長い竪堀が余り多くないことから他の地域の勢力、すなわち上杉氏との関連が考えられることになる。

次に連続竪堀が、城内の北東端に存在することに注目したい（図32参照）。竪堀や堀切が数本、連続して横に並んだ遺構で、近年、新潟県の調査から明らかになり、日本海側の各地や東北地方で確認された遺構である。関東平野での使用例は極めて少ないもので、事例も群馬県の松井田城ほか数例にとどまる。唐沢山城での機能は、敵方の攻撃に備えてやや緩やかな斜面での行動を拒否するためと考えられる。唐沢山城にこの遺構が存在することを踏まえた時、注目したいのは色部勝長の役割である。色部勝長の本拠は新潟県岩船郡神林村にある平林城である。この山城にも唐沢山城と類似する連続竪堀の存在が報告されている。[45] 先述のように色部氏は上杉謙信に命じられて唐沢山城に在城し、普請に当たっていた。あるいはこの連続竪堀は色部勝長による普請であるかもしれない。

最後に城下町の遺構について触れたい。通常、江戸時代まで使用された城館の場合、町場は現在に至るまで町であり、戦国時代の様相を知ることができない。ところが、唐沢山城は近世初頭に廃城となったことから、戦国時代末の様相を今に伝えている。田沼町側の西側山麓に堀と土塁の遺構が部分的ながら確認される（図34参照）。この遺構が文献資料に確認される「外構」もしくは「宿構」に比定されると思われる。また『田沼町史』はこの付近より採集された遺物を報告していた。

伝承によってこの空間には家臣が住んだと伝えられており、かつ空間の広さから推測しても都市の経済的な空間は別に存在したと考えられる。しかし、戦国時代末の東国の都市の様相を知る上で重要な事例と考えられる。

小　結

唐沢山城は、一五世紀後半よりダイナミックに活躍する。変遷の概略をまとめると以下のようになる。

一五世紀後半	〜	永禄七年（一五六四）二月	佐野氏の本城	
永禄七年（一五六四）二月	〜	永禄一〇年（一五六七）一二月	上杉氏の支城（前期）	改修実施
永禄一〇年（一五六七）一二月	〜	永禄一二年（一五六九）末カ	佐野氏の本城	
永禄一二年（一五六九）末カ	〜	元亀年間末・天正年間初頭	上杉氏の支城（後期）	改修実施
元亀年間末・天正年間初頭	〜	天正一四年（一五八六）八月	佐野氏の本城	
天正一四年（一五八六）八月	〜	天正一八年（一五九〇）	後北条氏の支城	改修実施
天正一八年（一五九〇）	〜	慶長一二年（一六〇七）	豊臣大名佐野氏の本城	改修実施

戦国時代前半で佐野氏が基礎を固め、その後に上杉氏、北条氏忠、豊臣期佐野氏が改修を重ね、機能を変遷させた。改修の痕跡をも現在に伝えている。佐野氏の本城として一環していたのではなく、時期によって役割を変えて存在していたのである。しかしその基礎を固めたのは佐野氏であったことも指摘できた。役割の変化が普請＝遺構にもあらわれているのである。そのようなことが以上の叙述で理解されたのではなかろうか。唐沢山城は政治史的に見て貴重な山城なのであるが、その意義だけにとどまらず、遺構にも政治的な影響が表現されている。それゆえに極めて貴重な城館であるといえる。

付記するならば、高石垣、連続竪堀、線の長い竪堀といった日本各地に存在する特色ある城館の遺構がこの山の各所に存在している。唐沢山城を見るだけで日本中世の城館遺構の基本的な事項を理解することができる、「山城の博物館」とでも言い得る極めて珍しい山城なのである。地域の歴史を知る上で、そして戦国時代の山城の変遷を知る上で、唐沢山城ほどの価値のある山城は、是非、後世に残したい。唐沢山城は地域の歴史の表現として、また日本の中

世城館の展開や構造を考える上で極めて重要で、広く価値が認められる山城である。(46)

注

(1)『群馬県史　資料編5　中世1』八一九頁
(2)一九九七年から、田沼町側の山麓では調査が開始され始め、『唐沢山城』（栃木県田沼町教育委員会刊、二〇〇〇）及び『唐沢山城Ⅱ』（同刊、二〇〇二）、『唐沢山城Ⅲ』（同刊、二〇〇一）により、報告されている。
(3)『田沼町史　第三巻』（田沼町刊、一九八四）五六四頁
(4)ただし、築城と同時に山麓に居館を構える形式になったことを示すものではないと思われる。おそらくは当初は既存の館とそれと離れた位置にある山城という関係があり、その後、後述する根小屋形式の山麓居館の形式に変わったのであろう。なお既存の館は興聖寺館（田沼町吉水）であるとされる。
(5)『神奈川県』七三二〇
(6)永禄四年（一五六一）一二月から翌年二月まで攻められていることが確認される（『神奈川県』七二六四、『新潟県』二一二）。
(7)『新潟県』三三三二
(8)『新潟県』八六六
(9)『新潟県』七〇六
(10)『新潟県』一〇六六・『栃木県四』会津四家合考二
(11)『群馬県』二四〇四
(12)前掲注（11）史料
(13)『新潟県』三七九〇
(14)前掲注（11）史料
(15)しかし上杉謙信は「自佐野地東之事、一円に彼両家（佐竹・宇都宮両家）渡進、何篇仕置等可任入候、」（『埼玉県』五一九）と述べている。しかし両家の影響が見られないことから、とりあえず佐野家の自立性の回復ととらえておく。

(16)『新潟県』一〇六二
(17)佐野氏よりも領国の大きく、また相対的に築城技術も優れた上杉氏が普請したため、佐野氏は普請の段階では改編する必要がなかったというのが現実ではなかろうか。
(18)『戦国』四〇三二
(19)『戦国』四〇三一
(20)『戦国』三四〇五
(21)氏忠の文書の発給状況及び『戦国』四七九六によると、後北条氏の唐沢山城接収は天正一四年(一五八六)八月二二日である。
(22)『戦国』四〇三四
(23)『戦国』四〇三七
(24)『戦国』四〇四二
(25)たとえば、粟野俊之「天徳寺宝衍考―戦国後期の関東と織田・豊臣政権―」(『駒沢史学』第三九・四〇号、一九八八)。
(26)前掲注(11)史料
(27)前掲注(16)史料
(28)市村高男「中世城郭史研究の一視点―史料と遺構の統一的把握の試み」(中世東国史研究会編『中世東国史の研究』一九八八)
(29)『栃木県三』歴代古案七
(30)前掲注(18)史料
(31)『小田原市』二二六五
(32)『甲府市』三七五
(33)市村高男は前掲注(28)論文において、すでに唐沢山城との関連を推測している。
(34)前掲注(7)史料
(35)前掲注(19)史料
(36)ただし、居館の場所が一定であったことは意味しない。今後、それぞれの時期に領主がどこに住んだかを何らかの方法で確認する必要がある。

（37）前掲注（3）書ほか、『佐野市史　資料編1原始・古代・中世』（佐野市刊、一九七五）
（38）「別冊　史談　第一集」（安蘇史談会刊、一九九五）
（39）本章で使用した部分図も渡辺昌樹作図の図に拠っている。
（40）中井均「織豊系城郭の画期—礎石建物・瓦・石垣の出現」（村田修三編『中世城郭論集』新人物往来社刊、一九九〇）
（41）鏡石に関しては、宮武正登「名護屋城の空間構成再考のための提言—城内石垣の巨石が語るもの—」（佐賀県立名護屋城博物館『研究紀要』、一九九五）を参考にした。
（42）例えば前掲注（3）書参照
（43）唐沢山城の豊臣期における役割を考えた場合、対徳川戦略ではなかったかと思われる。また地理的な関係から、関ケ原以降の石垣普請と考えるのは難しい。したがって、天徳寺宝衍および佐野信吉でも初期の段階で石垣は普請されたと考えるのが妥当であろう。
（44）前掲注（37）書
（45）『日本城郭体系』7（一九八〇）
（46）唐沢山城は史跡指定を受けていない。遺構の内容や将来に保存されることを考えると、国指定史跡に指定されることを期待したい。

第四章　戦国期東国の石工と石積み

はじめに

近年の戦国期及び中近世移行期の城館研究は、従来の文献資料のみによる研究から、考古学研究の進展にともない著しい進展を見せている。織豊期城郭研究会による活動はその代表的な研究成果であるといえよう(1)。瓦や石垣の研究は従来の水準から大きく飛躍した観がある。畿内近国を中心とした当該期城館の学際的研究は、新しい歴史像を絶えず提供し続けるに違いない。

しかしながら、畿内近国の状況に比べて、東国の当該期の研究は必ずしも研究動向に即応して進展しているとはいえない。とりわけ本章で取り上げる東国の石積みについても研究は進展しているとは言い難い状況にある。原因としては考古学的調査の蓄積もさることながら、考古学的研究が取り上げる織豊期城館の視角にあるのではなかろうか。天正一八年(一五九〇)の小田原開城以前にあって、東国城館の瓦や石垣は十分な物量を有しておらず、検討に価しないと考えられていたためではなかろうか。東国にあっては瓦葺き建物や高石垣は、徳川家康の関東入国にともなって普及したものであり、後北条氏治下の東国では八王子城などの一部の例外を除き、存在しなかったと考えられていたのが研究史の現状であろう。とするならばそのような状況に至らしめた原因は当時の社会状況のどこにあったのか。これが問題関心となる。

視点を変え、近世より戦国期の石積みの問題を見た場合、天正一八年以降で事態は急速に変わったのであろうか。少なくとも高石垣に限っては江戸城、小田原城、唐沢山城などの城館で確認することはできる。しかし、宇都宮城、水戸城、前橋城、高崎城ほかの拠点的な城館でも石垣の存在は確認されておらず、相変わらずの「土造りの城館」であった。この状況をどのように理解するかが後の時代より見た問題関心である(2)。

本章では近年の調査成果及び文献資料等を活用し、天正一八年以前の東国の石工(3)と石積み(4)の問題について、一定の見通しを持つことを課題としたい。

一　後北条氏の石積み

先述したように東国にあって八王子城は特殊な山城に思われていたのではなかろうか。八王子城と比較するほどの石積みを持った城館が他に確認されなかったからである。加えて八王子市による継続的な調査の結果、山麓の御主殿に大規模な石積みが発見されたことは驚きとしか言いようがなかった。この調査の以後はこの石積みこそが天正一八年に至るまでに達成された後北条氏の石積み技術だったと理解されたと思われる。

また現在継続中である太田金山城の調査は、八王子城で見通された東国の石積みの技術水準を裏付け、かつ新しい視点を提供する調査となっている。

まずはこの二つの事例から、天正一八年段階の東国の石積みを確認したい。

【八王子城】

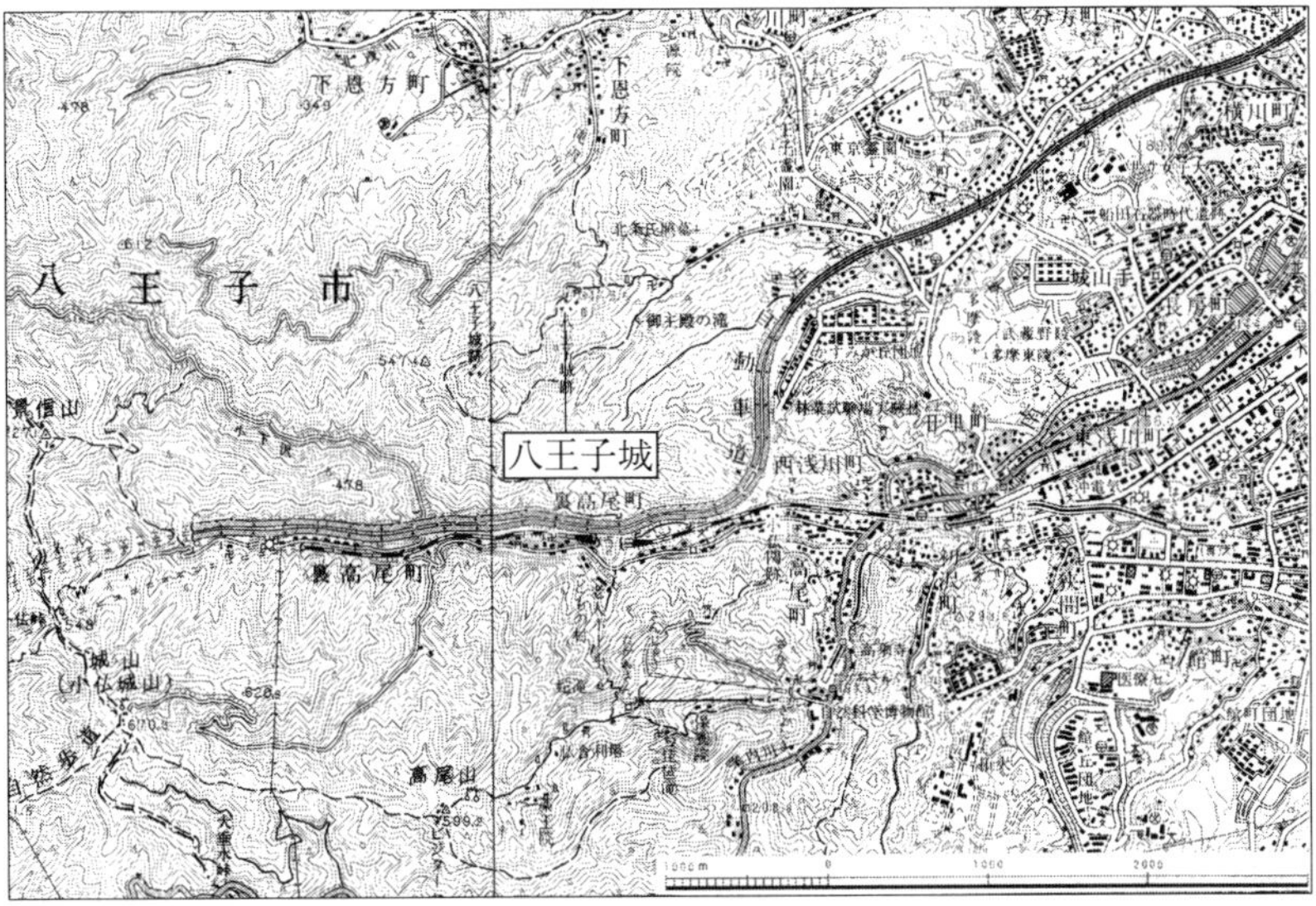

図35　八王子城周辺地形図

八王子城は東京都八王子市元八王子にある山城で、後北条氏の有力な支城であった（図35参照）。築城者及び城主は四代北条氏政の弟、北条氏照である。築城年次については諸説あり確定を見ていないが、近年では天正年間の前半から八王子城は存在し、大幡宝生寺過去帳及び間宮邦一氏所蔵文書などから、同一〇年（一五八二）頃より氏照の本拠として整備され、同一二年から一五年の間に以前の本拠である滝山城より移ったと考えられている。(5) その後、天正一八年の小田原攻めに際して、前田軍の攻撃を受け一日で落城したとされている。

標高四六〇メートルの山頂に中心郭を置き、東側の谷に居館や大手道を設定している。要害部分は基本的に削平地と堀切、竪堀の組み合わせから成っており、郭面積もさほど広いものではない。一方、山麓には御主殿、アシダ曲輪と呼ばれる広い郭があり、日常的な居住空間が設定されていた。

石積みは要害部分および山麓の双方で確認されているが、とりわけ、一九八七年度に御主殿の虎口部、(6) 一九八八年度に御主殿接続する道筋の曳橋の橋台部及び門跡、(7) 一九九〇年に御主殿付近、(8)（図36～40参照）で大規模な石積みが確認されて

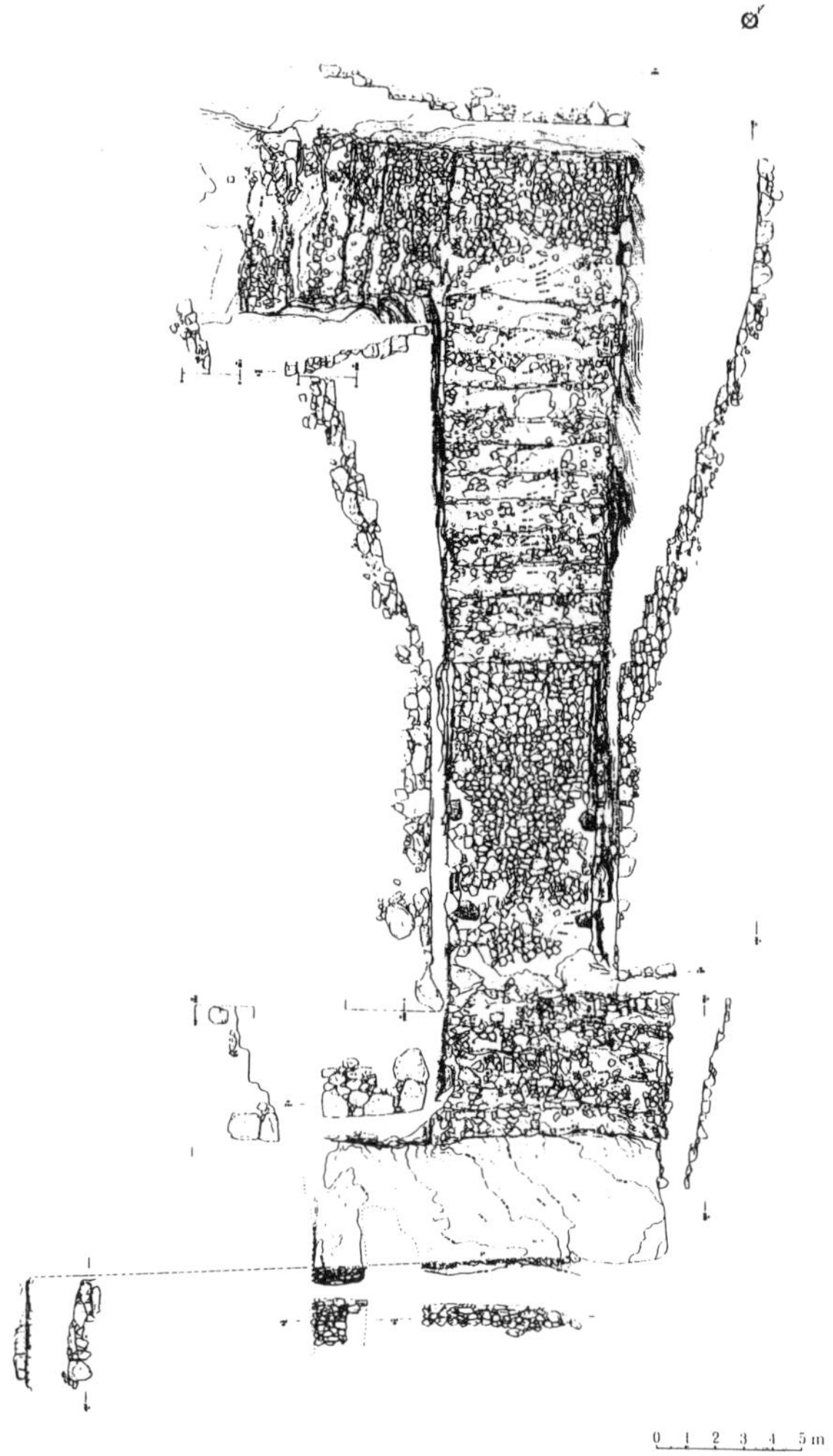

図36　八王子城　御主殿虎口

いる。

石積みの特徴としては以下の点が指摘されている。

①石材は地元産の砂岩系の自然の割石で、比較的小さめなものが使用されている。

②石積みの高さは当時として三・五〜四メートルのものがあったと推定される。

③壁面を高くする際には、雛壇状に石積みをセットバックして積み上げた。

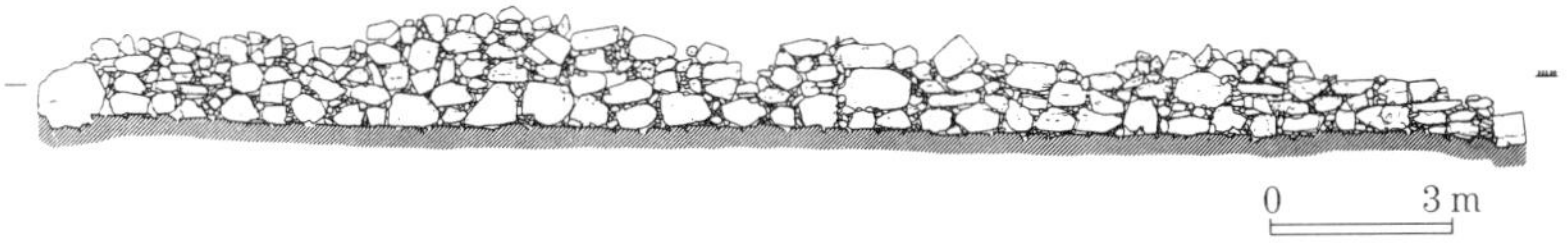

図37　八王子城　虎口外側南面

図38　八王子城　虎口内部（外寄り北面）

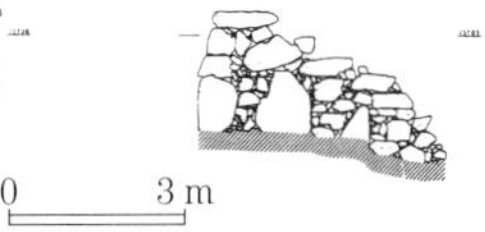

図39　八王子城　虎口内部（外寄り東面）

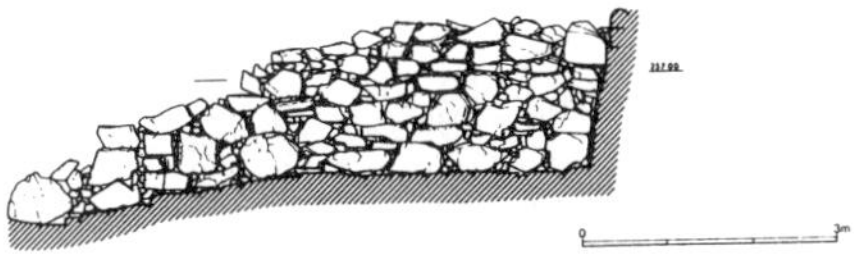

図40　八王子城　虎口内部（外寄り西面）

④裏込の構造は、粒形が揃った割グリ材と粘性土を層状に築きあげている。

⑤石積みの基礎面に「地覆石」（後述）を使用する場合がある。

⑥算木積みは見られない。

石積みの多くは崩壊しており、基部に近い部分が残っている状況である。この状況が自然崩落によるものか、破城によるものかは明らかではない。

御主殿の内部からは約七万点に及ぶ出土遺物があった。五彩磁器皿、瑠璃釉碗、ベトナム産青釉皿、ベネチア製レースガラスなどの優品のほか、舶載白磁・青磁・染付等の磁器、瀬戸美濃系灰釉・鉄釉皿、天目碗、擂鉢、常滑産壺・甕ほかの陶器である。とりわけ染付は二万七千点余の出土量があったとされ、その大半が中国明末万暦期の製品であるとされている。この万暦期の製品について土井義夫は「おそらく、八王子城移転に伴って、新たに買い整えられたもので、未使用のものも含まれていたのではないだろうか。」としている。[9]

幾分かの不安材料を残すが、[10] 現時点において八王子城の石積みは文献の年代及び出土遺物の状況から、天正一八年に至るまでの天正一〇年代に構築されたものと考えてよいと思われる。

【太田金山城】

太田金山城は群馬県太田市金山、東国の代表的な荘園である新田庄の中にある（周辺図は第一部第三章図13を参照）。赤岩（群馬県邑楽郡千代田町）で利根川を渡った鎌倉街道が、足利に向けて太田金山城のある金山丘陵の東側山麓を通る。また赤岩から伊勢崎に至る道筋は南側山麓を通り、新田庄を横断する。交通上の重要な地点が金山の地であった。

標高二三四・九メートルの金山の山頂を主郭とし、周囲を取り巻く頂をも城域として大規模な縄張りをめぐらしている。山頂にも居住空間があった。削平地・堀切・竪堀・石積みなどの遺構を城域内の随所に見ることができる。[11]

太田金山城は文明元年（一四六九）に築かれ、以後新田領の領主である岩松氏・由良氏歴代の居城であった。後北条氏と上杉謙信による抗争の巷であった北関東にあって、由良氏は永禄九年（一五六六）以降、一貫して後北条方として活躍し、太田金山城は政治的に重要な位置を占めていた。

しかし天正一一年に由良成繁は、弟の館林城主長尾顕長とともに後北条氏から離反し、佐竹方に属した。これにより太田金山城は後北条氏の攻撃を受けることとなり、翌年末に由良氏は城を後北条氏に明け渡すことになる。後北条氏の天正一〇年代の下野方面の課題は宇都宮攻略であり、太田金山城はこの方面における重要な拠点になる。そのため太田金山城は天正一八年に至るまでのおよそ六年間、小田原の直轄の拠点として位置づけられることになる。[12]

ところで太田金山城を接収した後北条氏は、接収直後に城の改修を行っていることが史料で確認できる。（天正一三年）二月五日付、宇都宮国綱書状[13]によると「仍由信・長新帰城之上、両地南方へ明渡候儀、無是非次第候、彼両城普請出来之上、五三日中為帰陣之由其聞候、」と宇都宮国綱が情勢を白川義親に報じている。これによれば由良成繁と長尾顕長が太田金山城と館林城に帰城の上、両城を後北条氏方に明け渡した。両城の後北条氏による普請は二月の中旬には終了することになる、と述べている。またこの書状に先立つ（同年）正月四日付、北条氏照書状[14]には「先番如申新田・館林請取、当表如存分候、　屋形様ニも近日可為御越河候、」と報じられている。この文書によれば、先番の段階で城請け取りが済んでいることになる。すなわち遅くとも天正一二年末には請け取りが終了していたことになる。さらに屋形様＝北条氏直が利根川を越えて確認に来ることを伝えている。この氏照書状のおよそ一カ月後に先の宇都宮国綱書状が認められていることから、恐らくは北条氏直の指示もしくは確認の上で、太田金山城と館林城の普請が、天正一三年正月から二月にかけておよそ一カ月間行われていたことになる。

次いで天正一五年夏にも太田金山城で普請が行われていたことが確認できる。七月晦日に虎印判状で金山の南西にある藤阿久の村に、「金山普請之用、人足四人、鍬・簀を持、来月七日ニ被出、一六日迄、中十日可致普請、[15]」と命令が出されている。そしておよそ一カ月後の九月二日には、清水大郎左衛門尉が小田原の命令で太田金山城に派遣され、在城衆に普請が命じられている。しかも「九月・十月両月之間者、一日も普請指置間敷候、[16]」と九月・一〇月の二カ月間の緊急の普請を命じている。七月晦日付の虎印判状とあわせると約三カ月間は普請が継続していたと考えられる。

すなわち文献史料では天正一三年正月から二月のおよそ一カ月間、そして天正一五年八月から一〇月のおよそ三カ月間の二回の普請が確認できることになる。

太田金山城は史跡整備にともない一九九三年より発掘調査が継続している。残念ながら調査全体に関する報告書が未刊であるので調査の全体の詳細については触れられないが、刊行された報告[17]、現地説明会資料[18]及び宮田毅の論稿等[19]によって概要を知ることができる。指摘された石積みの特徴は下記の通りである（図41〜43参照）。

①石材は金山丘陵の凝灰岩。自然石及び自然割石が主体で、人為的割石も含まれる。
②石材の大きさは横四〇センチ×縦三〇センチ程度。
③裏込め材・間詰石も凝灰岩を使用する。
④積み方は横長に石を使用し、表面積の大きい面を石面とする。
⑤場所によっては最下段の石を二〇センチ程度手前に出して据えた「顎止め石」が認められる。この技法は八王子城において「地覆石」と呼ばれたものと同技法である[20]。
⑥石積みの勾配はほとんどなく、垂直に積み上げる。
⑦石積みの高さは一・五〜二メートル前後で、高くする場合は雛壇状にセットバックさせる。
⑧石積みに新旧関係があり、一時期で構築されたものではない。

八王子城の場合と同じく石積みの大半は崩壊しており、旧観を留めていない。私見ながら、太田金山城の場合の崩落は自然崩落も含むものの、破城による場合も可能性を残しているように観察された。この点は正式な報告を待ちたい。

さてこのような太田金山城の石積みはいつ築かれたものであろうか。残念ながら、考古学データによる年代確定には至っていない。しかし天正一八年の廃城が前提になるので、最終的な姿は後北条氏によってである。先に文献史料で確認したとおり、天正一五年に普請が行われており、このときに石積みが行われた可能性は高いといえる。技法的にも八王子城と共通点があることから後北条氏時代の石積みがあることは間違いなかろう。

図41　太田金山城　日ノ池一段目石積み

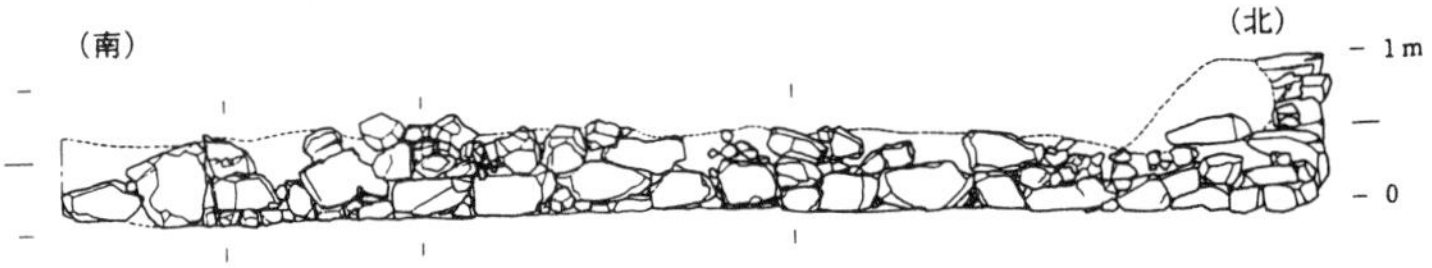

図42　太田金山城　堀切通路石積み

図43　太田金山城　三ノ丸下石積み

問題は当初の普請の年代となるが、この点については結論を保留せざるを得ない。後北条氏以前の由良氏の段階にまで及ぶものかもしれない。また後北条氏の場合、少なくとも文献史料によって確認された二度の普請に加えて、記録に残らない場合も想定されることから、あるいは後北条氏の時代のみの普請であるかもしれない。今後の調査の進展を期待したい。

さて以上にように後北条氏系の石積みの二事例を確認したが、共通するいくつかの点について整理したい。

①石材は地元産の石を使用し、自然石及び自然割石が主体である。
②差ほど大きな石材は使用していない。
③裏込めの技術が確認される。
④高石垣はなく、高さを出すためには

雛壇状にセットバックさせる。

⑤八王子城においては「地覆石」、太田金山城においては「顎止め石」という同一の技法が存在する。

⑥天正一八年に至るまでの天正一〇年代に構築年代がある。

⑦両城ともに北条氏照の関与がある。

現時点においてはまだ不確定な要因があるが、この両城の石積みを戦国期東国の石積みの発展の到達点として把握しおきたい。すなわち同時期の織豊系城館の石垣に比して、高石垣を組めないなど、技術的な差は明らかであろう。

二　後北条氏の石工集団

八王子城や太田金山城に見るような石積みが後北条氏の技術にあることは確認された。しかしこの石積みは後北条領国の各所で確認されるような状況では決してない。現在のところの検出状況では、ある特定の城館にのみ石積みが成されたのではなかろうかと推測される。この状況の背景にはいかなる原因があったのだろうか。この点について文献史料から検討してみたい。

後北条氏が石工集団を抱えていたことは青木文書から窺える。最古の史料は天文二二年（一五五三）の虎印判状[21]であり、五人の「新石切之者」に扶持銭が与えられた文書である。従って「新」とあることから天文二二年以前から石工集団が後北条氏に抱えられていたことになる。文書の中には小田原を出発地とする伝馬手形[22]が存在することから、通常小田原城下に石工集団は居住していたことが窺える。

彼らが城館の普請に関与していたことを示す最古の史料は次である。

十人石切衆

右、此度御国之御大事之間、罷出可走廻、依忠信、何様之儀成共可望申、可被加御褒美、然ハ明日七日足柄峠へ罷上、肥田・二宮播磨相談、小屋を懸、御番可勤申者也、仍如件、

（「武栄」朱印）

二月六日

石切左衛門五郎
同善左衛門[23]

この史料は永禄一二年（一五六九）に発給されたもので、足柄城の初見とされる文書である。[24] 前年の一二月、甲斐の武田信玄が駿河に侵攻し、武田・北条・今川の三国同盟が崩壊する。「此度御国之御大事之間」とあるのはその事態を指す。それに伴い後北条氏は上杉謙信に接触する一方、武田領と接する境界を固めることになる。[25] これによって足柄峠の増強が計られたのである。境目の緊張に伴って城館の普請が行われることは例の多いことであるが、特に石工集団が動員されるのはやはり職能を期待されてのことと考えられる。遺構としては不明であるが、何らかの石工集団が活躍する場が足柄城にあったのである。

しかし、彼らは城館の石積みのスペシャリストではなかったことが以下の文書から確認される。

（永禄一一年（一五六八））九月五日付北条氏康朱印状[26]では「土肥御屋敷うしろの山石」を「御土蔵之根石」に切り出すように命じられている。この史料からは彼らが石材の産出地から建築材料としての石材の切り出しを行っていたことが確認される。

また元亀年間頃と推定される一〇月二九日付虎印判状[27]では「石火はち三、御大方様御用之由候、可調上者也、」として石火鉢の製作が命じられている。この史料からは石材製品の加工を行っていたことを確認することができる。

推測の域を出るものではないが、石工集団は本来は墓塔との関わりが強いものである。城下町に居住する彼らは、墓塔の製作が主要職務であったことは間違いなかろう。あるいは北条一族に関わる墓塔は彼らが製作にしたものではなかろうか。近江の穴太衆の場合も当初は五輪塔、宝篋印塔の製作を行っていた可能性が指摘されている[28]。後北条氏に抱えられた当初にあっては墓塔の製作が主務であった可能性がある。そして後に石材に関わる多様な業務へと職務が拡大していったのではなかろうか。

つまり彼らは後北条氏の石材加工に関連する多様な業務に関わっていたのであり、城館の普請に関わっていたことは確かであるが、決して石積みのスペシャリストではなかったのである。石工集団として存在し、集団内部の構造は明らかではないが、分業化されておらず、石材に関する仕事の全般を請け負っていたことが理解されよう[29]。これが後北条氏治下の石工集団の状況であった。

さらに次の元亀三年（一五七二）の史料は後北条氏による石工集団の活用と城館の関係を考える上で重要な論点を提示する。

於武州切石之儀被仰付候、相州ニ就有之者、可被処重科候、江戸・河越・岩付を始、城々有数多間、彼切石之事可走廻旨、被仰出者也、仍如件、

庚午（虎朱印）
卯月十日　石巻奉之
石切
左衛門五郎（30）

まず史料の後段で、江戸城・河越城・岩付城を始めとする多くの城館で「石切」の仕事を行うように命令されていることが注目される。後北条氏が領国内の城館に石工を動員する姿勢を明らかにするもので、冒頭の部分を加味するならば、後北条氏が政策として石工集団を活用し、武蔵国内の城館の要塞化を推進しようとしていたことが窺えよう。先に確認したとおり石材に関わる全般的な仕事を彼らが請け負っていたことから、命じられた職務の内容に石積みが含まれた可能性はある。

さらに注目すべきは、「相州ニ就有之者、可被処重科候」として相模国内に留まっているならば、重科にすると宣言している点である。彼らは小田原城下に居住していたが、わざわざ武蔵国内の数多くの城館へと作業に赴かなければならなかったのであり、そしてそのサボタージュとして相模国内に留まっている状況、もしくは将来的に予測される状況が窺えるからである。

小田原の直属の石工集団がわざわざ武蔵国に派遣されることをまず注目したい。石工集団の人数の問題からであろうか、もしくは中核的な城館であるという軍事的な機密性のためであろうか、正確なところは不明であるが、極めて限られた人数の石工が領国内城館の作業に関わっていたことが指摘できよう。そして限定された人数であるために政策の貫徹が順調に進んでいないことも窺い知ることができるのである。

つまり城館の普請現場という需要に対して、石工集団の供給が追いついていないことがこの史料より窺えるのである。

そもそも先に確認したように彼らは専門分化せず多様な作業をこなしていた石工であった。そして、需要と供給のアンバランスである。後北条氏治下の石工集団は、城館の石積み技術の発展させる土壌を得ていなかったのである。(31)

三　東国の石積みの様相

中世東国にあって、八王子城や太田金山城のような石積みをもった中世城館が存在する一方、「土造りの城館」が大多数を占めていた点はやはり動かない事実であろう。石積みが普及しなかった背景には青木文書にみるような石工集団の事情もあったと考えられる。

東国の石積みの状況について管見の範囲ではあるが、いくつかの事例を通して、石積みの普及の限界を検討してみたい。

【平井金山城】

群馬県藤岡市金井に所在する（図44参照）。南面を川が流れる標高三三一メートルの山頂に主郭を置き、三方の方向に延びる尾根に堀切を掘り、削平地を設けている。随所にテクニカルな虎口や土塁もあり、構造的に優れた山城であることが理解される。

城址の北端の部分がゴルフ場開発のために先年発掘された。(32)発掘の結果、中心部ではないのにも拘わらず、大規模に普請された遺構が確認されている。門跡・堀切・竪堀・削平地・堀立柱建物跡（三棟）・石積み（八ヵ所）が主な遺

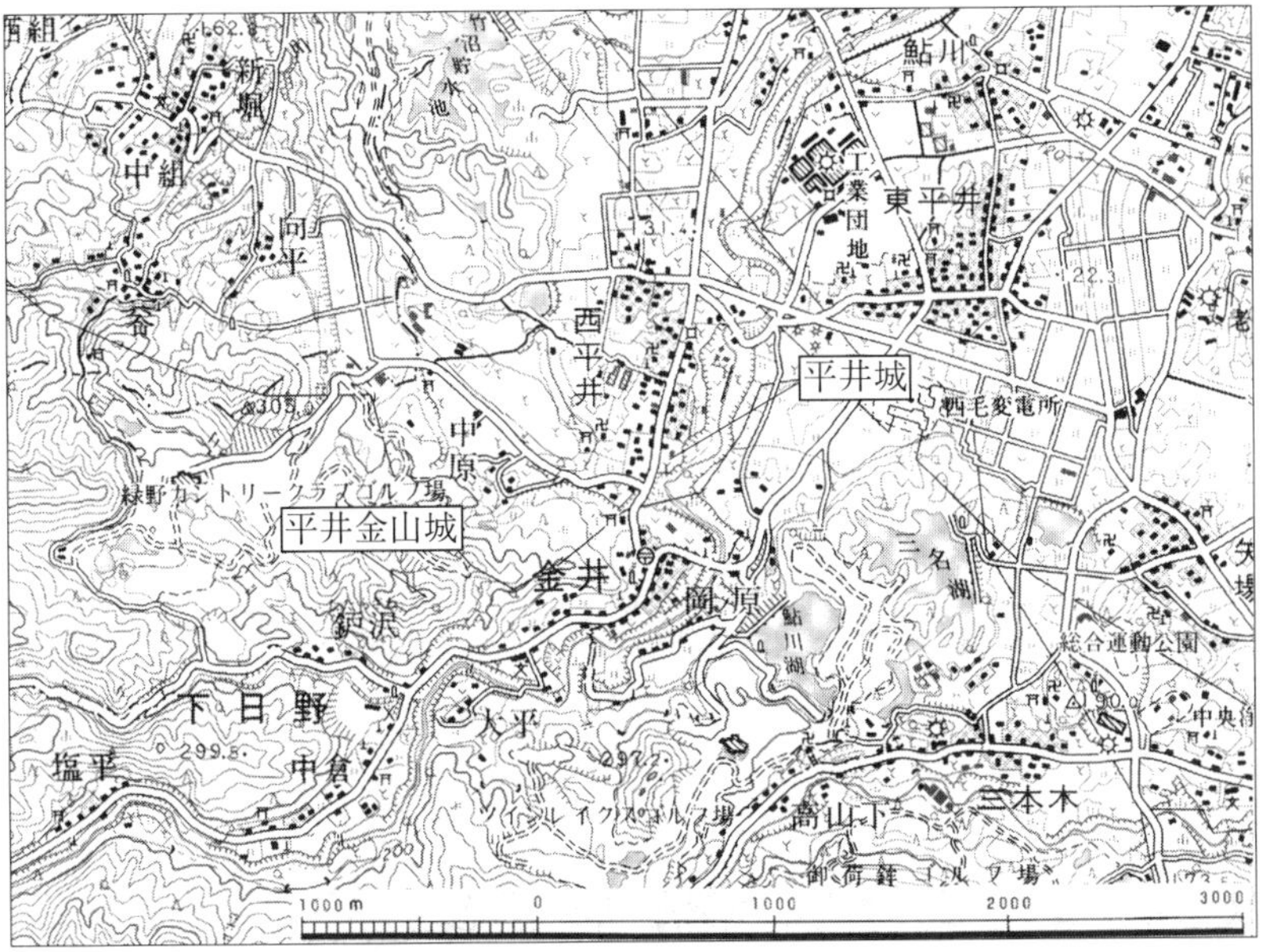

図44　平井金山城周辺地形図

写真 7　平井金山城　虎口部分石積み

構である。門跡の内、発掘区の外側の四本の柱穴を持った門（図45及び写真7参照）と内側の八個の礎石を持った門はとりわけ重要な門であったと推測される。

前者の四本の柱穴を持った門は掘り方が六回あることから長期に渡って存続していたことが窺えた。門に向かって左右には石積みが施されており、向かって右側の石積みは残存状況が良くないが検出された石積みの中では比較的高く、かつ線の長い石積みである。

後者の八個の礎石を持った門は二折れの虎口で、城内に向かって正面と右手に石積みがある。門の構造は櫓門と推測されている。この門の部分からのみ火災の痕跡が確認されている。あるいは象徴性を帯びていた門であったために焼却されたのではないかと推測される。

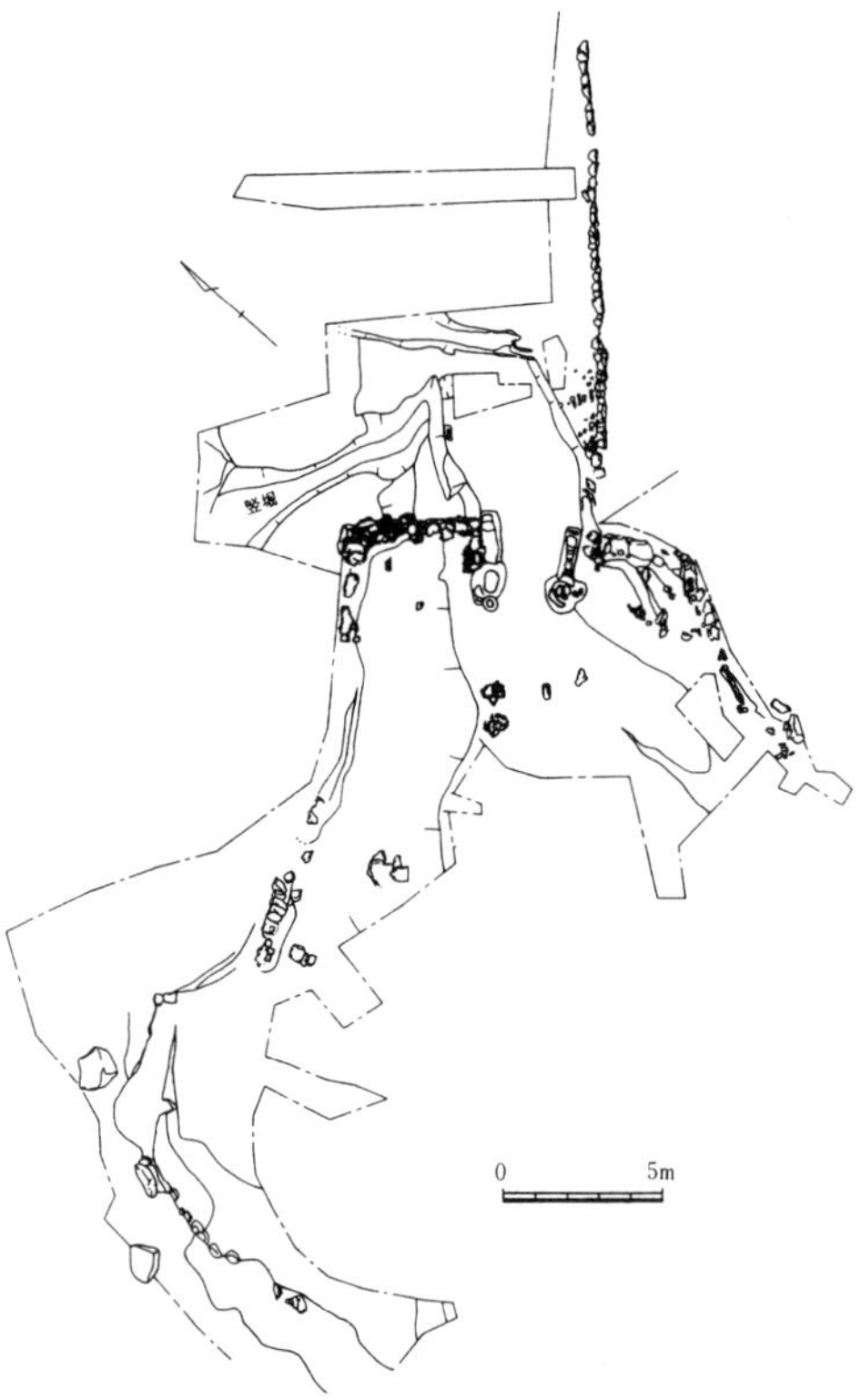

図45　平井金山城　虎口平面図

遺物は鉄製品（釘）・カワラケ・内耳土鍋・石臼・青銅製品の出土をみている。カワラケより一五～一六世紀の年代が得られている。

大規模な普請、遺物の年代、そして所在地が関東管領山内上杉氏の本拠地平井の内であるという地理から、平井金山城は山内上杉氏の重要な拠点と推測されるに至っている。

発掘調査区において八カ所で石積みが

検出された。崩壊している箇所もあり、高さはどのくらいであるかは不明であるが、長さのある石積みはある。石積みに裏込めはなく、一部に川原石を含むものの主として人為的に切り出した石材を用いている。また雛壇状にセットバックして石積みの高さをもたせた積み方は確認されていない。現在のところ、積み直しの痕跡も確認されていない。使用された石材は砂岩系の石材で、産地は近隣に産出地のある牛伏砂岩の可能性がある。(33) 牛伏砂岩は五輪等や宝篋印塔の石材として使用されており、平井金山城の普請に関して牛伏砂岩の産出地の石工集団が関与した可能性がある。平井金山城が山内上杉氏に関わる山城だとすると、検出された石積みは東国においては重要な遺構となる。山内上杉氏の最後の当主である上杉憲政は北条氏康の攻撃を受け、天文二一年(一五五二)に越後国に亡命する。従って少なく見積もっても、八王子城や太田金山城より二〇年ほど先行する石積みとなる。今後の調査の進展が期待される。

【名胡桃城】

群馬県月夜野町の利根川に面する台地縁に築かれた城館で、天正一八年の小田原攻めの契機となった城として著名である(図46参照)。

この名胡桃城は国道月夜野バイパスの建設に伴って一九八一年に発掘調査が行われた。(34) 一九八四年また一九九二年からは史跡整備のために継続的な調査が行われ、本郭を除く城域の大半の様相が把握されつつある。とりわけ一九九六年度の調査によっては二郭内に石積みが検出された(35)(図47参照)。石積みは郭内の土塁の基礎部分から検出され、土止めの機能であったと思われる。また二郭内の本郭寄りには四個の礎石を持つ虎口があり、この付近では石積みで化粧をしていた可能性がある。石材は主として川原石を加工しないまま使用しており、切り出された石材は見られない。(36) そのために石積みの高さは数段程度に留まっている。

八王子城や太田金山城と同時期の城館であるにも拘わらず、石材使用及び石積み技術に相違があることが示唆的で興味深い。

【滝　山　城】

東京都八王子市にある丘陵城郭で、先の八王子城以前の北条氏照の本拠地であった（図48参照）。先に触れたが氏照は少なくとも天正一二年までは滝山城を使用していた。

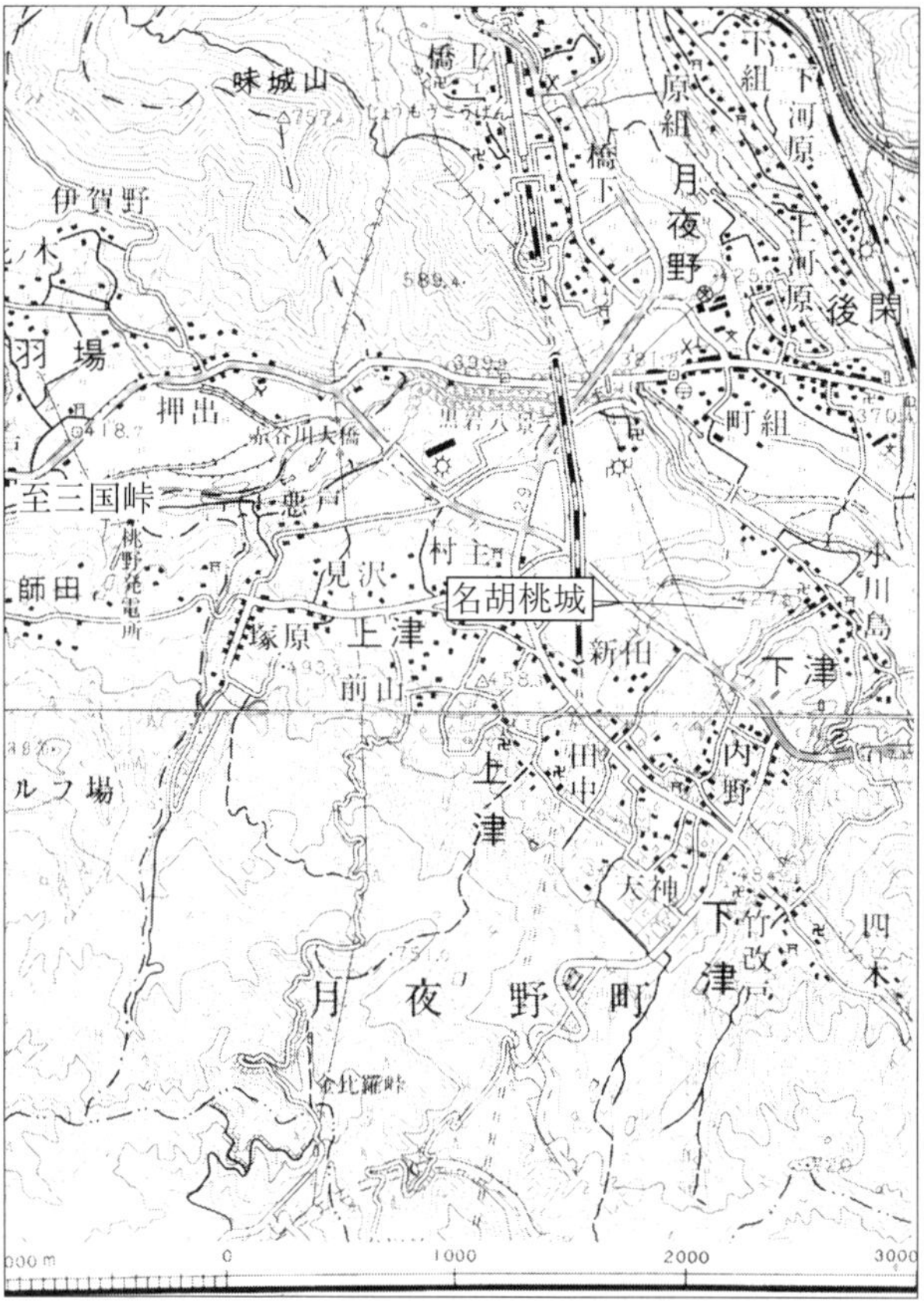

図46　名胡桃城周辺地形図

現在に至るまでのところ、滝山城では石積みは確認されていない。一九九六年度に公園整備にともない主郭入り口の桝形門の発掘調査が行われたが、石積みは確認されなかった。

しかし虎口内部の床面から石畳及び石材を使用した暗渠の排水路等が検出された。丁寧に選材された川原石が床面に敷き詰められているものの、川原石に加工は施さずそのまま使用したものであった（写真8・9及び図49・50参照）[37]。

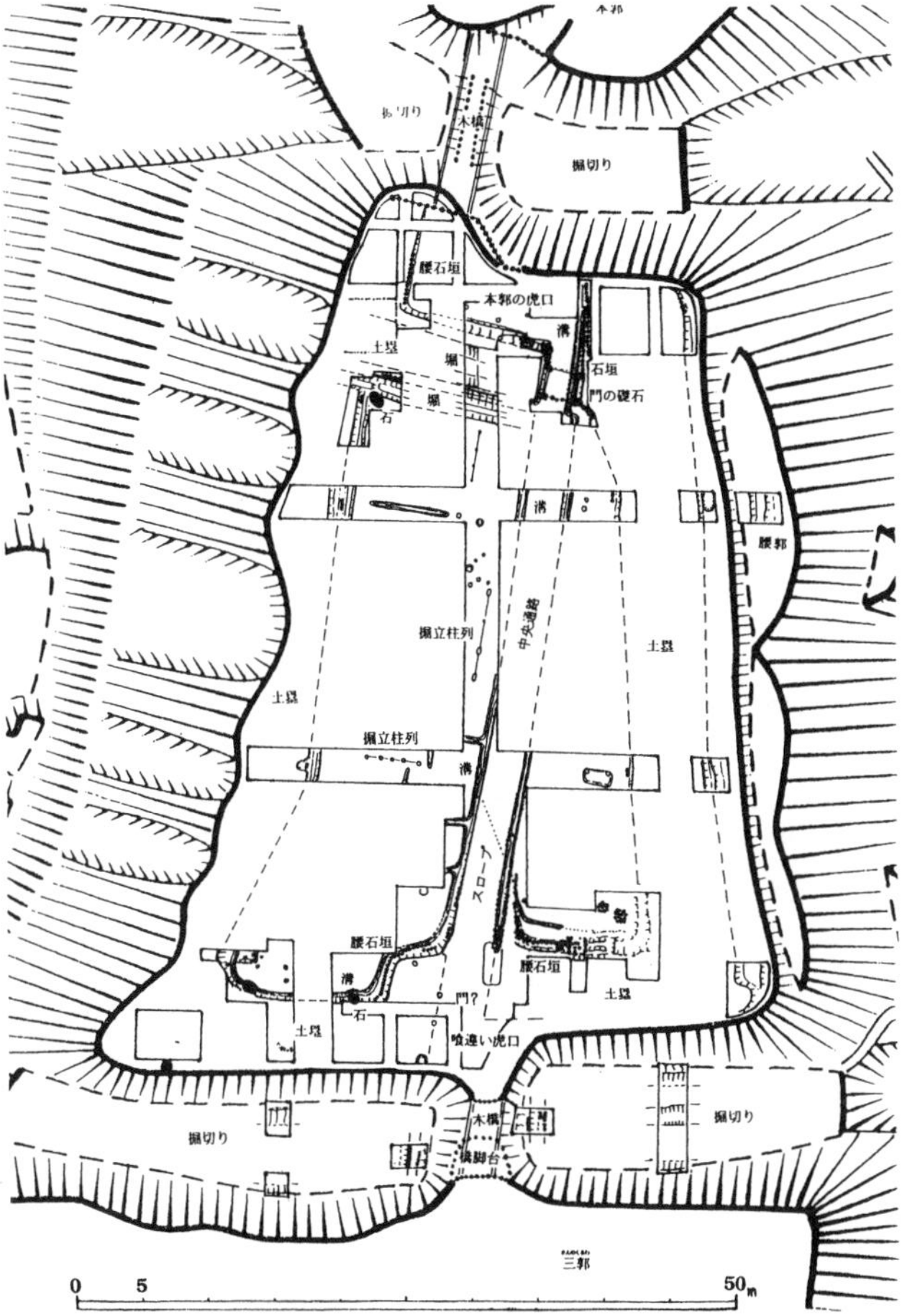

図47　名胡桃城　二郭平面図

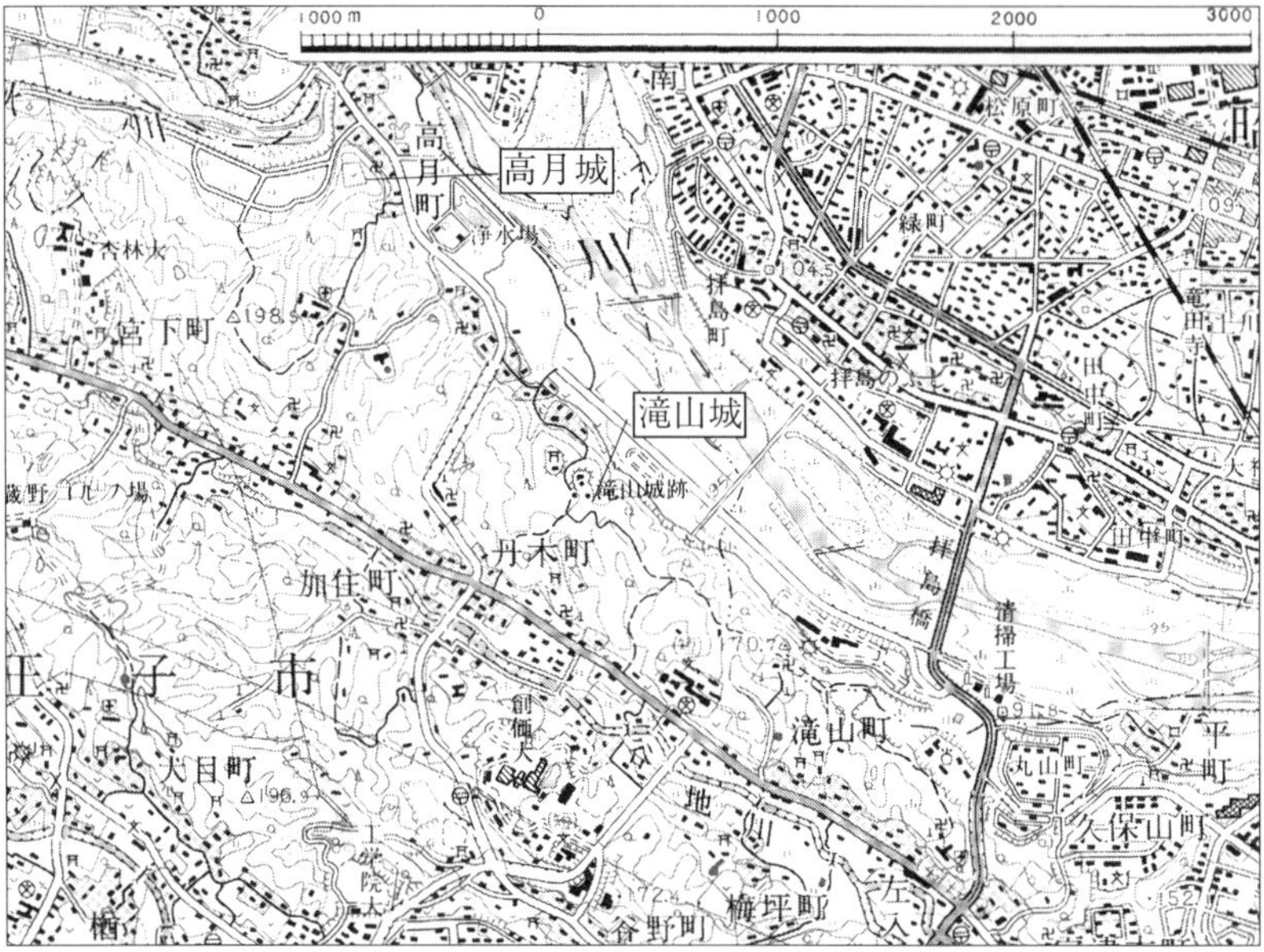

図48　滝山城周辺地形図

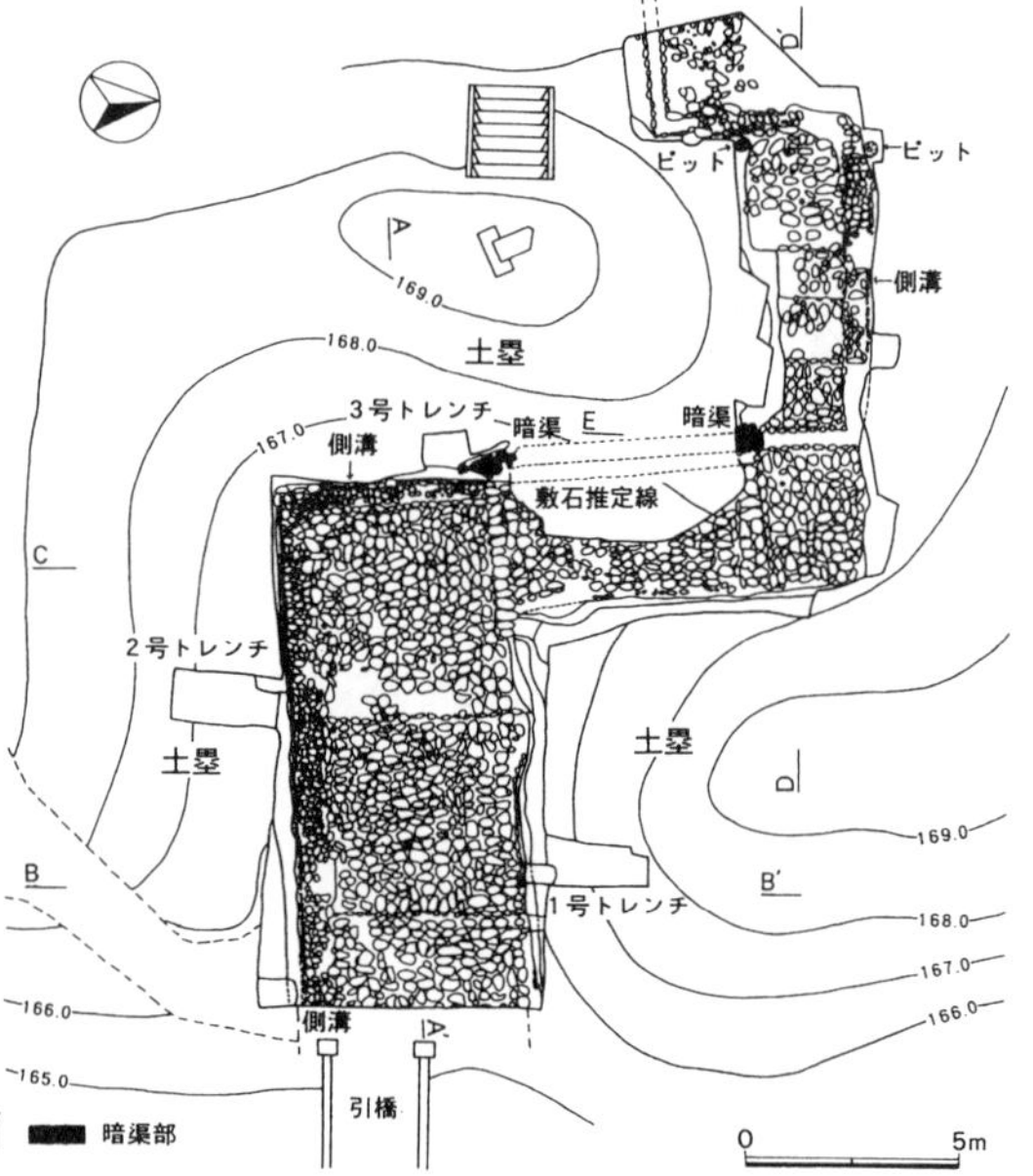

図49　滝山城
主郭虎口平面図

滝山城は八王子城ほどに発掘調査は行われていない。しかし主郭虎口の石材の使用状況は八王子城のそれと大きく異なる。今後の滝山城の調査の進展で異なる様相が出現する可能性も残すが、現時点では滝山城から八王子城の移転のなかで、北条氏照による石工集団への関与が大きく変わり、急速に石積み技術が取り込まれた可能性が推測される。

【要谷山城】

栃木県田沼町飛駒にある山城で標高約四〇〇メートルの山頂を主郭としている（図51参照）。主として南北方向に延

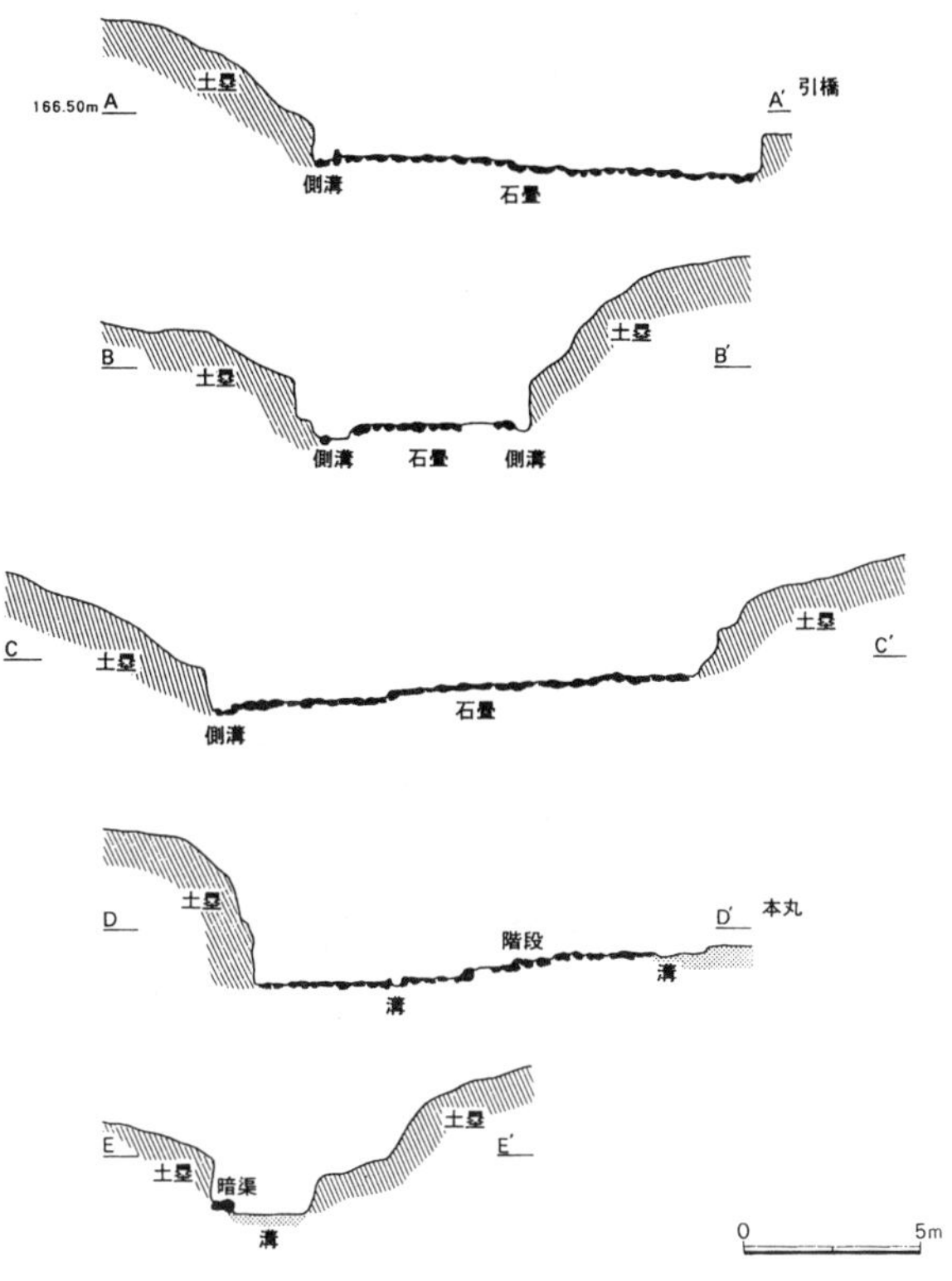

図50　滝山城　主郭虎口断面図

写真 8　滝山城　主郭虎口石畳（正面）

写真 9　滝山城　主郭虎口石畳（奥）

びる尾根に堀切及び削平地が施されており、石積みは主郭北側の壁面に散見する。構造的にはごく一般的であるが、石積みの存在のみ奇異に思える山城である。過去の発掘調査の履歴は無く、かつ文献史料でも詳細はわからない。
写真10で解るように長方形に切り出された石材を横長に使用して、積み上げている。高さも数段程度である。
この要谷山城のほかに田沼町内には石積みを持つ山城が浅利城等、数例報告されている。(38) この地区の中心的な城館

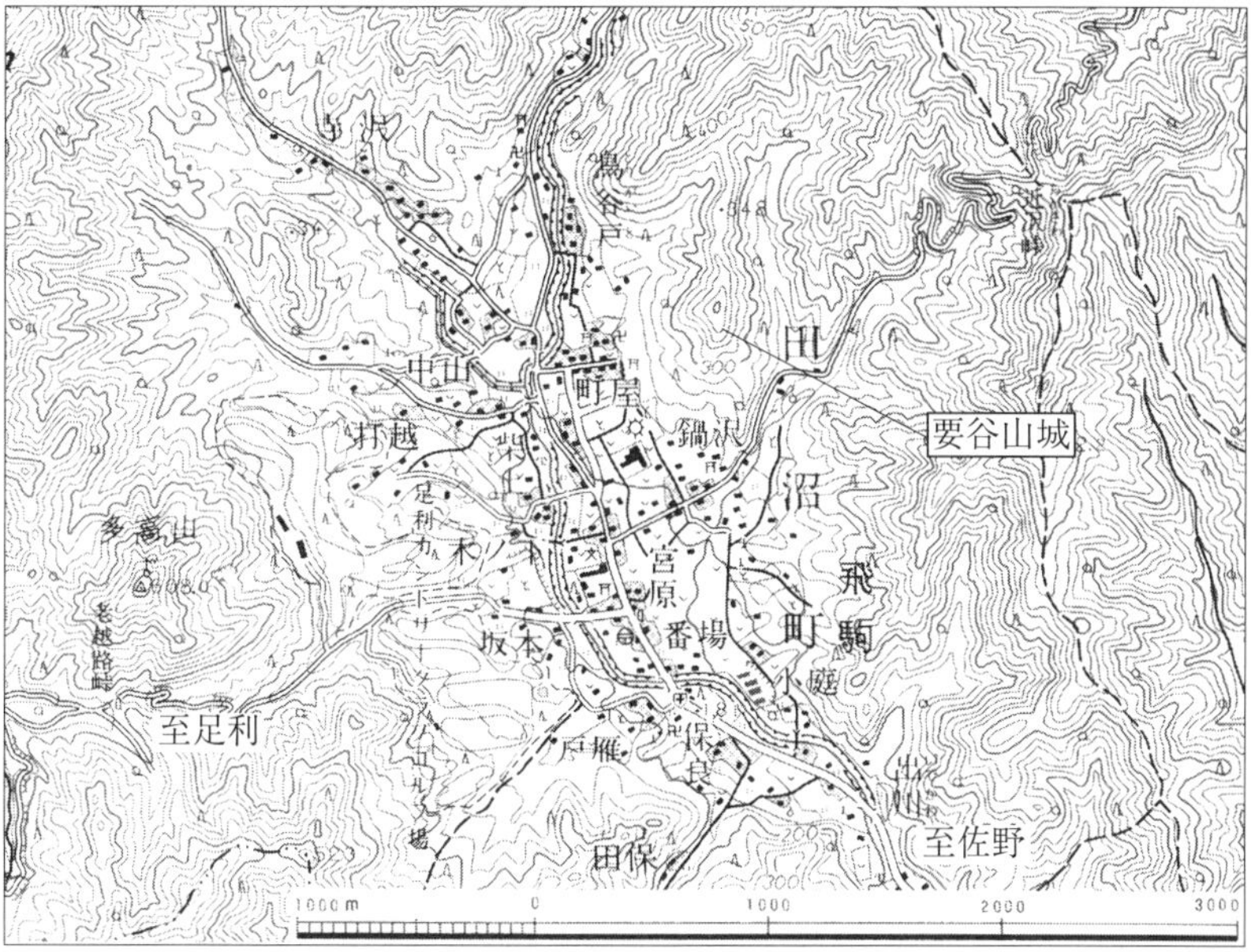

図51　要谷山城周辺地形図

写真10　要谷山城　主郭壁面石積み

は織豊期に高石垣が築かれる唐沢山城であり、この近辺は関東において石積みを持つ山城の密集地区である。あるいは石積みの盛んな地域であった可能性がある。

【金　谷　城】

千葉県富津市金谷にある城館で、東京湾に面した丘陵に築かれている（図52参照）。北側には入り江に面したところに金谷の町場が所在し、東京湾水運と関連した城館であったことが推定される。

丘陵の南端に主郭を置き、北に延びるU字形をした尾根と、その間の谷間に縄張りが施されている。南側の尾根にも縄張りが施されていた可能性は高いが、土取りにより地形が失われている。

築城の年代は文明一二年（一四八〇）以降と推定されている。真里谷氏が南方の里見氏に備えて築城したといわれている。その後、里見氏が金谷城を手中に収め、天文年間前半代は里見氏の対真里谷戦の前線の拠点として使用される。天文年間後半代以降は里見氏の後北条氏に対する拠点として使用され、天正一八年（一五九〇）をもって廃城となった。

一九八六・八七年に金谷城の二ノ郭及び主郭部分の発掘調査が行われ、多くの遺構・遺物の検出を見ている[39]。とりわけ岩盤の開削による切岸、礎石、石積みなどの石工集団が関与したことが明確である遺構が検出していることが特筆される。

中世遺物はカワラケ・瀬戸美濃系の天目茶碗・皿・擂鉢、常滑焼の甕、青磁盤、染付の碗・皿が出土している。全体的には一六世紀中葉を中心とする時期と報告されているが、白磁碗C群を含むほか、古瀬戸後期の卸皿を含むため、文献をおおよそ裏付ける年代観となっているといえよう。

検出された遺構の内、二ノ郭C区の虎口遺構にある切石積みは興味深い（図53参照）。石材は凝灰岩質砂岩を用い、

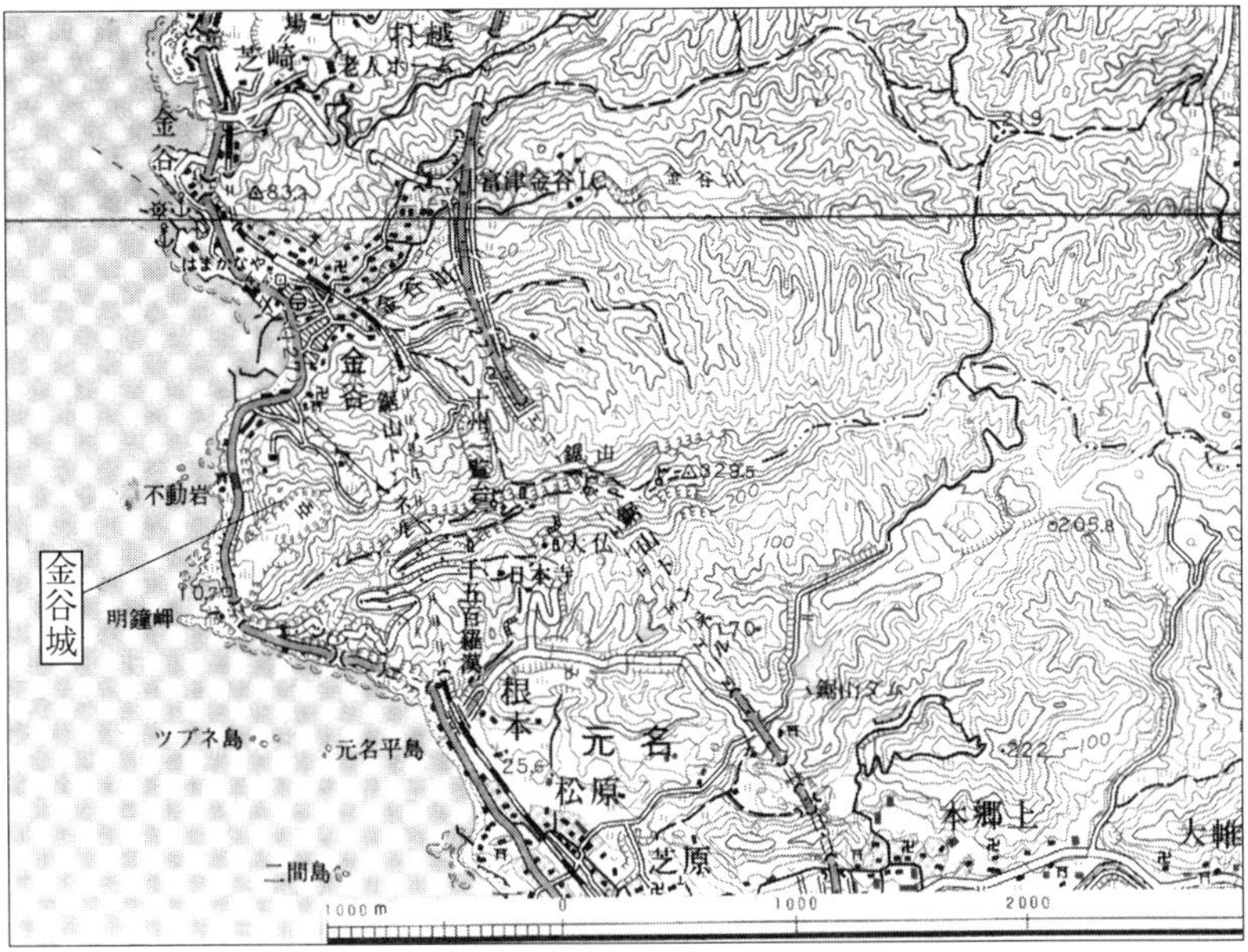

図52　金谷城周辺地形図

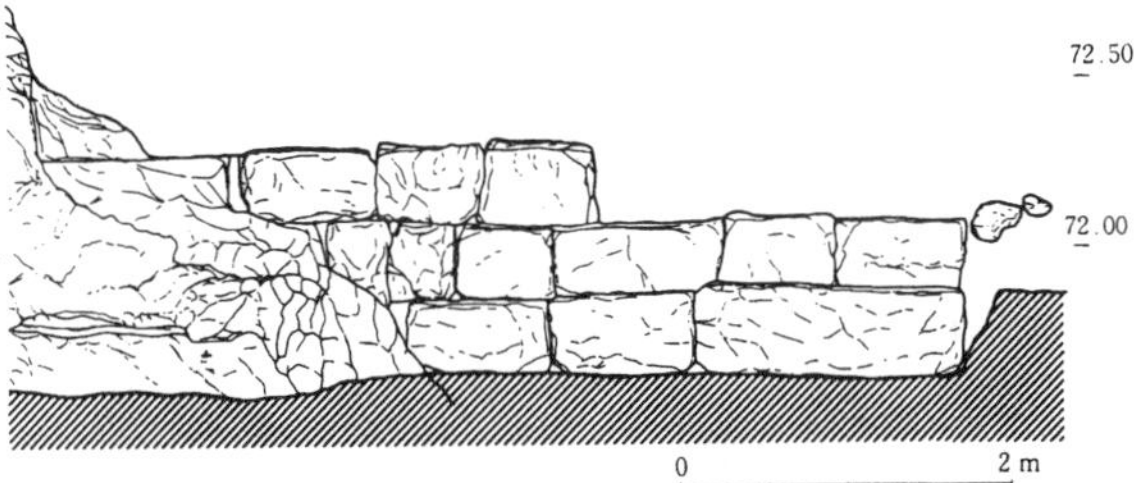

図53　金谷城　虎口石積み

規格化された切石を三段に積み上げている。個々の石には鑿状工具による整形痕がみられ、泥岩破砕礫及び茶褐色粘質土による裏込めや目地の充塡が行われていた。石積みの構築年代は不明であるが、周辺状況も含め加工石材を積み上げた例として特筆される事例である。

金谷城の近くには鋸山があり、南関東の代表的な砂岩系石材の産地となっている。金谷城普請に伴って同所の石工が動員された可能性は高いといえる。近隣では石積みのある城館の報告例もあることから、今後の進展が期待される。

小結

以上、東国の中世城館の石積み等について様々な情報を散見してきた。まだまだ史料不足であり、かつ検討不十分であるが、指摘できる点をまとめ今後の展望を記しておきたい。

戦国期東国の石積みの技術は八王子城や太田金山城に代表され、先にまとめたような点が特徴としてあげられた。このうち北条氏照の関与については偶然性の問題が多分にあるが、①〜⑥については現段階の特徴として把握され、当時の技術的達成として評価されよう。

ただしこのような技術は東国全般に広く普及していた技術ではなかった。例えば、同時代の城館でありながらも名胡桃城は川原石をそのまま使用していた。また滝山城で見た川原石使用の状況も、城主である北条氏照の後継本拠地である八王子城に比べて著しく異なる状況であった。同時代でありながらも、八王子城・太田金山城クラスの石積みは限定的な城館しか存在しえなかったのである。

しかしながら八王子城や太田金山城が特殊であったと否定的に判断する状況ではなくなった。技術的には相違がありながらも石積みを使用する城館は確認された。後北条氏領内でも平井金山城、要谷山城等の城館で石積みがあり、領外では金谷城とその周辺にも散見することができるからである。すなわち問題は、石積み技術の普及の背景に石工集団の関与に程度の差があったと思われるのである。政治的に石工集団を統制していたこと、もしくは石工そのものの人数が限定されおり、十分に需要に応えられていなかった点などに、石積みが十分に普及しなかった原因があると推定できるのではなかろうか。そして石工集団は青木文書に見たとおり分業化されておらず、石材に関わるすべての行程を行っていた。この状況が近世の前提として存在していたのであり、近世であっても東国では高石垣の普及が限定的となったのではなかろうか。

分業化せずかつ限定された集団であったがゆえに、東国の城館石積みは普遍化せず、畿内近国に比べて発展しなかったのではなかろうか。

さらに付言するならば、石積みが確認される城館の多くは、近辺に石材の産地が想定された。平井金山城については牛伏砂岩の産地、金谷城には鋸山の砂岩の産地である。そして太田金山城には金山丘陵の北辺に天神山凝灰岩の産地がある。[40]また八王子城についてはやや離れてはいるが五日市に伊奈石砂岩の産地がある。[41]その産地の石工集団が当該城館の石積みに関与している可能性は高いといえる。石材が遠隔地より搬入されておらず、地元産の石材を使用していることもこの点と関連するのではなかろうか。[42]

つまり、築城予定地の近くに石材の産地があり、そこの石工集団を動員すること、もしくは限定的かつ政治的に編成された石工集団の参画があって、はじめて東国城館の石積みは積み得たと推測できるのである。

このように見てくると、分業化した集団ではなかったとはいえ、石材の産地と切り離された石工を城下に抱えていた後北条氏の状況は、東国においては先進的であった評価できよう。

最後に東国の石積みの観点から次のような疑問が生まれるのではなかろうか。畿内近国においては城館の石垣を普請する石工集団がどのような系譜をもち、分業の有無も含めてどのような編成が行われていたかである。[43]さらに織豊系石垣の研究は石工の問題をあまりにも石積み職人の問題として絞りすぎていたという欠陥を指摘できる。石材産地とその地での切り出し職人の問題を落としていたことも指摘できる。単に畿内から石工を動員すれば新たなる領地で石垣を組むことができるという単純な構造ではないことは既得権とのかかわりから推測可能であろう。既存の石工と移住させられる石工の利権調整の上に織豊系の石垣が組まれたと考える必要はないだろうか。このように考えるならば、中世社会で形成された地域の石工の技術は、確実に近世社会に導入されたと考えることができる。従来の織豊系石垣発展論では不充分であることが理解できるのではなかろうか。

石垣を積む、この問題の追求の中で東国と西国の対比の問題、さらには中近世移行期の問題も新たな視角が生まれるのではなかろうか。

注

（1）『織豊城郭』第3号　特集織豊期城郭の石垣1（一九九六）、『織豊城郭』第4号、特集織豊期城郭の石垣2（一九九七）ほか。

（2）高田徹（「三河における織豊期城郭の石垣・石積み―大給城を中心として―」〔『織豊城郭』3号〕、一九九六）はこの問題を徳川家康による石垣普請集団の把握の観点から捉えようとしている。

（3）本章では筆者の能力の限界から、検討範囲を関東地方に限定して考察することとする。

（4）石積みの語の使用は、高石垣でないことを重視するという、中井均（「織豊系城郭の画期―礎石建物・瓦・石垣の出現」〔村田修三編『中世城郭研究論集』新人物往来社刊、一九九一〕・〔「織豊系城郭の特質について―石垣・瓦・礎石建物―」〔『織豊城郭』創刊号、一九九四〕）に拠っている。特に石積みの要件には裏込が無いことがあげられている。本章で触れる八王子城や太田金山城では裏込が確認されており、厳密には石積みに含めることはできないことになる。しかし、石垣と表現することに抵抗を覚えるため、石積みの語を使用した。今後の検討を期待したい。

(5) 『八王子市史　下巻』(東京都八王子市刊、一九六七)、杉山博「滝山城から八王子城へ」(『多摩のあゆみ』一〇、一九七八)、加藤哲「八王子築城と竹木規制」(『多摩のあゆみ』四〇、一九八五)、同「八王子築城をめぐって」(『駒沢史学』第三九・四〇号、一九八八)、峰岸純夫「後北条氏政権における北条氏照の地位と役割―八王子城築城問題との関連において―」(八王子市郷土資料館研究紀要『八王子の歴史と文化』第四号、一九九二)ほか。

(6) 『八王子城跡Ｘ―一九八七年度確認調査報告書―』(東京都八王子市教育委員会刊、一九八九)

(7) 『八王子城跡XI―一九八八年度確認調査報告書―』(東京都八王子市教育委員会刊、一九九〇)

(8) 『史跡八王子城跡環境整備事業報告書』(東京都八王子市教育委員会刊、一九九二)

(9) 「八王子市郷土資料館『発掘された八王子城』展図録」解説(一九九六)

(10) 現在のところ、石積みに積み直しや増築などの時期差は確認されていない。恐らくは、当該の年代の一時期に普請されたと考える。しかし遺物の中に相対的に古めな遺物を含むこと、及び文献の年代でも天正年代前半の築城の問題もあり、石積みの正確な年代の問題にやや検討余地を残している。

(11) 『史跡金山城跡保存管理計画書』(群馬県太田市刊、一九八六)

(12) 拙稿「金山城の遺構と変遷」(『由良氏と金山城』太田市教育委員会刊、一九九六)を参照されたい。

(13) 『白河市』九五七

(14) 『群馬県』三三四九

(15) 『戦国』〇三一四九号文書

(16) 『群馬県』三四八六

(17) 『金山城と由良氏』(群馬県太田市教育委員会刊、一九九六)、『金山城跡・月の池』(群馬県太田市教育委員会刊、一九九九)

(18) 群馬県太田市教育委員会「『国指定史跡金山城』現地説明会資料」(一九九六)

(19) 宮田毅「太田市金山城跡の石垣」(『利根川』一七、一九九六)及び「史跡金山城跡」(「織豊期城郭研究会」第四回研究集会史料、一九九六)

(20) 宮田毅「太田市金山城跡の石垣」(『利根川』一七、一九九六)は八王子城の事例も比較検討し、構造的な分析も行っているので是非参照されたい。
(21) 『小田原市』二九八
(22) 『小田原市』七三三・八二八
(23) 『小田原市』七七七
(24) 『足柄城現況遺構調査報告書』(静岡県小山町教育委員会刊、一九八九)
(25) (元亀二年)卯月一五日、北条氏康書状(『新潟県』六八八)は、越相交渉の過程での文書で、多少の誇張はあると推測されるが、足柄城普請の背景の事情を物語っている。
(26) 『小田原市』七三二
(27) 『小田原市』二二六〇
(28) 北垣聰一郎『石垣普請』(法政大学出版局刊、一九八七)
(29) 石工の分業体制については、それ自体はまだ十分に検討されていない。しかしながら、『大乗院寺社雑事記』明応三年(一四九四)五月五日条で五輪塔の製作を巡って、賃金が分配されている事例は有名である。また、近年に至るまでの城館石垣を巡る研究は石垣普請に携わる石工を、石積みのスペシャリストと想定しているように思われる。確かに織豊期の高石垣については特殊な技術があったろうことを推測するに難しくない。本章の認識もこの上に立って論述している。
　しかし石工集団内部の体制及び分業の問題は、織豊期の石垣普請の発展段階や中世を見通した上での石工集団を検討する上で、極めて重大な問題である。
(30) 『小田原市』九五七
(31) 天正三年(一五七五)三月七日付、虎印判状(『小田原市』一一八四)で後北条氏は善左衛門と善七郎の両名を「御分国石切之可為棟梁」としている。後北条氏に関しては青木文書の中で最後の文書となる。八王子城や太田金山城の普請に関わった職人は善左衛門と善七郎に統率された職人である可能性はある。しかし青木文書中には駿河の穴山氏に従った集団があり、これ以前に石工集団の分裂があったことが推定される(『清水市』一七七〜一八四)。数年後に控えた両城の出現には以上のような状況を克服する何らかの変化があったのではないかと推測する。青木文書中の後北条氏関連文書が天正三年で途絶えるのは、あるいは石工集団の交替を意味するものかもしれない。

(32) 古郡正志「金山城（平井詰城）跡」（『藤岡市史　資料編　原始・古代・中世』群馬県藤岡市刊、一九九三）

(33) 以上の詳細については古郡正志のご教示による。

(34) 『城平遺跡・諏訪遺跡』（財団法人群馬県埋蔵文化財調査事業団刊、一九八四）

(35) 『県指定史跡名胡桃城址（二郭）現地説明会資料』（群馬県月夜野町教育委員会刊、一九九七）

(36) 三宅敦気のご教示による。

(37) 八王子市埋蔵文化財年報　平成8年度（東京都八王子市教育委員会刊、一九九七）及び新藤康夫のご教示による。

(38) 『田沼町史　第三巻　資料編二　原始 古代 中世』（栃木県田沼町刊、一九八四）

(39) 『―千葉県富津市―金谷城跡』（財団法人君津郡市文化財センター刊、一九八八）

(40) 国井洋子「凝灰岩石材と中世石造文化圏―新田荘の天神山石材による一考察」（『群馬歴史民俗』一〇号、一九八八）及び「中世東国における造塔・造仏用石材の産地とその供給圏―上野国新田荘の天神山凝灰岩を中心に―」（『歴史学研究』七〇二、一九九七）

(41) 『伊奈石　伊奈石の採石・加工と多摩川流域の流通についての研究』（伊奈石研究会刊、一九九六）

(42) これらの産地の石材が砂岩や凝灰岩といった軟質石材であることは注目する必要があろう。

(43) 前掲、北垣聰一郎『石垣普請』、同「石を『積む』角牟礼城」（石井進監修『よみがえる角牟礼城』新人物往来社刊、一九九七）は、この点に触れている。

（補記1） 本論を最初に発表したのは一九九七年であった。その後、関東平野内の石積みについてはその事例が増しつつある。とりわけ鉢形城・要害山城・小倉城などの埼玉県西部の事例は大きな問題点を提示している。いずれもが調査継続中であり、本報告が未刊行の状態であるため、本論では触れることはできなかった。しかし、東国の石積みと石工を考える上で極めて重要な問題を孕んでいるため、他日、詳細な検討を行いたい。

（補記2） 本書の校正中、『史跡金山城跡環境整備報告書　発掘調査編』（太田市教育委員会刊、二〇〇一）を得た。その成果は今後発刊される続編とあわせて検討する機会を持ちたい。

第三部　領域の境界

第一章　「境目の城」の構造的特質

はじめに

本章は、群馬県高山村にある中山城についての考察である。

現在の中世城館の把握のあり方からすれば、この中山城も一個の中世城館という文化財である。しかし、個々の中世城館はそれぞれの機能や役割を持って存在した。それを明らかにしなければ一個の城館が存在する意味がわからないであろう。その機能や役割を明確に踏まえてこそ中世城館を中世史料として使用することができよう。そのためには先ず縄張りの読解、次に文献資料その他との整合的解釈が要求される。具体的には、築城年次・築城者、及び築城目的の確定が課題となろう。本章では中山城を通してこの作業を行い、中世城館の中世史料化を考えたい。

また近年、村田修三によって中世城館の編年作業が鋭意行われている(1)。氏は平安期の「館」と「防塁・阻塞類」から流れる二つの系譜を想定し、その交点に戦国期の「完成された中世城館」が生まれるとして、個体としての城館について「タテ」型の系譜を組み立てた。この視点は従来の、「山城—平山城—平城」という教科書的通説(2)を克服するものである。氏の設定には基本的に賛成であるが、ただその背後にいる築城者＝領主のウェートが低いように思われる。時代ごとに個体の城館を評価しているが、個体を個で評価したために城館間の相互関連が失われてしまったように思えるのである。複数の城館を群＝領域で把握し、領主の存在形態を考察することが、今後の課題ではなかろうか。中山城を取り上げるに当たってもこの視点に立って考察したい。

以上の問題意識のうえに、具体的に中山城(3)を検討していくことにする。

一　中山城の構造

中山城を歴史的に考察する前の基本的作業として、選地・縄張りについて把握しておきたい。

群馬県沼田市から国道一四五号線を西に中之条へ向けて進むと、今井峠を越えて高山村に入る（以下、図54参照）。しばらく進むと渋川から中山峠を越えて高山村に至る道と合流する。本宿の交差点である。この交差点から西へ約一キロメートルの地点、高山村のほぼ中央に中山城はある。国道を東から西へと進むと、あたかも眼前を遮断するかのように北から南へ突き出た舌状台地がある。この台地を中山城は選地している。城内にはいると縦横に深く大きな空堀が走り、一見して「新しい城」であることが推測される。

図55の中で、1の部分が「本丸」に相当する郭である。この郭には南北にA・Bの二つの虎口が備えられており(4)、それぞれ木橋で外部の郭と連絡していた。この郭1の三方を囲む横堀は城内で最大の堀である。また、郭1にはこの横堀に添うように土塁が設けられている。この横堀は郭1と周囲の郭2・3・4とのレベルがほぼ同じであるため、郭内を見られないようにするために、かつ外部から見たときに高低差を際立たせて威圧感を抱かせるために普請されたものである。

郭2は郭1の南を守るために配置され、郭1の馬出的な機能を有していた。この郭から外部へは、Dの部分から土

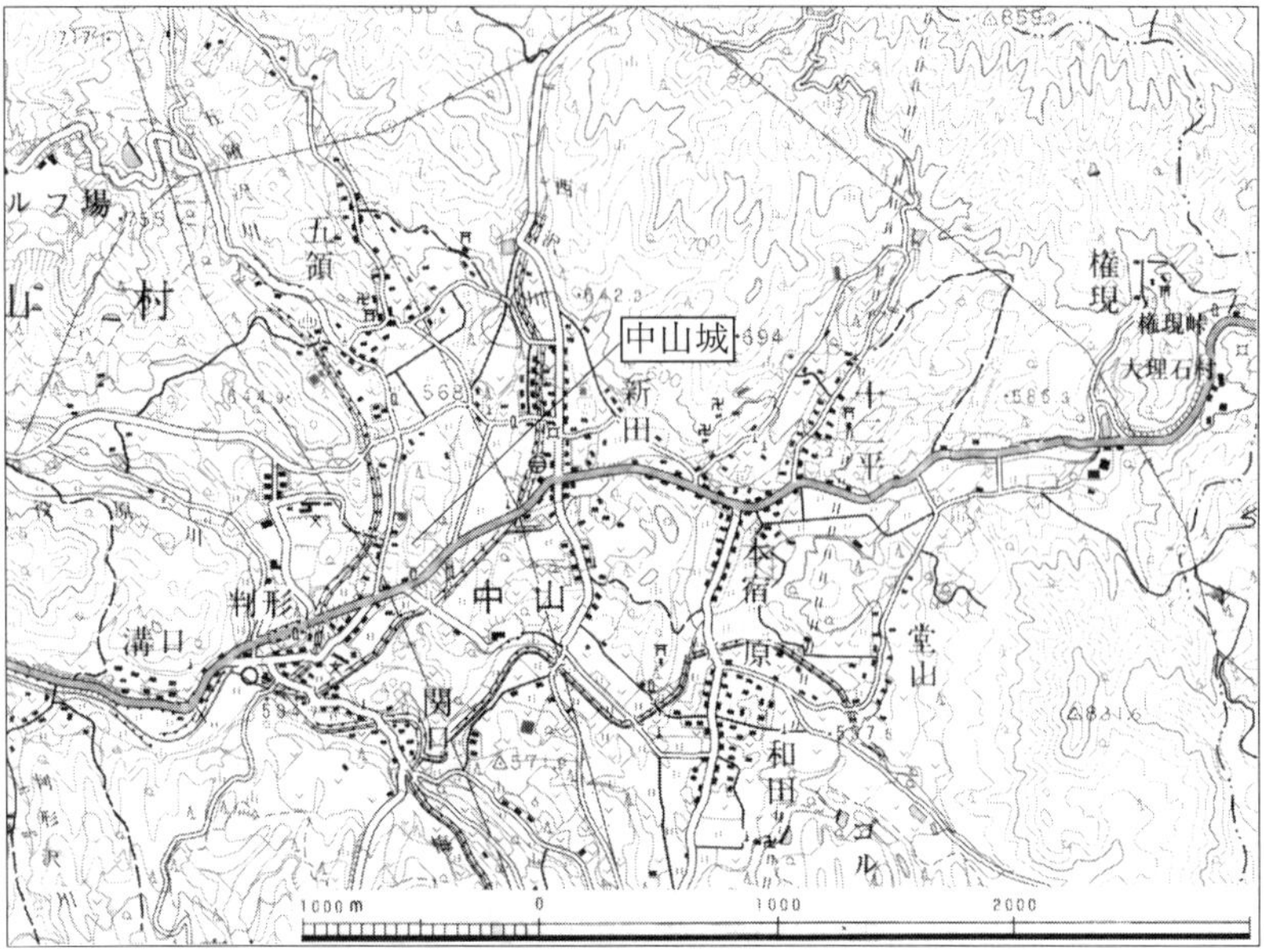

図54　中山城周辺地形図

橋を渡って郭4と連絡している。土橋の外側にはマウンドが存在しているが、大半の部分が切り崩されたようで、郭4との連絡のあり方は不明である。残存の状況から、馬出のような設備が存在していたのではないかと思われる。

　郭1の北部には郭3が配置されている。この郭から外への連絡はCから空堀の底へと下るルートを経て行われている。このことから中山城では空堀の底を通路として使用していたことが確認される。また、郭3の外周を巡る横堀は、郭1の北側の横堀とは一直線につながらず、鍵の手に曲がっている。これは郭3の外周の横堀底を進む敵が、ポイントEで郭1の壁面を正面とするように縄張りされているためで、[5] この点からプランナーは縄張りの熟練者であったことを窺わせる。付け加えておくと、ポイントE付近は現在でも水があり、「水の手」の設備が成されていたと考えられる。

　この郭2・3に加えて郭4等が、郭1をコの字形に囲むように配置されており、さらにその外側に横堀を巡ら

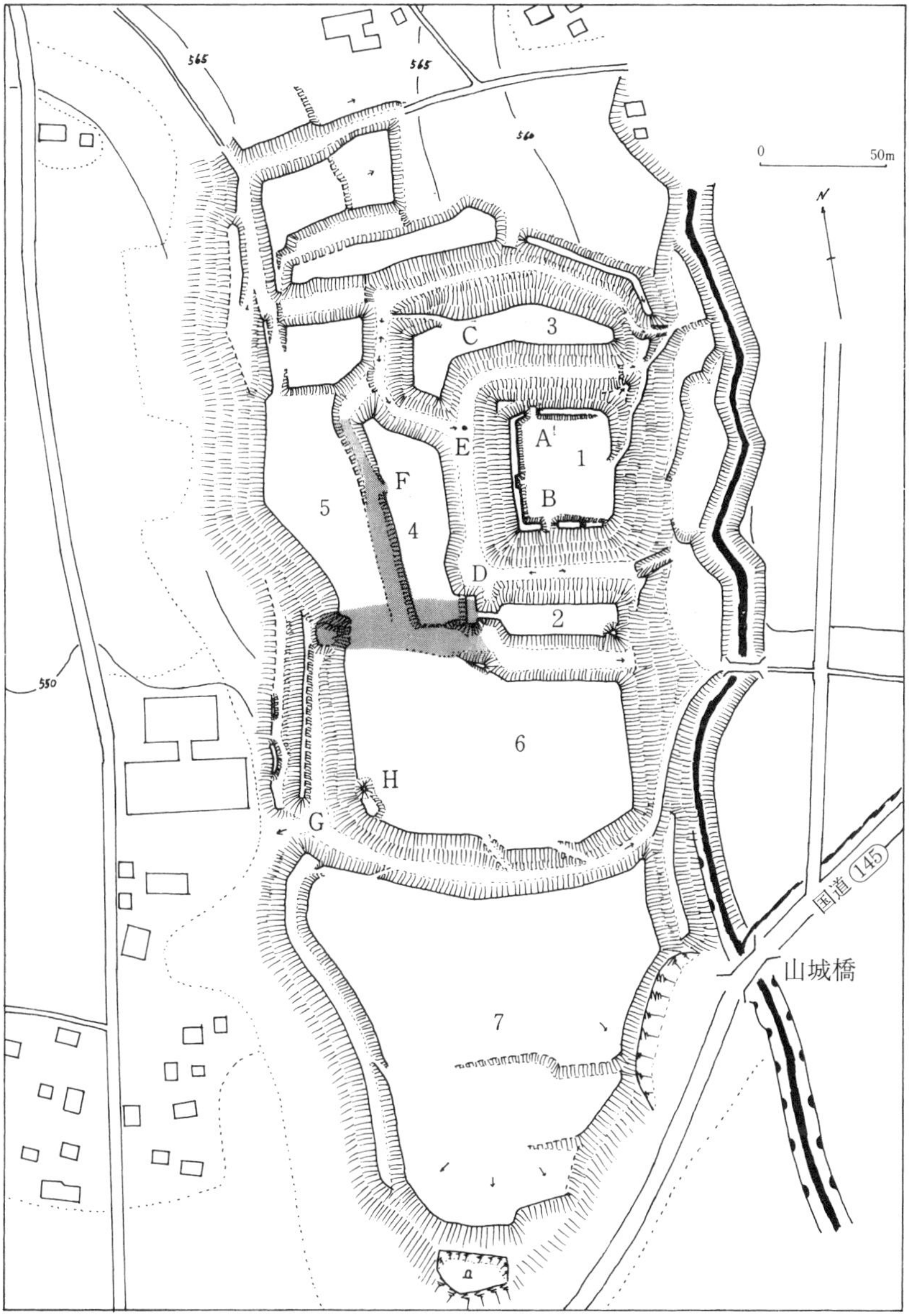

図55 中山城縄張図

している。ここまでの区間と、郭5そしてその北方の数郭を加えた空間が、中山城の中心部を構成する。さて、郭4・5の間、及びそれらの南面の▒の地点は、現在、農地化されており旧観を失っている。恐らくは▒の形に即して、逆T字形に空堀があったと推測される。この構造の場合、城内でも重要な地帯であったと思われる。具体的に遺構から構造を考えると次のようになる。郭4のFには虎口状の開口部が見られる。この虎口から埋められた空堀底を経て、郭6の西面の横堀底を通って虎口G（この虎口は郭6の櫓台Hによって守られている）から城外へ出るというルートが設定されていたと推測される。城内には他に完備されたルートが見られないことから、大手道に相当する通路と考えられる。

以上のように縄張りを概観したが、その結果、中山城の機能の大半が台地の北側に集中していることがわかろう。残る南面には6・7という舌状台地上では広い面積の平坦地がある。7の東西には腰郭があることから、城内としていることは間違いない。とするならば、この縄張りは舌状台地を選地している城館としては不自然となる。今日の中世城館研究は、この選地を行った場合、台地の先端を主郭とするのが常識と理解している。例えば、坂田城（千葉県）、片倉城（東京都）、岡城（埼玉県）、大庭城[6]（神奈川県）など、私がフィールドとしている関東地方では枚挙に暇がない。これらと比較した場合、この中山城の中心部は余りにも台地の付け根に寄りすぎている。付言すると、中心部より北側地続の東側壁面はやや段差を持つもののすぐに緩斜面になってしまう。このため中山城の中心部は舌状台地の根本にあることになり、地形上、最も安全な郭6・7という広大な空間を台地の根元で守る地点に配置されていることになる。この縄張りの異質性は中山城の持つ機能・役割の表現ではなかろうか。

別の一面として、横堀の存在も挙げられよう。既に少し触れたが、この中山城の横堀はフラットな台地上に、地形に左右されることなく、かつ必ずしもその場所の普請される必然性がなく、意図的な設計によって配置されている。丘陵が多い関東平野には相応しい城館である。しかし視野を狭くして、吾妻郡に限定してみるとどうであろうか。結論だけ述べるが、表3に見られるごとく、他の城館にも横堀が散見できるが、どの場合も地形的に必要があって施されたものであり、意図的な設計によって配置されているとはいえない。(7)つまり、中山城の横堀は吾妻郡にあっては特異な空堀なのである。また、表3から、舌状台地を選地した城館も他に例がないことがわかる。山が多い吾妻郡にあっては、ある程度の高さをもち、築城に適した山を選地することが、経験から得られた知恵（吾妻郡的常識とでもいえようか）であり、自然な選地なのであろう。とするならば逆に、舌状台地を選地すること自体も吾妻郡の城館らしくは

表3　吾妻郡の中世城館

城　名	所　在　地	選　地	横　堀	備　考
中山城	高山村中山	舌状台地	○	
中山古城	高山村中山	山（尾根上）	△	
中山峰城	高山村中山	山	×	
役原城	高山村尻高	平地	△	館城
尻高城	高山村尻高	山	×	
横尾八幡城	中之条町栃瀬	山	×	
小城	中之条町河原町	段丘端	△	
嵩山城	中之条町五反田	山	×	
仙蔵城	中之条町折田	山	×	
桑田城	中之条町山田	山	×	
高野平城	吾妻町原町	山	×	
稲荷城	吾妻町原町	山	△	
岩櫃城	吾妻町原町	山（尾根上）	△	
柳沢城	吾妻町原町	山	×	
岩下城	吾妻町岩下	山	×	
三島根小屋城	吾妻町三島	山（尾根上）	×	
山の固屋城	吾妻町川戸	山（尾根上）	×	消滅
萩生城	吾妻町萩生	丘	△	
丸屋城	吾妻町須賀尾	山	×	
柳沢城	長野原町横壁	山（尾根上）	×	
長野原城	長野原町長野原	山	×	
羽根尾城	長野原町羽根尾	山（尾根上）	×	
鎌原城	嬬恋村鎌原	段丘端	×	
柏原城	東村箱島	段丘端	×	

※1）作表にあたって，『群馬県古城塁址の研究』の縄張図，及び実地調査をもとにして，遺構の明確なものを対象とした．
2）吾妻町内大戸付近は，天正一〇年代に後北条氏が関与したため除外した．
3）横掘の表記について，
○…意図的な設計による横掘が存在する．
△…地形から必要があって横掘が配置される．
×…横掘が存在しない．

なく、地域的様相にそぐわないことになる。
縄張りを読んだ結果、舌状台地を選地し、意図的な設計によって配置された横堀をもつ中山城は吾妻郡で培われた技術によって築城されたのではなく、郡外の勢力によって普請されたのではないかという推測が生まれる。
以上、選地・縄張りの検討を通して、二つの疑問点を抽出した。この問題を縄張り論のみから結論へと導くのは慎まねばならず、以下に文書史料を使って考えることにする。

二　政治的背景

前章の後半で、この中山城が吾妻郡外の勢力によって築かれたのではないかとした。このように考えると、該当する勢力として後北条氏の存在が挙げられる(8)。この後北条氏が特に中山と関連したということは、次の史料によって確認される。

【史料一(9)】

急度令啓達候、抑去秋(中略)、然者氏直去夏信甲乱入、至于新府、家康ニ三月雖被及対陣候、南軍一途之無功作、被遂和睦退散、翌月到于当国、氏政・氏直父子出張、白井表ニ在陣、以勢遣中山之地江相動、彼地以計策請取、一普請有之、被相拘候、(中略)巨細使者口上申達候、恐々謹言、

(天正一一年)二月十九日　　北安入芳林(北条高広)(花押)

上条殿

参御宿所

この史料は織田信長没後の関東情勢を越後国に報告した書状であり、その前半の一部分を引用したものである。これによれば、甲斐国若神子で家康と対陣した後に、北条氏政・氏直父子は上野国白井に陣を進め、その一部の勢を中山へ向けて、計策で中山の地を受け取ったとしている。白井と中山の位置関係から考えると、この一隊は子持山の西にある中山峠を越えて中山に至ったのであろう。この勢は一普請をしてこの地を抱えたとされていることから、後北条氏勢力が中山の地に普請を行っていたことが確認される。この事実を基に中山城を見た場合、この城館こそが「一普請」にあたる城館と考えられる。横堀の存在といい、舌状台地の選地といい、後北条氏が関東平野で熟練した技術である。後述するとおり、政治的状況と遺構は対応して考えることができ、本章で取り上げる中山城と同一と考えられる。

更に（天正一〇年）閏極月二四日・北条氏邦朱印状[10]には「当地中山今夜ほん意に候条、すくニくらうちとりつめへく候、」とあり、北条氏邦自身が中山に来ていたこと、そして中山を基点として倉内（＝沼田城）を攻めると宣言していることが確認される。

先の【史料一】には、北条氏直が若神子の対陣から帰国した「翌月」に上野国に出張したとされている。若神子での交渉が行われているのは天正一〇年（一五八二）一〇月末であり、翌一一月一二日には後北条家家臣の松田憲秀は、「然者、今十二日武州へ納馬候条、三日之内可帰宅候、軈而可御帰国候、」と、自分が一一月一二日頃に帰宅する予定であり、北条氏直も直に帰国する予定であると報じている[11]。これらを根拠にすると、「翌月」とは一二月とできる[12]。事実、天正一〇年一二月九日には、「一、西上州表へ伝馬之事」の箇条を含む伝馬掟書を定めて上野への行動を開始し[13]、翌閏一二月一三日には宇都宮国綱が「南衆西上州へ取越候」と佐竹義重に報ずるに至っている[14]。とするならば、時期から考えて先の北条氏邦朱印状の「当地中山今夜ほん意に候条」というのは、中山の地を受け取ったこと、もしくは中山城が完成したことであろう。いずれにしろ【史料一】で報じられている内容から考えて、「以勢遣中山之地江相動」とされる一隊とは北条氏邦の軍勢であり、その後の一連の行動として「一普請有之」と述べられていることから、当初の中山城の築城者は北条氏邦といえることになる。

さて、以上のように築城に関する諸点を確認したが、この当時の上野国の情勢は如何であったろうか（図56参照）。既に触れたが、天正一〇年の夏には本能寺の変の余波で甲斐国若神子で北条氏直と徳川家康が対峙し、和睦後、【史料一】にみられるように上野国に進む。特にその矛先は、沼田に向かっていることは明らかである。閏一二月二六日には沼田攻めの拠点として津久田城が北条氏照から氏邦に渡されている。[15]この後、徐々に沼田包囲網が形成されており、天正一二年（一五八四）七月には五覧田城（勢多郡黒保根村・東村）を取り立て、かつ普請を行い、[16]岩櫃城の抑えとして大戸（吾妻郡吾妻町）にも普請がされている。[17]一方、津久田城より利根川上流は、長井坂城（勢多郡赤城村）[18]・阿曽の砦（利根郡昭和村）[19]へと拠点を伸ばし、着々と沼田へ詰め寄っている。中山城はこのような動向の初期に築城されたのである。

中山城の位置は、図56から後北条領国内の白井より子持山・小野子山という吾妻郡の境界を越えて、尻高城と沼田城の中間に位置することが読めよう。（天正一〇年）閏極月二八日・依田信審書状[20]には「返々南方衆ハ沼田・我妻之間、中山地取詰候、」と報じており、当時の認識も同様であったと確認される。中山城の役割の一つは沼田―岩櫃間の交通を遮断して真田領を二分すること、吾妻郡の幹線道路を自己の統制下に置くことにあったと推測される。この結果、敵地の真中という極めて危険な位置に中山城は置かれたことになる。

話題は前後するが、この情勢を巡って興味深い史料がある。

【史料二】[21]

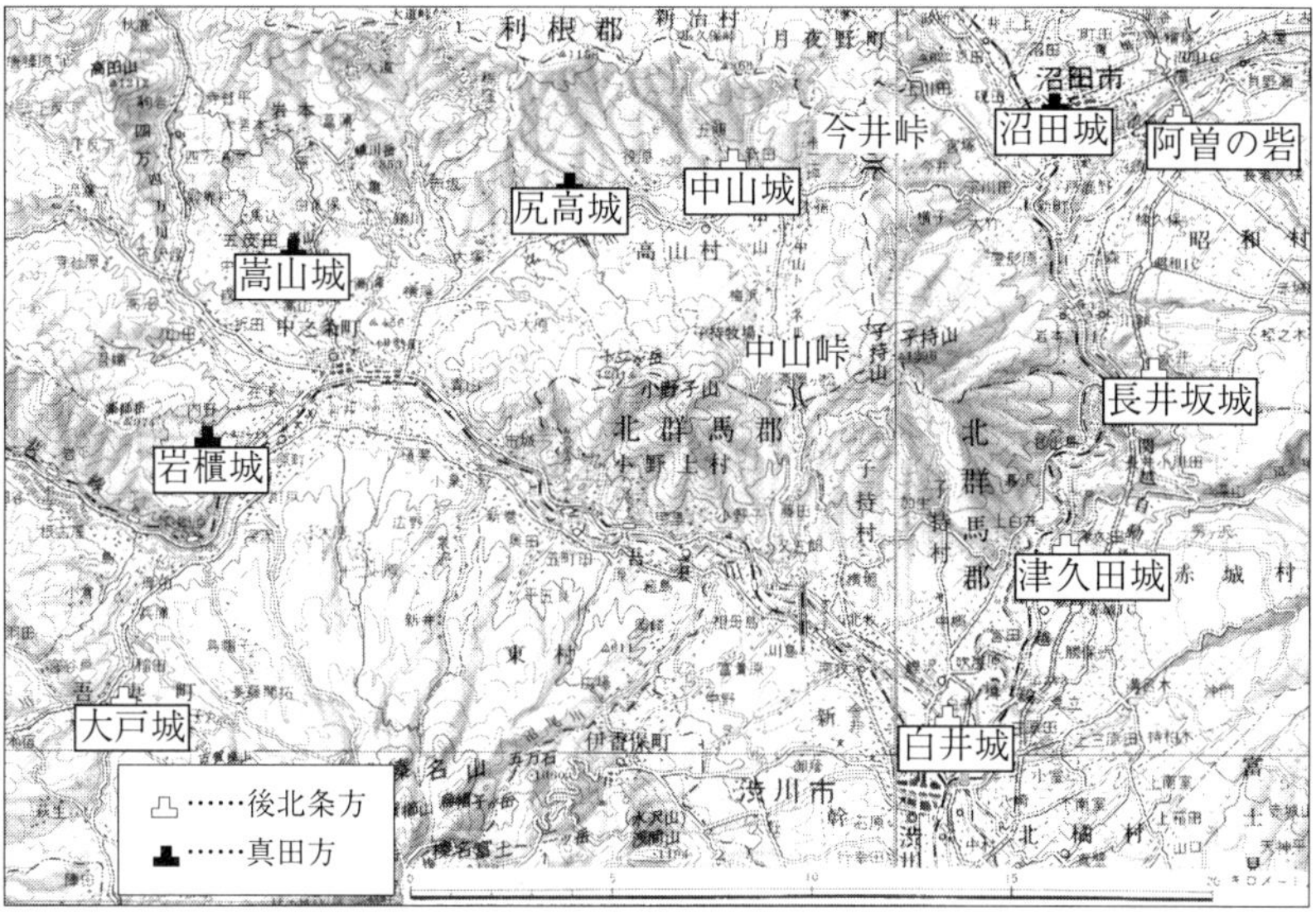

図56　中山城周辺地形図

（龍朱印）
条目
一、帰城之上、吾妻用心普請、無疎略可被申付之事、
付、中山之事、
（中略）
以上
（天正九年）六月七日
真田安房守殿

岩櫃城に戻ったら、吾妻郡の用心のために普請を間違いのないように行えと真田昌幸に命じ、その付帯事項として「中山之事」を加えている。中略した部分に「在口上」とあることから、使者が口上で内容を付け加えていたことが確認され、この「中山之事」も具体的なことは口上であったと考えられる。詳細は示されていないが、付帯事項である点から特に注意して普請すべきが中山の地であると指示していたであろう。これは当時の真田―武田側が後北条氏によって中山が侵略され、沼田―岩櫃間が遮断される可能性があると認識していたことを示唆し、同時に中山という真田領が後北条氏領国と境

界を接していたことをも示している。

以上のように中山城は当初、天正一〇年一二月〜閏一二月に北条氏邦によって築かれた城館であること、[22]そして築城の政治的背景を明らかにした。これらの諸点を踏まえ、更に考察を深めてみたい。

三　後北条氏領国と中山城

中山城を語るに当たって触れておかねばならないのは、やはり中山という地名であろう。この地名を中世文書から集めた黒田日出男はつぎのような点を明らかにしている。[23]

中世の人々は地域間に道をつくり相互に交通・交易を展開していったが、そのような両地域間の交通（路）上の境界をなす山＝峠を「中山」と称したと。

氏の指摘は、この吾妻郡にあっても子持村と高山村を結ぶ峠が「中山峠」と呼ばれており、妥当性がある。本章で取り上げる中山城のある「中山」という地は、「山＝峠」ではない。現在では、本宿・五領・判形・関口などを含む小盆地全体の広い空間の地名として使用されている。中世にあっても「中山地衆」[24]なる集団が組織されていることから、日常の生活空間を中心とする広い地域が「中山」であり、それは現在の大字中山を中心とした一帯と推測される。またこの地域は沼田・吾妻（岩櫃―中之条―尻高）・子持村という三地域の接点であり、中心が本宿となる。その交点は二者間の分岐点ではなく、三者間の分岐点なのである。すなわち、数カ村を含む小地域が「中山」なのである。黒田氏の「両地域間の交通（路）上の境界」という見解は、若干の地形上の相違はあるものの、中山という地名を考える上で重要であることはこの地でも支持される。

交通・交易の接点という地域であり、その一方が後北条領国につながるために、武田勝頼は【史料二】を発給したのであろう。しかしながら、天正一〇年には「被相拘候」【史料一】となり、中山は後北条領国に編入されてしまう。後北条領としての具体的様相としては尻高源次郎宛、（天正一一年カ）正月五日付、北条氏邦判物写[25]がある。同状によれば北条氏邦が吾妻郡の在地領主である尻高氏に、中山城で働くように指示している。中山城を中心に吾妻郡を編成しようとしていた意図を窺わせる興味深い史料である。真田領内から後北条領国内へと所属領域の変更がなされ、後北条氏にとつての境界という位置付がなされる。この点に中山城の意義の一つがあるのではなかろうか。沼田城攻めの拠点という外への視点を一方に持ちながら、内に対しては領国の境目の維持を行うという側面が存在するのではないかということである。

中山の地に城館を構えることについて考察してきた。軍事行動の要求から敵地の真ん中に城館を構えるという危険性。領国の境界を維持するという必要性。しかもこの地が侵略地であるということ。以上の諸点について述べてきたが、これらの点こそが中山城の縄張りに影響を与えていると考えられる。すなわち、空間6・7を守るように配置されている中心部という縄張りである。

このような条件がある場合、攻守いずれであっても相当の兵力を必要としよう。例えば、北条氏邦が来た時には彼の本城鉢形城から軍勢を率いてきたはずである。動員された軍勢はどこに駐屯したのであろうか。常に外敵に脅かされる状況である。沼田や岩櫃を懸念するだけではなく、侵略地ゆえに農民たちの一揆した行動にも注意を払う必要があったであろう。そのような状況下で安全な地とは城内にほかならない。そして、常に城内に兵を置くことは、城館を保持させかつ「中山」という領国の境界を維持することにもなる。このような要求が舌状台地で最も安全な地に空間6・7という広い地を配置させたのではなかろうか[26]。境界ゆえの特殊性が中山城をこのような縄張りにしたのであり、そこに戦国期の領主のあり方や領主と動員された軍勢との関係についての一断面を見ることができる。

小　結

中山城について多々論じてきたが、最後に論点をまとめて展望を示しておきたい。

○中山城は天正一〇年一二月～閏一二月に北条氏邦によって築かれた城館であること。

○舌状台地に選地されながら、先端を主郭（本丸）とせずに特殊な縄張りをしているとし、この原因を政治的背景及び境界に築かれたことに求められること。

以上である。

一個の中世城館に多方面からスポットを当てることによって、いくらか歴史の舞台に浮き上がらせることができたのではなかろうか。しかしそのために意図が不鮮明になったように思う。展望として愚見を示しておきたい。

この中山城は後北条領国の境界にあるということは既に触れたが、このような位置にある城館を城館研究の概念では「境目の城」という。従来、ただ境界に築かれた城館と理解されていたが[27]、近年は境界を越える相互の交通との密接な関連が指摘されており、その具体的・年代的な差異が課題になっていると考える。本稿もその一事例を挙げたに過ぎない。

具体的なあり方については本論のなかで触れたので、以下では時代的な差について述べておきたい。

中山城が築かれた年については既に述べた。この点だけを取り上げても、後北条氏城館を語るうえで標準化石の位置を占め、意味のあることと思う。しかし、ここで言う時代的差とは、中山城と比べて前であるとか、後であるというような後北条氏城館の編年を意図するような短い時代的差ではない。当座の視点としては中世という時代のなかでの時代的差である。

本章の「はじめに」で触れたように中世城館の編年化という作業は進行中であり、私も基本的には村田修三氏の意見に賛成である。ただ、氏が「タテ」の流れで把握される上に、「ヨコ」という平面の広がり＝城館群のなかの一城館という視点を加えるべきではないかと考える。中世の領主が時代とともに自己の存在形態を変化させ、その流れのなかで彼らの本拠＝「本城」も変わる。その過程のある時期に、領主が一定領域内に複数の城館を築き、恒常的に維持するようになる。それらの城館群のなかで、個々の城館が個々の機能・役割を持つ。その一つの要素に「境目の城」がある。この目的・役割をもった城館がいつ生まれるか、つまり領主が境界の交通に対して積極的に統制を加え、自らの境界を維持するための城館がいつごろから出現するか。この視点で城館を見ることは決して個々の城館のみではできず、領域という広がりのなかで城館を見ることが必要となる。本拠＝「本城」があっての「境目の城」である。その意味で私は「ヨコ」の視点を入れて城館を見てみたいのである。このことは領主がいかに領域を考え、境界を考えたかを考察するのに重要な視角となるからである(28)。

中山城を取り上げた意図はここにあったのだが、まだまだ十分でない。今後更に類似例を発掘していかねばならない。ただ、先に述べた目的で境界に恒常的な城館を築くことは、中世という時代で見た場合にそう古いことではないように思う。恐らくは中山城と同時期の一六世紀のことではなかろうか。

注

(1)「中世の城館」(『講座・日本技術の社会史　第六巻　土木』日本評論社刊、一九八四)

(2) 学説史上の起源は具体的に知り得ないが、亡霊のように今も残っている説のように思う。
(3) 山崎一が、『群馬県古城塁址の研究　下巻』（群馬県文化事業振興会刊、一九七一）及び、『群馬県古城塁址の研究　補遺編』（群馬県文化事業振興会刊、一九七九）で詳細に触れている。そのなかで氏は「天正一〇年（一五八二）赤見山城守が築き、在城し北条氏直に属した城である。」とし、さらに「天正十年、中山右衛門尉が津久田城攻めに敗死したのに乗じ、白井城主長尾憲景は中山城を占領し、附近地衆を味方につけるよう工作を進めさせた。北条氏直は、赤見山城守ぐるみ、中山を長尾の手から摂収したようである。中山城はその際、北条によって築かれたと考えられる。」とされている。本章後半で述べるがこの説には疑問をもつ。
(4) 現在はこのほかに東側にも道が付けられている。しかし後代の可能性があるためにこの道の評価は保留する。
(5) 前掲山崎一『群馬県古城塁址の研究　下巻』（二〇三頁）も、この部分に注意を払っている。
(6) 岡城は中田正光『埼玉の古城址』（有峰書店新社、一九八三刊）を、そのほかは『図説・中世城館事典』第一巻（新人物往来社、一九八七刊）の縄張図を参照されたい。
(7) 岩櫃城と中山古城には他の吾妻郡内の城館と趣の異なる空堀がある（第二部第二章参照）。竪堀と横堀を連結させるなどして、ラインで守ろうとしている。ただし、この堀も中山城の横堀とは発想が異なる。
(8) 前掲、注（3）参照。
(9) 『群馬県』三三二六。
(10) 『群馬県』三三〇九
(11) 『神奈川県』八八〇四
(12) 『神奈川県』八八一一
(13) 『群馬県』三三〇二
(14) 『群馬県』三三〇八
(15) 『群馬県』三三一一
(16) 『群馬県』三三〇五
(17) 『群馬県』三三八一
(18) 『群馬県』三三二六・三四八七

(19)『群馬県』三三二六
(20)『群馬県』二二一三。ただし、『群馬県史』は「極月」のうえにある「壬」を十干と判断して、永禄六年に収めている。この「壬」は閏月を示すものとして、天正一〇年と考えるべきであろう。
(21)『群馬県』三〇六五
(22)廃城時期の判断は難しい。山崎一は前掲註(3)書で、『加沢記』から天正一四年に中山が真田方へ移ったとしている。少なくとも、後北条氏の城館であることから、天正一八年は下らない。
(23)「『中山』―中世の交通と境界地名―」(『境界の中世　象徴の中世』東京大学出版会刊、一九八六)。
(24)『群馬県』三一五六
(25)『埼玉県』一六九六
(26)同様な視点で藤崎定久『日本の古城【5】』(新人物往来社刊、一九七七)は伊賀上野城について「境目の城」であるがゆえの縄張りの特殊性を説いている。
(27)例えば、『日本城館体系・別巻II』(新人物往来社刊、一九八一)二三五頁「境目の城」(小和田哲男氏執筆)の項。
(28)この点についての詳細は第三部第二章を参照。

第二章　境界認識の変化
——戦国期国境の維持と管理——

はじめに

中世社会の研究において、近年著しく進んだ分野に「境界」の研究がある。その成果として『日本の社会史　第2巻　境界領域と交通』(1)があげられよう。多様な境界のうちで空間について着目するならば、中世国家の研究や村落構造において、民俗学を援用した研究等を中心に、境界が単に共同体間の境界であるに留まらず、地神が支配し「魔所」とも言われるような畏怖すべきタブーを持つ場であるとする。聖俗の世界の接点であると言う立体的な認識がほぼ定着しつつある。

空間の境界領域に関する研究は平面的には国家レベル、国郡レベル、都市・村落レベルというような段階差をもって行われる必要があると考えるが、本章では前章に引き続き国郡レベルの境界について、領主との関わり、領主の境界に対する認識について論じたい。領主にとっての境界に着目することは領主による領域支配の一端を明らかにすることであり、田畠の支配・収奪の視点だけでは論ずることのできない領主の領域把握を明らかにする視点を有すると考えるからである。

この視点に基づいて、従来「境目の城」といわれる中世城館に切り口を求めることにしたい。「境目の城」は「支城の一つ。敵領と味方領との境に築かれた城。(2)」とされ、その具体的な存在形態、機能についてはまだ研究が深められていない状況が近年まであった。これに対して、松岡進は中世城館研究全体の視野で「城館跡研究を進めようとするならば、迂遠なようでも類型論の深化が現時点では必要であろう」として、「境目の城」の分析に着手した。そこでは戦国期の「境目」が一郡程度の広がりをもち「主城を核とした重層的な城館群が配置されている」とし、加えて「境界」の諸相を論じて、機能による城館の類型的把握に一石を投じた。(3)

この松岡の提起に学びながら、本章では境界の機能について検討を加えるのが第一の目的である。また冒頭に示した境界観は現在にまで至る境界に対する感覚と考えるが、近世の関所の設置に見られるように、管理すべき対象としての境界が何時どのように生まれ、冒頭の境界観と対峙するようになったか。この点について検討を進めてみたい。

一　境界の管理

「境目の城」を分析するといっても、その内容は実は多様で、厳密な研究はまだなされていない。そこでまず、小規模な城館に検討を加える。結論的に言うならば、大名間戦争を視野に入れて築かれたというよりは、境界の交通の管理を意図して設置された城館ということができる。具体的事例として、荒砥城（新潟県南魚沼郡湯沢町）およびその周辺と愛宕山城（群馬県碓氷郡松井田町）を取り上げてみたい。

荒砥城は現在の国道一七号線が三国峠を北に下り、湯沢の市街地に至る直前、芝原峠の標高三五七メートルの小さな山の上にある（図57参照）。遺構の残存は良好で、南北約三〇メートル、東西約二八メートルの主郭を中心に枡形門・角馬出・横堀や竪堀を効果的に配置した縄張りを施している（図58参照）。背後にあたる南東方向の尾根を堀切で

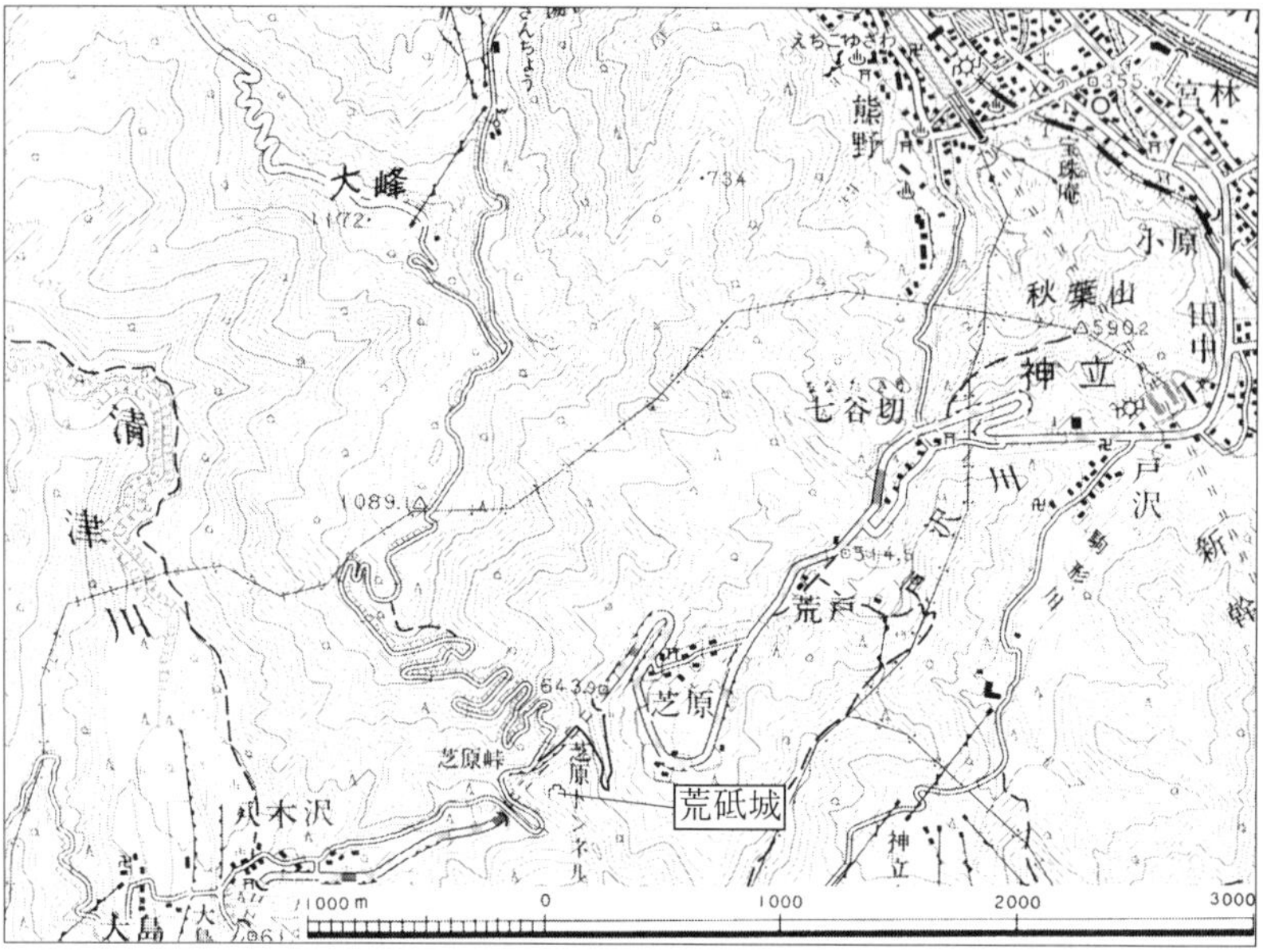

図57　荒砥周辺地形図

遮断し、残る三国街道に面する北および西の尾根には虎口を開いている。小さいながらも技巧的な城館で、角馬出が普請されていることから、遺構だけでも普請に際しての大名レベルの関与が想定される。

築城の起源は明らかで、天正六年（一五七八）の御館の乱に際し、上杉景勝の命によって築かれている。六月二七日付の上杉景勝書状の中で「あらとか山中辺ニてふせぎ、相稼へきよし」[4]と荒砥築城の方針が打ち出され、翌七月五日付の景勝書状では「関堺目あらと・直路ニ地利ヲ取候、如何にも人数相集、防戦可成之候由申付、差越候つる、定其備可申付候」[5]と援軍派遣と境目の備えを命じ、かつ同状の追而書きには「以前申付、両地ふしんの儀、申付候哉、早々申付、人数相集申付尤候」と派遣した登坂与右衛門尉に確認までしている。続いて七月一二日付同書状では「如何候ても相稼、直路・あらと山取立、普請早々出来候様ニ可相稼候」[6]と督促を加えるにいたる。一連の書状によるならば、上杉景勝は関東からの景虎派の援軍を阻止するため、関東と越後の国境を固めることを計画し、景勝の出身地である越後上田庄に残る家臣と派遣した登坂氏に、三国街道沿いの荒砥に築城を命じた。その後、今一つの交通路である清水峠越えの街道には、越後側山麓の清水に直路城（新潟県南魚沼郡塩沢町）を築くことを命じ、この二カ城を盾として関東よりの景虎派の侵入を阻むことにした。この両城の普請は翌年にも続き、二月二六日付の景勝書状には「扨又、以前如申越、両口ふしん之儀、地下人早速相集、普請成之尤ニ候、あらとへハ、

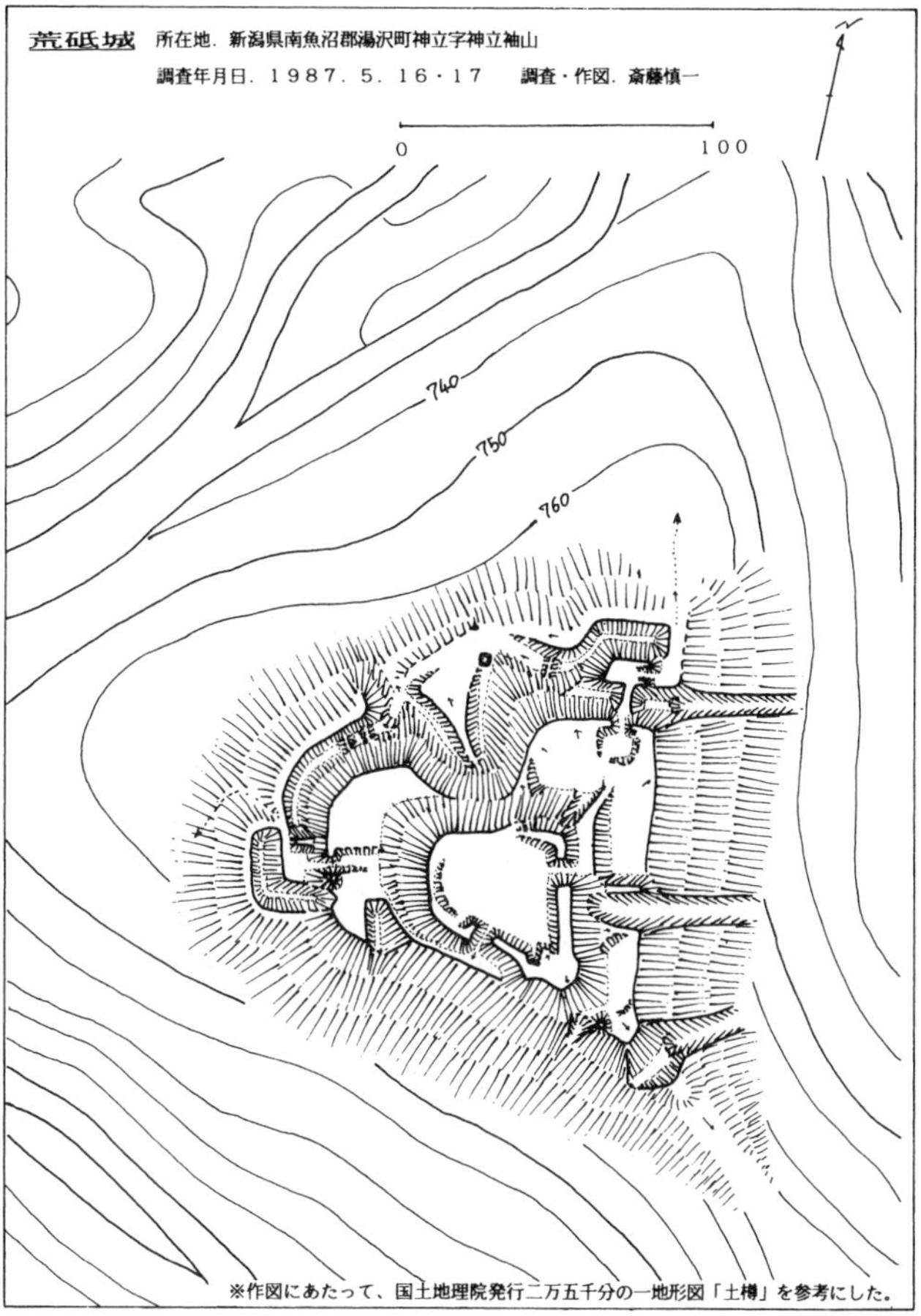

図58　荒砥城縄張図

以前の日記之ことく、いつれも打越候哉、直路之儀も早々打越、雪ふかく候共、雪たへに弓木をゆわせ相抱、雪きへ候ハゝ、押詰ふしん候やうニ、無油断可申付候」(7)と厳しい自然環境の中、普請が緊急に進められていることが窺える。上杉景勝にとっては越後国内での優位を勝ち取るために関東からの景虎派援軍は何としても食い止める必要があったのであり、その意味でこの荒砥・直路両城の築城は政策的に重要な位置を占めていたことになる。したがって、当初、荒砥・直路両城は大名間戦争をも想定し、領国の国境維持を目的として取り立てられたといえる。

それではこれ以前、上杉謙信の段階にこの両城はなかったのであろうか。周知のごとく上杉謙信は何度となく、上越の山並みを越えて関東平野に進軍している。その関連の文書の中に、管見の限りではこの両城は見られない。しかしながら、荒砥城より三国峠に近い場所にある浅貝城（新潟県南魚沼郡湯沢町）がこの地域の様相を伝えてくれる。年未詳四月朔日付の上杉輝虎書状の追而書には「就之も浅貝ニ為寄居、倉内之往復自用候様ニ、」(8)と述べており、越山に当たっての中継地点として築くとしている。このことは他の文書でも「以夜継日、至当地浅貝着陣、則頓速沼田へ可打着候、」(9)と確認できる。

この浅貝城の遺構は現在、中心郭の一部を残すが、大半が苗場のリゾート開発によって失われてしまった。開発に先立つ調査報告書(10)が当時の様相を伝えている。この報告書によれば、浅貝城は旧三国街道に面した北側の緩傾斜地を選地し、三方向に横堀を巡らし、土塁や削平地で構成されていた。二回の発掘調査による出土品は白磁・染付・瀬戸系擂鉢・古銭・五輪塔（水輪）等であった。堀の大きさは幅六メートル、深さ四・五メートル以上と報告されている。堀の規模を踏まえ、かつ地理的条件や遺構の平面図から考察すると、この浅貝城を拠点とした大名間の合戦を想定することにはやや無理があり、交通に関連した城館であったと推測される。(11)

考古学的知見と古文書の様相が近似の状況を示すことから、浅貝城の機能は領主の三国街道の往復の中継基地であったと評価できる。すなわち景勝以前の上越国境は制度上の国境ではありながらも、領国の境界ではないため、中継地点として把握され、維持管理すべき境界としては位置付けられていなかったことになる。したがって、荒砥・直路両城の必要性が生じたのも境界としての性格を帯びた天正六年になってからとなる。

さて、御館の乱以後の荒砥城はどうなったのであろうか。

【史料一[12]】

依荒砥在城申付、国分喜平分并長野分出置之者也、仍而如件、

天正拾二年

二月十一日　景勝（花押）

栗林肥前守殿

【史料二[13]】

荒砥関所之儀、為御料所被預置之由被成　御朱印候、仍而如前々往還至于自由之砌者、役等厳重ニ、可被致進納之状、如件、

天正十二年　直江奉之

（朱印）　二月十一日

栗林肥前守殿

栗林政頼に出された同日付の三通の文書の内の二通である。[14]この二通の文書に先行する天正九年（一五八一）六月三日付の上杉景勝書状[15]で、栗林政頼は「就荒戸之地在城申付、（中略）用心普請等厳重ニ可務之者也、」と荒砥在城を

命じられている。したがって、【史料一】は再任もしくは現状確認ということになる。ここに御館の乱に際して、緊急に取り立てられた荒砥城が戦後も維持されていることが確認される。

次に注目したいのが【史料二】である。栗林政頼に「荒砥関所」を預けるとある。御料所として預けることから、この荒砥関所は関銭を徴収するいわば中世的な関所であったことが想定できよう。したがって、荒砥関所の場所は三国街道沿いにあったことは間違いない。残る同日付の一通が栗林政頼の郡司任命の文書であること、そして軍事的な要素を持つ荒砥在城を考えると、荒砥関所が単に関銭の徴収を目的とした中世的な関所であっただけではなく、境界の交通に深く関わった関所であった可能性が生まれる。境界管理のため、荒砥においていかなる空間構成がとられていたかが重要となる。残念ながら関所の具体的な場所が不明であり、詳細な復元は今後の課題となる。しかしながら上杉氏の後の堀氏領国以後においては、荒砥城の西側山麓の八木沢集落内に八木沢口留番所が置かれている(16)。機能的類似から関所と番所の継承関係を考えることも可能であろう。いずれにせよこの二点の文書から荒砥城に在城する栗林政頼が三国街道の交通に関わっていたことが確認される(17)。荒砥城を中心とした芝原峠付近には、領国の境界の管理のための空間が設定されてことは間違いない。

軍事的に境界を維持する荒砥城と境界の交通に関わる荒砥関所が、芝原峠の荒砥という同一の場所で、上杉氏の任命を受けた同一人物の管理指揮下に属していた。このことは戦国期の境界の様相を考える上で重要な事例を提供する。

次に愛宕山城の事例を検討したい。愛宕山城は上野・信濃国境の難所、碓氷峠の群馬県側の山麓、近世の坂本宿の西側、標高五七〇メートルの山頂にある（図59参照）。坂本宿の背後で碓氷峠の山塊に入る上り口を占めており、中世東山道の要所に位置していた。したがって、この愛宕山城での日常物資等の供給は坂本宿の地から行われていたと考えるのが自然となる(18)。

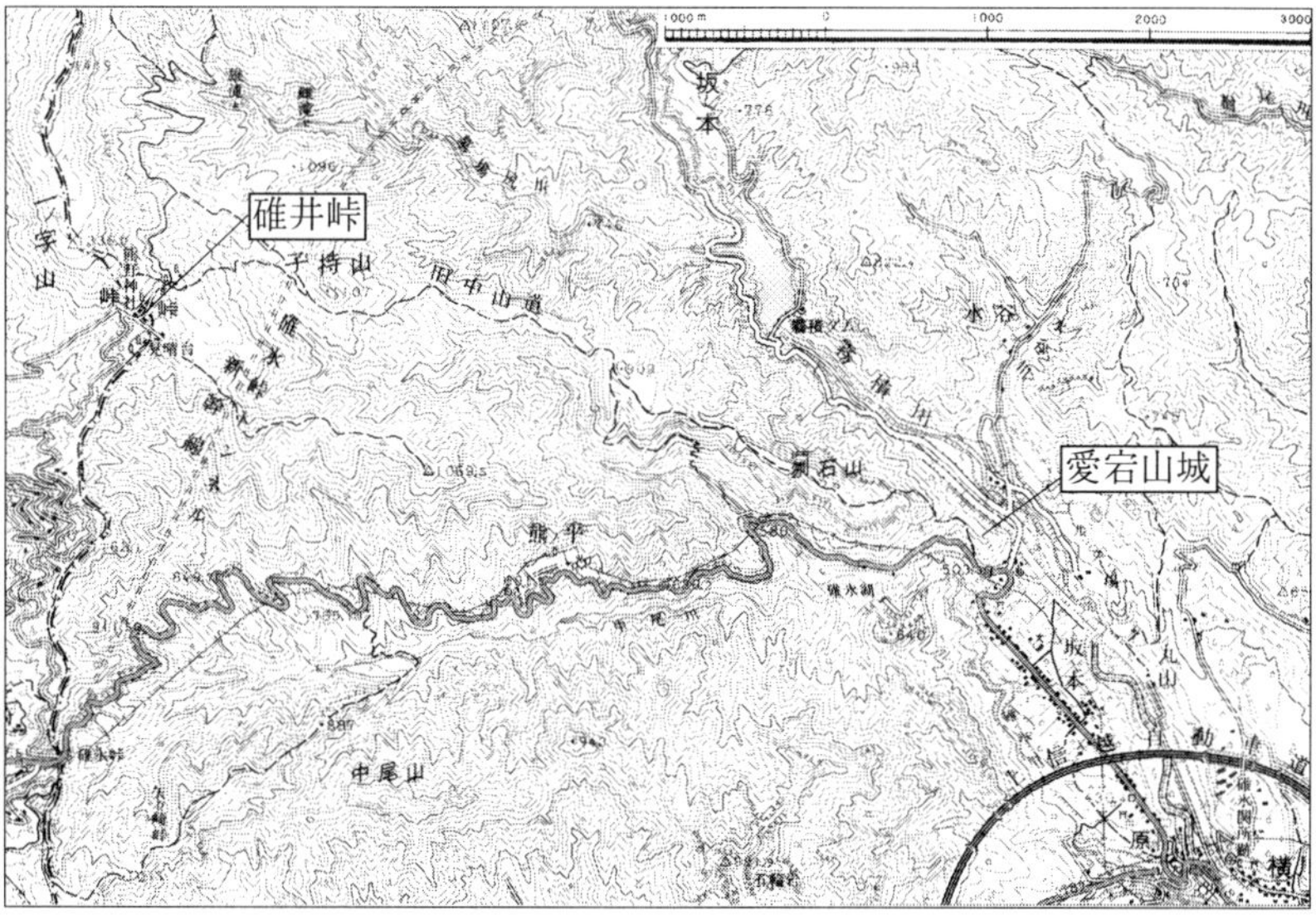

図59　愛宕山城周辺地形図

愛宕山城の構造については以前に述べたことがあるが[19]、その後の検討結果を追加して再度、検討してみたい。遺構の残存状況は非常に良く、おおよそ菱形の主郭を中心郭とし、周囲に横堀を巡らして、南西の方向には角馬出や竪堀を配置していた。

この愛宕山城の構造的特徴として、馬出の存在があげられる。通常、馬出の普請は戦国大名の普請への関与が想定されるが、この地域を考えた場合、甲斐武田氏か後北条氏の関連がまず想定できよう。

さて、愛宕山城が山麓の坂本と関連して存在していただろうということは地理的状況に基づき先述したが、これを前提とした場合、登城路はどうなるであろうか（図60参照）。主郭Aより馬出Bを出て、主郭Aの南西面および北西面を通り、ポイントCにいたる道筋がある。ポイントCの場所には土塁で囲まれた張り出しの遺構が残されており、張り出しより主郭の北西辺の空堀内に対して威嚇する構造になっている。したがって、AからCに至る道筋は、縄張りによって設定された登城路と考えてよい。とするならば、愛宕山城を出た道筋は尾根沿いに進み、旧中仙道に合流し、山麓に下りていたことになろう。

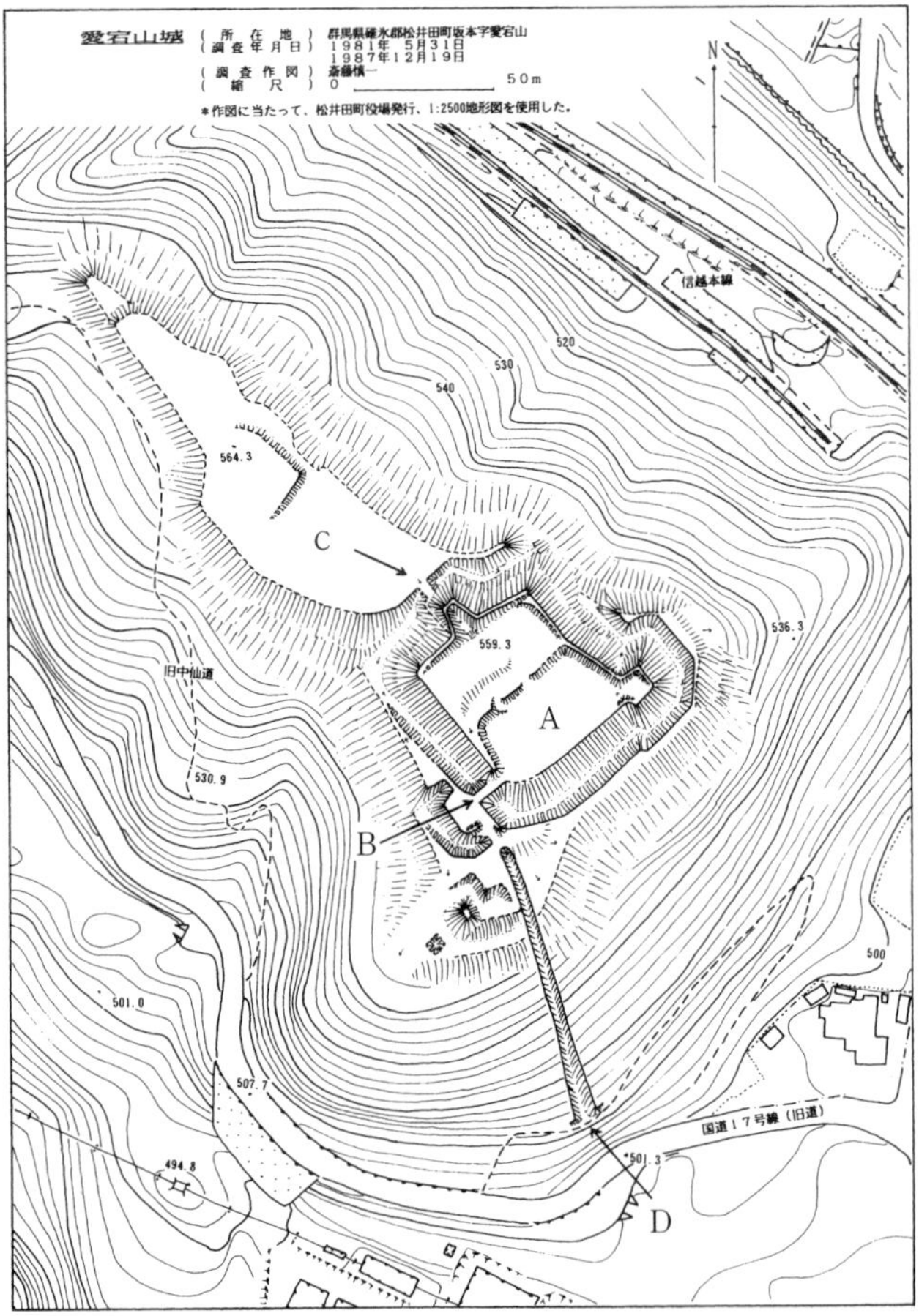

図60　愛宕山城縄張図

ところで、馬出Bより北に出る道筋は確認したとおりであるが、南に出る道筋は南東面の空堀の外側および南西に張り出す尾根に続くのみであり、道筋として麓に降りていることは確認できない。自然地形に則して考えるならば、通路は南西に張り出す尾根を地形の許す限り下り、その後Uターンして南東の斜面を斜めに下って行くように計画すると考えられる。そのように敷設すれば、距離的に短くかつ地形的にも無理のない道筋が設定でき、山上山下の連絡も容易になる。しかし、表面観察ではその道筋を確認できない。

さらに馬出Bより斜面を下る竪堀に注目してみるならば、このような道筋の存在を否定することになる。裾の長い竪堀を普請することで、斜面の横移動を不可能にし、山麓から直接に南西に張り出す尾根上に上がることを拒絶する。したがってこの竪堀の存在は、主郭Aに至るためには竪堀の末端（Dの地点）を通り旧中仙道沿いに登って行くことを必然にせしめ、更には先述した遠回りの登城路の存在をも裏付けるのである。

また、愛宕山城には横堀が巡らされている。このことも特徴の一つである。北東の部分には横堀が普請されていないことから、馬出Bを境として南東面と北西・南西面に二分して考えたい。北西・南西面については先述したように空堀道として使用されているが、堀としては南東面に比べて大きくはない。一方、南東面は堀底が埋もれていることを感じさせないほどに規模の大きな横堀で、遮断の意図が強いものである。愛宕山城の尾根が北東および南西に急峻な傾斜を伴っており、北西から南東へ下っていることを踏まえた時、愛宕山城は堀の構造からは南東面に対して意識を強く持っていたといえる。したがってこの堀の構造から愛宕山城は南東方向の上野国内を警戒するように普請されていたことになる。(20)

さて、以上の遺構からの検討を整合的に解釈するならば、愛宕山城は上野国側の領主が国内に向けて築いた城館で、規模の大きさから大名間戦争を想定したものではなく、東山道と関連した国境の交通に関わる城館であったと評価できる。このように考えると、愛宕山城が成立する時期は、上信国境が境界の性格を帯びてくる時期となり、更に大名権力との関連を加味するならば、後北条氏治下の天正一〇年（一五八二）から同一八年（一五九〇）であることになる。

この構造分析からの評価と類似の状況が文書からも確認できる。

【史料三】(21)

臼井峠江有還住而、小諸へ之往行万端ニ付而、厳密ニ可被走廻由、誠以肝要ニ存候、殊ニ以誓紙血判承之条、真実之至本望候、此上弥至于入魂者、以徳斎父子同前一意趣必々可申合候、八幡大菩薩御照覧候へ、不可有偽候者也、仍如件、

(天正一一年)
未
卯月五日　　大導寺政繁(花押影)

峠
佐藤織部丞殿

【史料四】(22)

伝馬次

あしかゝ
太田　しけの二可申、
(中略)
板はな　町人衆中
安中　町人衆中
松井田　金井佐渡守ニ可申、
さか本　佐藤ニ申すべし、
信州坂もと

右、虎の御印判進候、
（天正一三年）閏八月九日　　　　　　　　氏邦（花押）

【史料三】は天正壬午の変の直後、上野国松井田の領主となった大導寺政繁が領国境にあたる碓氷峠の管理について佐藤織部丞と契約を交わした際の文書である。この文書の半年前の天正一〇年一〇月に後北条・徳川間の同盟が成立し、翌一一年春頃に大導寺政繁が松井田城（群馬県碓氷郡松井田町）に移ったとされている。[23] その後に現地での国境確定の作業が行われたであろうから、本史料はその一環として出された文書と推測される。宛先に峠とあるのは碓氷峠の集落に当たり、後北条氏が山稜の国境線までも確保していた可能性を示唆して興味深い。とりわけ注目したい点は「小諸へ之往行万端」にと、国内に入ってくることではなく、境界を越えて国外に出て行くことに注意を払っていることである。先の愛宕山城が領国内にむけて築かれている点と関連することに注意を払いたい。

さらに【史料四】によると、上野国内の伝馬次の西端に坂本が位置付けられていることが確認され、かつ坂本において佐藤氏が窓口になっていることが窺える。佐藤氏が国境の交通に関連して坂本にいたのである。

以上のように佐藤氏の役割と愛宕山城の評価が類似することは重要である。すなわち、後北条氏が碓氷峠において愛宕山城や佐藤氏を中心として、境界管理のための機関を設置していたことになり、とりわけ領国から外に出て行くことに注意を払っていたことが指摘できるからである。

先に見た荒砥城の場合は栗林政頼が在城して国境の交通に関与していたが、それと同じ構造がこの愛宕山城と佐藤氏の場合にも指摘できるのではなかろうか。つまり、境界の管理のため、大名は特定の被官と小型の「境目の城」を境界に配置し、日常は境界の交通の監視に当たらせたということである。

とりわけ愛宕山城と佐藤氏の場合、領国から出て行くことに注意を払っていたことに注目しておきたい。このことは、相駿国境の足柄峠においても次の文書等に窺える。

【史料五】(24)

はまいは掟

一　城より西之方へ、一切人不可出、假初ニも草木不可取、草木をハ於東之方可取、松田代指置間、自然番衆無用之所にて、草木取候者、則小田原へ馳来、可披露候事、

（中略）

一　当番之者、城外へ出事、一切令停止候、鹿・狸類之者取与号、山中へ分入事、努不可有之、自脇聞届候者、彼山へ入手可切頚候、又於物頭も、可為重科候事、

一　晝夜矢倉ニ人を付置、自然闕落類之者見出、搦捕而来者者、不撰侍・凡下、可為忠節候事、

（中略）

右、定所如件、

（天正九年）辛巳

六月十九日　（虎印判）

番衆中

松田代

須藤源二郎

村野安芸守　此内一人つゝ可有之、

小澤孫七郎

有名な浜居場掟書の一節である。浜居場城より西は足柄を経て駿河国に至る足柄の山塊である。引用した一条目には草木を切る事であっても浜居場より西の境界地帯に出て行くことを禁止している。本来は番衆が不必要な場所で草木を切る者がいたならば、小田原へ披露しろと命じている。また引用の二条目では城兵であっても山（＝境界地帯）に入ってはならないとしている。更に引用の三条目では監視体制を明示し、境界地帯に欠落して行くような者がいたならば捕まえることを命じている。このように浜居場掟書からも後北条氏が、箱根の山塊を経て領国外へ出ることを極度に警戒したことが指摘できる。

この状況は翌年の「足柄当番之事」[25]においても追認することができ、後北条氏が領国から出る動きに警戒を払い、浜居場城や足柄城といった国境の機関にそのための役割を担わせていたことが窺える。

以上、境界を管理する側面について、小規模な城館や文書史料を用いて検討を加えてきた。そこで確認されたことは、戦国大名は境界の交通にかかわる施設を設定し、その地を把握する被官を配置していた。その任務は、合戦時には他国からの侵入に備える一拠点となること、そして平時には境界の交通、とりわけ領国の外へ出ることを統制することであった。施設的には小規模な城館と関所もしくは類似の機関が併置されており、両者が一体となって境界管理の機関を成していた可能性を指摘した。

二　境界の維持

戦国期、自らの領国を自力で維持したということを考えた場合、自領国の境界に他国からの侵略に対抗するため、国境を維持するための拠点があったと想定するのは困難でない。大名間戦争を想定した大規模な城館を領国の境界に配置し、いざという場合の拠点として使用した城館も「境目の城」も一類型となる。

この場合の事例として先に触れた松井田城をまず検討したい。碓氷峠から下ってくる山並みが平野部に到達する直前、碓氷川に沿って延びる尾根状の丘陵の一角に、標高三九六・三メートルの山頂を中心に松井田城は築かれている（図61及び図62参照）。東西の尾根を骨格となし、北側に延びる四本の大きな尾根、南側に延びる四本の小さな尾根に縄張りが施されている。中世城館のなかでも大規模な城館であり、一見して大名間戦争を想定した城館であると評価できる。

堀切・竪堀等の遺構から、全体的に北側に向けて大規模な普請を施していることが確認でき、この北向きの遺構の中にしっかりとした登城路も復元できる。とりわけ登城路の内で、中心となる郭から北東に延びる尾根の道筋には「大手」との伝承が残っており、更に「大手」道を下った北側の高梨子の集落は城下町であったという伝承がある(26)。これらから松井田城は北側を正面として築かれていたことがまず確認される。とするならば、この地域の幹線道路は、近世の中仙道が松井田城の南側を通過したのと異なり、戦国期には松井田城の北側にある高梨子の城下を通過していたことになる。

松井田の戦国期の幹線道路は東山道である。東山道の道筋については現在のところ、碓氷峠を下り、坂本に至った

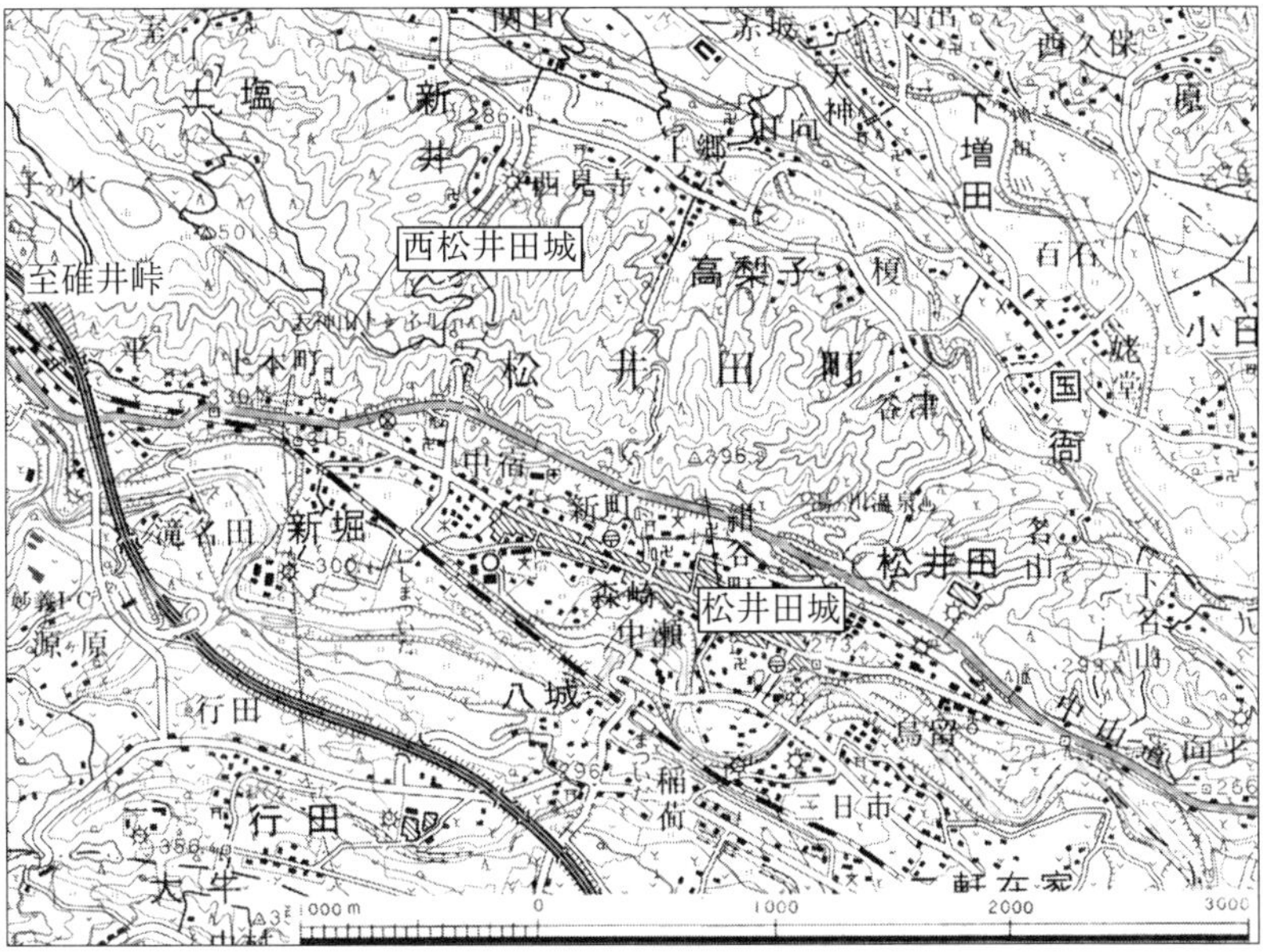

図61　松井田城周辺地形図

後、碓氷川を渡り、左岸の高墓（碓氷郡松井田町）近辺より尾根を越え、[27]松井田城の北側を通り、国衙（碓氷郡松井田町）を経て、板鼻（安中市）に至ると推定されている。[28]この東山道の復元と松井田城の遺構の状況は合致するものであり、戦国期に東山道は高梨子を通過していたとしてよかろう。したがって、松井田城は上信国境を通過する東山道に面して築かれていたことがまず確認される。

また、松井田城の西側の尾根上、碓氷峠の方向に向かって約五〇〇メートル余の地点に西松井田城[29]と呼ばれる小さな城館がある（図63参照）。東西に延びる尾根の東寄りに主郭を置き、西側にむけて二本の堀切が残っている。明らかに尾根沿いの西側よりの侵入を警戒した縄張りになっている。文献資料にはその存在を確認することはできないが、遺構から松井田城の西の出城と評価することが可能であろう。

この西松井田城から尾根沿いに松井田城に向かい、松井田城の西の端から北に向かって尾根を下り、松井田城の裾を回って、高梨子の集落に入る道筋がある。高梨子

図62　松井田城縄張図

の西端で道は鍵の手に折れている。この道筋に対しては、西松井田城および松井田城の西の壁等、要所に防御的な配慮がなされており、戦国期に使用された道である可能性が高い。とするならば、この道が戦国期の松井田城の北側に下る東山道もしくはその支線であった可能性が生まれ、松井田城がなぜこの場所に築かれたかが整合的に理解できることになる。すなわち、上信国境から上野国内の平野部に下りる直前の場所を抑え、侵入する敵方を山間部で防ぐという計画の上で、戦国期東山道と松井田城が設定されていたということである。(30)

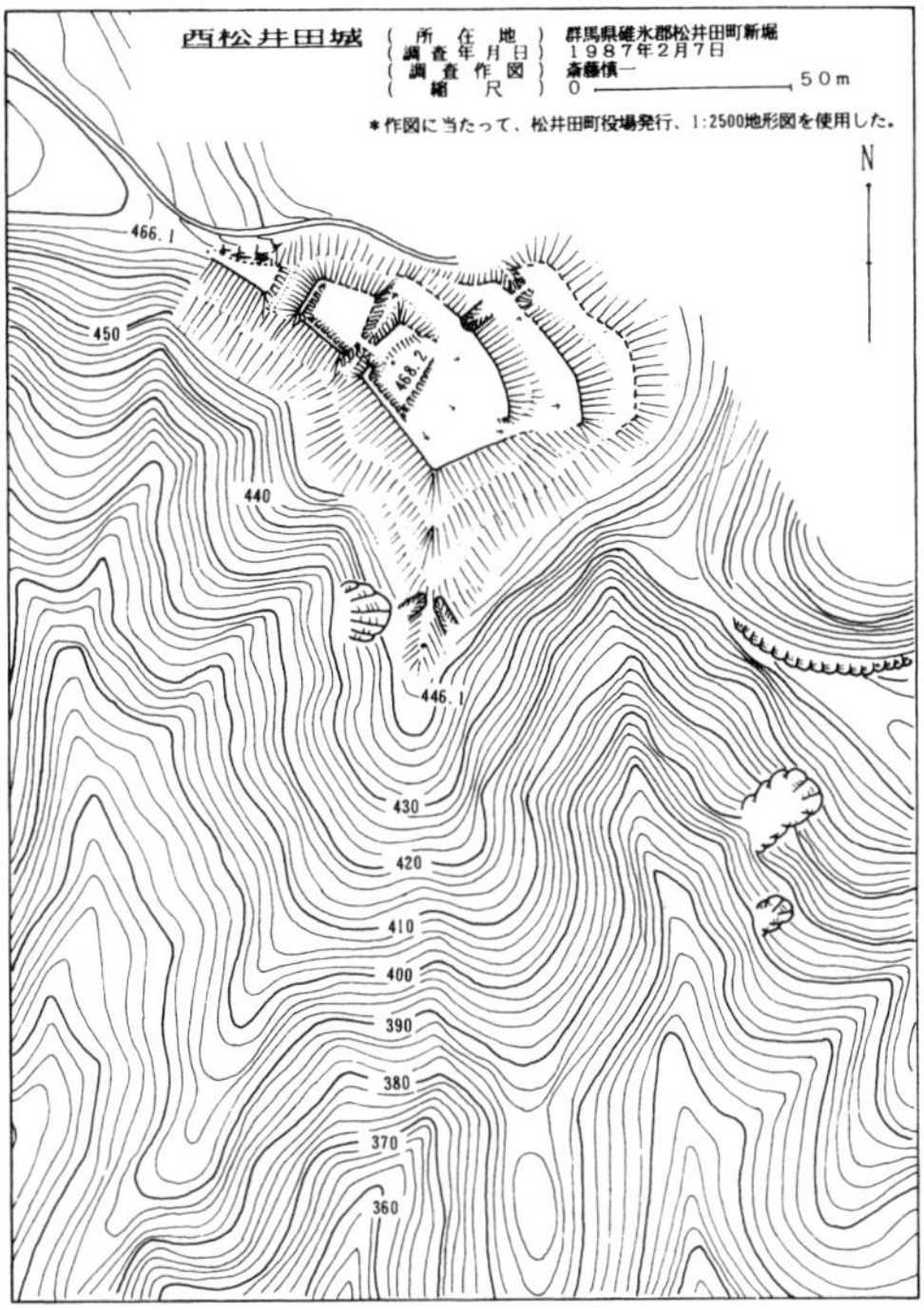

図63　西松井田城縄張図

さてこの松井田城であるが、後北条氏治下の築城が小田原からの指令によって行われていたことが文書から窺える。年未詳であるが大導寺直昌書状写(31)には「従御大途御当地普請被仰付候、因茲毎日不得手透故、」と述べられており、大導寺直昌が北条氏直の命により松井田普請に当たっていることが窺え、北条氏直自身も「松井田仕置之様子、諸色為可見届、山上強右衛門・江雲指置候、(32)」と松井田の状況確認のための使者を派遣している。松井田城を後北条氏の当主が命じて築城させていることが確認できる。

さらに次の文書は後北条領国下の松井田城の位置付けを一層、明確にする。

【史料六】(33)

松井田之地、上信之堺目候間、不足之普請可申付候、着到普請者、或番手、或小田原之普請、当時手透有間敷候条、郷村之以人足、分国如惣並、一普請申付事、

一　右筋之目、後閑殿へ急度申届、両所之御拘之地より、人足五十人、鍬・もつこを持来、十九日松井田へ打着、廿日より廿九日迄十日之間、大道寺如申、普請厳密ニ致之様、肝要之事、

右、猶能々可申入候、仍如件、

（天正一五年）
丁亥
五月三日　（虎印判）

垪和伯耆守殿

この文書は天正一五年（一五八七）に松井田城の普請を命じた文書である。「上信之堺目」であるからと語られ、松井田城が上野国と信濃国の境にあたっており、後北条氏の領国の境界の拠点であるという小田原の認識を知ることができる。そして、その重要性故に不足箇所の普請を命ずるとされている。更には普請人足が番手として徴用されていたり、小田原の普請に徴発しているために人手不足であろうから、郷村の人足を使って普請を行うように命じている。松井田城普請の重要性と緊急性を知ることができる。

この時期、後北条氏は領国の西境にあるおもな城館の修築を実施している。八王子城（東京都八王子市）・足柄城（静岡県駿東郡小山町・神奈川県南足柄市）・山中城（静岡県三島市）・下田城（静岡県下田市）等々、天正一八年には豊臣軍の猛攻

にさらされる数々の城館の修築を実施している。この領国西境の城館整備の一環として松井田城の整備が行われたのである。

このように松井田城は後北条氏領国の境界にあって信濃国側からの侵入を防ぐため、領国的規模の政策の下、後北条氏当主の命で、築城・管理がなされていたのである。しかもその規模は大名間戦争を想定したものであり、地形的には山間部と平野部の境界にあり、平野部への侵入を防ぐための場所に位置していた。すなわち松井田城は後北条領国の境界を維持するため、後北条氏の政策で指揮・監督のもとに築かれた「境目の城」であったといえる。

事実、天正一八年（一五九〇）の豊臣軍の小田原攻めの際には前田・上杉・真田軍の第一の攻撃目標となった。真田昌幸は松井田落城を「北陸道之通路平均[34]」と考えており、境界にあり、通行の障害であったとするこの言葉からも、上信国境における松井田城の位置を知ることができる。

松井田城の場合、山間部の山城であったが、境界を維持するため設けられた平野部の城館の例を次に見てみたい。事例は中久喜城（栃木県小山市　図64参照）である。

中久喜城は小山と結城の中間、北から南にむけて飛び出した舌状台地上にある。現在、ＪＲ水戸線が中心部の北辺を走っており、部分的に遺構が失われているものの、大半の部分が残されている。東西約一五〇メートル、南北約八五メートルの規模の大きな長方形の主郭を尾根の先端に配置し、主郭の北西に副郭を連ねている。主郭が大きいことは中久喜城の構造上の特徴として指摘できる。主郭と副郭の連絡は水戸線により破壊された部分と思われ、不明である。南側及び西側には規模の大きな横堀を廻している。東側は江川の形成する段丘の壁と江川の流れが自然の要害になっている。台地続きの北側は、おそらくは線の長い堀切が普請されていたと推定されるが、現在は主郭の土塁線が残るのみである。

本田
鉢形
北飯田
井
鉢形南
第二工業団地
高椅
上福良
38.9
中福良
寺野
中島
福良
上梁
請地
向野北
萱橋
松木合
上野原
向野
梁
西梁
運動公園
栄町
休台
結城城
岸福
西京
35.9
福良橋
逆井
神明町
本町
本田
富士見町
中河原
大谷瀬
西町
浦町
五助
立町
白銀町
上小塙
八手町
38.6
結城
川木谷
小戸
新福寺
住吉
見晴町
下小塙
公達
結
34.5
黒田
城の内
辻堂
小森
城
軒地
山田内
繁昌塚
房山
38.2
鹿窪
宮崎
32.6
久保田
市
泉
36.5
向原
中
片蓋
1000 m
0
1000
2000
3000

図64　中久喜城周辺地形図

従来、この中久喜城は南北朝時代に岩壺城として築かれたと推定されている。その後、天正一八年（一五九〇）に結城家の家督を養子秀康に譲った結城晴朝が隠居した場所とされ、越前に移った慶長六年（一六〇一）に廃城になったとされている。(35) また晴朝が隠居している当時には、一部家臣が城下に居を構えたと推定されている。(36)
しかしながら、晴朝が隠居する以前、戦国末期の東国で、中久喜城は重要な位置を担っていたことが以下の文書から知ることができる。

【史料七】(37)

如承意、南者向宇都宮、（中略）去十九敵宮表引払、多劫・当上郷放火、則両境目ニ陣取候間、翌廿日ニ者、当城へ参、直々調儀逼塞之条、屋裡之人数相集、及其構候處、案之外ニ打下候条、此則中岫へ可為一調儀之由、兼覚与云、諸口丈夫ニ申付候處、是又無異儀打透、（中略）追而可申届候者、不能具候、恐々謹言、

（天正一三年）極月廿五日　晴朝（花押）

白川南へ

【史料八】(38)

（前略）然者去年秋中、義重・晴朝以取成、国綱江令通用、彼境目之事し（ママ）相待候処、旧冬南勢出張之刻、塩谷弥六、壬生上総介ニ申合、南陳江令内返、当方可打果擬明白無拠之上、去春令成紀に、如承意南方太覩与云、結城・中岫為与云、味方中有一統、防戦令念願之間、及三四ケ年喜連川無事、（中略）此上珍敷儀候者、従是可申送候、恐々謹言、

（天正一四年）七月廿八日　資晴（花押）

白川南江

二通の文書とも白川義親に出された北関東の動静を知らせる書状の一部である。【史料七】において結城晴朝は、天正一三年（一五八五）に後北条氏が宇都宮から撤退する様子を報じている。このなかで、宇都宮から現在の小山市北辺まで引いてきた後北条軍は結城晴朝の籠もる結城城に攻め込んできた。これに対して結城方では軍を揃えて構えていたが、予想外に引いて行ってしまった。これは中久喜を攻めるためと解して、兼ねてからの予想していたこともあって、諸口の警備を堅固にするように申し付けたところ、またしても通り過ぎて行ってしまったと報じている。ここから、中久喜が結城氏の対後北条氏の重要拠点として維持されていたことが理解される。

次の【史料八】によるならば、那須資晴が結城・中久喜のために北関東の諸大名が一統して、防戦することを念願する、と述べている。文意不明な箇所が残るが、大略は後北条氏の攻勢に対して、塩谷・壬生両氏の離反を批判し、北関東の諸勢力の一致した防戦を説いている。その脈絡の中で、北関東勢の対後北条氏の拠点として、結城城と並んで中久喜城が挙げられているのは注目する必要がある。

したがって両文書より天正一三・一四年頃の後北条氏に対する北関東勢の拠点として中久喜城があり、同城が常に戦火に晒される危険性があったことがまず確認される。

ところで、天正五年二月以降、小山城が北条氏照の支城となり、後北条氏は北関東への足掛かりを得る。このため佐竹氏を始めとする北関東の諸氏では危機感が増大することになり、とりわけ、小山の東に隣接する結城の結城晴朝は当面の目標とされることが避けられなくなる。事実、天正五年の夏には後北条勢により結城城が攻撃されている(39)。この緊張した状況の中、小山と結城の中間にあたる中久喜に、築城年次は不明であるが結城方によって城館が取り立てられたことが推定されるのである（図64参照）。

【史料九】(40)

当口模様昨自中岫申届候処、同篇之芳簡本望候、殊到其地御着陣肝要候、南衆者粟宮張陣候、（中略）爰元之儀者、杭中之人数悉馳集候間、於備者可御心安候、真右父子・平塚左近何も自信合力之間、人数等無不足候、自資晴も中岫へ鉄砲衆打着候、雖無申迄候、其口備方国綱へ悉皆被相談尤候、敵扱見届候、追而可申届候、恐々謹言、

猝気候間、不能判形候、

八月九日　　　晴朝

佐中

この【史料九】は近年は天正一四年（一五八六）に比定されている。結城を攻める後北条勢は小山城の南西の粟宮に陣を張る。これに対して、結城方には真壁氏・平塚氏が合力し、那須資晴からの鉄砲衆の援軍を得ていることが窺われ、さらには宇都宮氏・佐竹氏が連携していることも確認される。また冒頭には「当口模様昨自中岫申届候処」とあることから結城晴朝自身が中久喜城に赴いている。地理的に考えて、小山城と対陣する最前線が中久喜城であることは間違いなく、中久喜城の維持が結城晴朝、さらには北関東勢にとって領国維持の生命線となっていたと考えられる。【史料八】で那須資晴が主張したように北関東勢の一致した行動を見ることができる。「杭中之人数悉馳集候間、於備者可御心安候」とは、あるいは中久喜城の普請を示すと解釈できる。すなわち小山城が後北条氏の支城となったことで小山―結城間が後北条氏―結城氏及び北関東勢の境界となり、それにともない後北条氏の侵略に備えて中久喜城が「境目の城」として普請されていたことが、この史料からも窺われる。

そして、【史料七】に確認したように、中久喜城は天正一三年には存在して、後北条氏と北関東勢の「境目の城」として機能し、北関東勢の領国の境界を維持し続けたことになる。最初に述べたように主郭が広いという構造上の特

徴は、あるいはこの「境目の城」としての機能故の可能性がある。[41]

また先の松井田城が山間部にある山城であったのに対して、中久喜城は平野部の丘陵の城館という選地の上での対照をなしていることも、「境目の城」を考えるために注目される。

以上のように松井田城と中久喜城という二つの城館を見てきたが、両城とも領域の境界に位置し、他領からの大名レベルでの侵略を想定し、自領域の維持をするための城館と位置付けることが可能である。荒砥城と愛宕山城が境界の管理を目的として取り立てられたのに対して、この両城は境界の維持が目的であったのであり、「境目の城」の中には機能分担があったことが理解される。すなわち日常の交通を監視し境界を管理するタイプと大名レベルの合戦を想定して領国を維持するタイプの二類型[42]であり、築城の目的の相違により城館の規模にも変化があったことになる。そして、愛宕山城と松井田城の関連が示すように、一六世紀には管理と維持の二つのタイプの城館によって構成された面としての境界が、大名権力により領域の縁辺に設定されていたのである。

三　境界認識の変化

領域の境界には管理・維持すべく城館が設けられていたが、このような境界の構造は何時ごろより形成されていたのであろうか。この点が次の課題となる。

先に上信国境の愛宕山城と松井田城を確認したが、この地域に管理と維持の機能を持つ中世城館を配置することは後北条氏治下になって行われたようである。永禄年間に武田信玄が上野国に攻め込んでくるが、その際の松井田地域の様相を確認してみたい。

【史料一〇】(43)

今度任卜問最吉、引卒吾軍於上州之日、詣　松原上下大明神宝殿、其意趣、殆西牧・高田・諏方之三城、不経二十有日而、或降幕下、或撃碎散亡者、偏可有当社保護、粤、

（中略）

（異筆）
「只今奉納之」

一　太刀一腰・神馬三疋可奉社納之事

（異筆）（永禄五年）
「此内壱疋壬戌二月五日奉社納所也、相残二疋者諏方落居日可奉納之者也、」

右、願満昇平日、可合当者必、

于時永禄四季辛酉　十一月二日　信玄（花押）

武田信玄が上野国を攻め始める際に、信濃国松原神社に掲げられた願文である。ここに見るように、信玄は永禄四年（一五六一）に西上州に向けて行動を起こし、二〇日で西牧城（下仁田町）・高田城（妙義町）、そして諏訪城（松井田町）を落城させることを目標としている。前の二カ城については希望通りに落城させることができたらしく、甲府への帰路と推定される翌年二月五日に奉納がなされている。他の文書からも信玄は碓氷川沿いに侵入せず、より南の谷間である鏑川沿いに軍を進めたことがわかる。【史料一〇】の追記の部分に見られるように、諏訪城は後日の課題として取り残されている。

その後、信玄は永禄七年（一五六四）に再度、諏訪城攻めを試みる。同年の上杉輝虎書状に「諏方へ晴信取懸間、無心元之間延引、於彼口安中得大利(44)」と見ることができ、諏訪城に取りかかったが、安中氏の活躍によって信玄の碓

氷川筋への侵入が阻止されたことが報じられている。諏訪城の帰属が信玄の碓氷川筋の把握の鍵となっていたのである。

さてこの諏訪城とは諏訪氏にとって本城の城館であり、松井田町内にあったとされている。(45)したがって本来的には「境目の城」として築かれた城館ではない。信玄が西上野を攻めるにあたって、諏訪城が碓氷川筋の西端にあるため、本城としての諏訪城が当面の目標となったのである。天文年間に上野国の諸領主と武田信玄は抗争しており、(46)この時より既に上信国境が領国の境界となっていたことが確認される。しかしこの諏訪城が攻撃目標とされる状況から、上野国側では碓氷峠一帯に境界の維持管理の城館を機関として設置しておらず、そのため信玄の侵入に際しては諏訪氏が矢面に立たされたのである。つまりこの時期の松井田一帯、さらには西上野の上信国境の各所に「境目の城」として機能する城館が存在していなかったことを示している。

永禄一二年（一五六九）に甲相の同盟が決裂し、後北条領国と武田領国の境界地帯に緊張が走る。その際の境界の状況を示すのが次の史料である。

【史料一一】(47)

（前略）

一　境目之要害仕置等之儀、蒙仰候、誠以御懇意之段、本望満足難尽紙面候、抑信玄・氏政結骨肉以来、当方之事者無内外存処、信玄表裏、近年不打置、豆・相境目普請仕置被致堅固、不慮ニ駿州を打候間、任儀理、相・甲鉾楯以来、俄及仕置故、数ケ所之口々普請以下無成就、于今令苦労候、更油断ニ者無之事、

（中略）

併敵動之模様をハ節々可申入候、恐々謹言、

（元亀二年）
卯月十五日　　氏康（朱印）

山内殿

【史料一二】(48)

条目

（中略）

一　異名普請之事、

此二三ケ年者相州と御不和故、堺目之普請ニ罷出候条、不及是非候、只今者甲相御無事上者、如前々伽藍之再興四壁之縄結等申付度候、

（中略）

向後之事も、大細事共ニ可得貴意候条、御介法偏奉頼候、

永昌院

中秋廿日　　大奕（花押）

小山田殿

御宿所

【史料一二】は上杉謙信が「境目の城」の状況を質問してきたのに対しての返答の箇所である。これによると、後北条氏と武田氏との境界は従来、内外を分けない状態であり、したがって「境目の城」が普請されていなかった。しかしながら武田氏と決裂したので急ぎ普請をさせているが、まだ完成していないと報じている。越相同盟を結ぶべく

交渉中の際の文書であり、文書全体が同盟の成立に向けて上杉氏の助力を期待する調子の文章になっているため、境界の危機的状態を訴えながらも多分に誇張して表現している可能性はある。したがって割り引いて考える必要があろうが、隣国との友好・敵対状況に応じて境界の維持管理の状況が著しく異なる状況は確認してよいであろう。

ほぼ同時期の武田側の状況を【史料一二】は伝えている。翌年の元亀三年（一五七二）と推定される文書であるが、その中で本来は寺院の修理に当てられるべき普請役が甲相国境の緊張により「境目の城」等の普請に転用されてしまった。これ自体は致し方ないことであるが、国境に問題のない今は是非に寺院の修理を致したいと訴えている。境界の維持管理のために百姓が臨時動員をされており、その課役をめぐっての領主階級内の葛藤を示す興味深い史料である。注目しておきたいのは境界の緊張により普請役が転用され、緊急に境界機関の整備が行われていることである。【史料一二】で相模国側に見られた状況が反対側の武田氏の側でも確認されるのである。

したがって、境界の維持管理のための機関は領国内の境界各所に必ず設置されているものではなく、境界の緊張に従って設置され、整備されていくものであったことが解かる。境界の緊張に従って「境目の城」は設定されていくのであるが、さらに確認しておきたいのは、他方に境界の緊張という政治的・軍事的契機が存在したのであるが、領主が境界を維持管理する対象として理解し、相応の機関を設置し始めたのが、東国では一六世紀のこの頃であったということである。つまりこの時期に、領主の境界に対する認識に変化が生じ、維持・管理する対象として境界が認識され始め、「境目の城」が生まれたことを示している。「境目の城」の設定は、領主にとって自力で領域を維持管理することの表現なのである。

展望

戦国期の境界について検討を加えてきたが、最後に検討をまとめて近世への展望を示しておきたい。

戦国期の領域の境界に「境目の城」と呼ばれる城館が築かれるが、この城館は一括できるものではなく、担うべき機能が異なっていた。前章では敵領内に入り、自領として確保するための場合を確認した。これに対して本章で検討したのは境界を管理する城館と境界を維持する城館である。

前者は比較的規模が小さいものの、技巧的な縄張りが施され、城館を中心とした機関で日常の境界の交通と関連して存在していた。とりわけ、領域内から出て行く動きに注意を払っていた可能性がある。また境界を維持する城館とは、大名間の合戦を想定し、自らの領域を自力で維持することを目的として築かれており、城館の規模も比較的大きい。領主は管理と維持の二類型の城館を構成させて、境界地域に境界を維持管理する機関を設置していた。文書の中で「口留」「人留」などと散見できるのはこのような境界機関が実際に機能した様相ではなかろうか。

しかしこのような境界の構造は領域の境界各所に設置されたものではなく、境界の緊張に伴われ、徐々に形成された。このことは維持管理するべき対象として境界が認識され始めたことの表現であった。この動向に領主の境界に対する認識の変化を知ることができる。扱った事例が永禄年間から天正年間であることから、この年代に先んじる頃、遅くとも一六世紀中頃には境界に対する認識の変化があったと考えられる。

以上のように、境界の構造について述べてきたが、近世にむけてどのように境界は変化を遂げていくのであろうか。このことについて全面的に展開させるだけの力量が筆者にはないが、若干の点について私見を述べさせて頂きたい。

当然のことながら、この問題は「豊臣平和令[49]」との関連が重要となる。境界紛争を自力で解決される道が中央権力によって閉ざされたとするならば、領国の境界に大名間戦争を想定した、境界を維持するための城館は不必要になる。「境目の城」は城館を統廃合させてゆく中央政権の方向性の中で淘汰されていったと考えるのが自然であろう。問題はいつの時点で廃城化され、境界の構造が変化したかである。

また、境界を管理する城館であるが、これまた「豊臣平和令」との関連で軍事的な要素は表面的には極力排除されたであろうと推測される。しかし、日常の交通を監視するという任務だけは江戸時代を通じて残っていった。それが近世の関所に連なっていくのではなかろうか。先の荒砥城と八木沢口留番所の関連や、松井田にあっては横川関所の設置である[50]。境界の交通を管理した機能だけは残されていったのであろう。ここに関所が中世から近世に機能的に変化していく上で結節点を見ることができる[51]。

近世では境界の機関が軍事的側面を除去されつつも、管理する側面を継承していったであろうというのが展望である。

しかし、境界が軍事的な側面を完全に除去して近世に移ったかについては今後の課題である。おそらくは廃城になったであろう「境目の城」も近年の破城論[52]に照らした時、再度、境界を維持管理すべく再興され得る状態にされていた可能性も推測されるからである。したがって、境界が近世にあってどのように認識されていたかも今後の課題なのである。

注

（1） 岩波書店刊、一九八七

（2）『日本城郭体系　別巻II』城郭研究便覧（新人物往来社刊、一九八一）
（3）「戦国期における『境目の城』と領域」（石井進・萩原三雄編『中世の城と考古学』新人物往来社刊、一九九一）
（4）『越佐史料』五巻五三一頁（歴代古案）
（5）『新潟県』四〇二一
（6）『新潟県』三六三八
（7）『越佐史料』五巻六五九頁（歴代古案）
（8）『新潟県』二二七六
（9）『新潟県』三八四一
（10）『浅貝寄居城跡』（湯沢町教育委員会刊、一九七一）、『浅貝城址　第二次発掘調査報告書』（同刊、一九七七）
（11）浅貝城について、上杉謙信の時期のみ確認されるが、御館の乱の時期も含め、景勝期には史料に確認できない。荒砥城の取り立てと関連があるのではなかろうか。
（12）『新潟県』三九九二
（13）『新潟県』三九九〇
（14）残る一通は上杉景勝朱印状（『新潟県』三九九四）。
（15）『新潟県』三九九六
（16）湯沢町民俗資料館管理委員会『三国峠』（一九八一）
（17）なおこの栗林政頼について、『栃木県の中世城館』（栃木県教育委員会刊、一九八三）は上杉氏の会津移封後、会津―下野国境の鶴ケ淵城に拠ったとしており、類似の任務についていた。
（18）愛宕山城についての従来の理解は『日本城郭体系　4』（新人物往来社刊、一九七九）の愛宕山城の項目で、そこでは天文年間の武田信玄の築城で、天正末の改修という見解をとっている。
（19）『図説中世城郭事典』第一巻（新人物往来社刊、一九八七）
（20）荒砥城の遺構にも同様な傾向がある。主郭からの道筋は国内側と国外側の二方向につけられているが、国内側の虎口の構造が虎口・馬出・横堀・竪堀という構造であるのに対し、国外側が虎口・外枡形・横堀という構造になっている。国内側に手厚い構造を施している。この点は共通点として重視したい。

(21)『群馬県』三二四三

(22)『群馬県史』通史編（一九八九）八一四頁

(23)『群馬県史』通史編（一九八九）六八八頁

(24)『神奈川県』八六二八

(25)『神奈川県』八七二七

(26)現地での聞き取り調査、および山崎一『群馬県古城塁址の研究　下巻』（群馬県文化事業振興会刊、一九七二）による。なお、松井田城の概要については、『図説中世城郭事典』第一巻（新人物往来社刊、一九八七）の松井田城の項を参照されたい。

(27)高墓からどの位置で丘陵を越えて、松井田城の北側の谷筋に至るかは明らかでない。

(28)『群馬県歴史の道調査報告書第十六集　東山道』（群馬県教育委員会刊、一九八三）

(29)山崎一『群馬県古城塁址の研究　下巻』（群馬県文化事業振興会刊、一九七二）参照。

(30)現在の松井田の市街地は城址の南側、旧中仙道の宿場町の面影を良く残す町である。いつの時点かで都市的な機能が松井田城の北から南に移ったことになる。後北条氏治下の松井田城の整備に伴って、「将又松井田新堀へ御移候哉承候、早々御移候」（『群馬県』三二六〇）と南側山麓の新堀への移住の指示が確認され、また南側山麓に続く松井田城からの道筋も確認される。したがって、この時期に徐々に南側山麓の都市化が進行していたことが推測される。しかしながら、遺構の状況から、依然として北側が松井田城の正面であったと考えられる。

(31)『群馬県』三一七七

(32)『群馬県』三三四〇

(33)『群馬県』三四六九

(34)『群馬県』三六一六

(35)『小山市史　史料編・中世』（一九八〇）七七三頁

(36)『小山市史　通史編Ⅰ』（小山市刊、一九八四）七二二頁

(37)『白河市』九六六。なお同書掲載の写真版により、一部補訂した。

(38)『白河市』九七四
(39)（天正五年）閏七月一三日小田氏治書状写（『埼玉県』九二二）
(40)北区史編纂調査会古代・中世部会「未刊の東国関係文書」⑰号文書（『北区史研究』第1号、一九九二）
(41)この構造については松岡前掲注（3）論文及び第三部第一章を参照。
(42)駿相国境の足柄城や駿河国の山中城などのように、二類型は必ずしも別個の城館として出現するわけではなく、同一の城館の中に集約される場合も想定される。したがって境目を維持・管理する「境目の城」を考えるモデルとして、この二類型を想定している。
(43)『群馬県』二一三三
(44)『群馬県』三九〇八
(45)松井田の市街地の西端に諏訪大明神社があることから、一説には松井田城の地に諏訪城があったとされている。しかし、松井田の地名は鎌倉期より確認され、戦国期にも諏訪と松井田の地名は平行して用いられる。また諏訪大明神社も松井田の宿立によって移転してきた可能性があり、旧所在地を検討しなければならない。そこで諏訪城の所在地が問題になる。松井田町内の城館の残存状況から考えるかぎり、疑問が残るものの通説を尊重して諏訪城は松井田城の前身であったと考えるか、もしくは遺構の規模から考えて松井田町坂本の坂本城に比定することが考えられる。確定については今後に課題を残している。
(46)峰岸純夫「天文一六・一七年の『上信同盟』」（『戦国史研究』第二三号、一九九二）
(47)『新潟県』六八八
(48)『都留市』一八七
(49)藤木久志『豊臣平和令と戦国社会』（東京大学出版会刊、一九八五）
(50)『松井田町誌』（松井田町刊、一九八五）
(51)相田二郎『中世の関所』（畝傍書房刊、一九四三。後に吉川弘文館復刊）は「中世に現れた関若しくは関所の作用」として「軍事的作用」「警察的作用」に注目しているが、史料の残存状況のから簡単に触れるにとどまり、中世の関所研究の意義を「経済的作用」に認めている。以後の研究がその延長線上にある。
(52)伊藤正義「『越後国郡絵図』と中世城郭」（『奥田直榮先生追悼集』学習院大学輔仁会刊、一九八九）ほか。

第三章　後北条領国の「境目」と番

はじめに

戦国時代の境界地域は諸矛盾を集中的に表現する場であるとして近年とみに注目を集めている。分析の視角は一様ではないが戦国社会を解明するための重要な糸口であることは間違いない。

近年における戦国期の境界について研究の方向性を示したのは藤木久志であった。藤木は「国郡境目相論」という言葉に着目し、戦国期の戦争が領土紛争としての性格を持つことを重視した。(1)

藤木の視点を継承した山本浩樹(2)は、大名領国間の境界が両属的で曖昧な中間地帯として、ある程度幅を持って存在していたことに注目し、「『境目』こそ、戦国大名権力と地域社会の矛盾が集約された形で最も先鋭的に顕現する場であったのではなかろうか。」と提起した。そして『境目』における地下人の活動に注目し、半納地帯の地下人の動向が、境界変更の鍵となると論じている。

この山本の研究は秋山伸隆の成果(3)を受けたものでもあった。秋山は西国の史料に散見する「半納」の語を分析し、敵対する二勢力間が境界地域において年貢を折半しあうこととし、境界地域の村落・地下人の両属性を論じた。近年の戦国期境界の先駆的な論文である。

この西国での戦国期境界論を東国に導入したのは峰岸純夫(4)であった。峰岸は「両属関係が『半手』の本質であり、いかなる貢納物や労役を負担するかは三者の置かれた条件によって決定されたと考えられる。」と論じ、半手は状態を示す語であるとしている(5)。西国の半納を東国の半手として消化し、その後の東国における半手論の基礎となった。

この峰岸説を継承しつつも盛本昌広(6)は、「半手は敵方への年貢納入を容認する点で一種の妥協であり、この点では国分・無事とも類似している。」と述べ、さらに「戦国時代の国分は内部に半手の郷が留保され、しかも情勢の変化により無事が破られるという不徹底なものであった。」と評価している。この盛本の視点は、先の峰岸が村落に視点を合わせて村落の自立性を論じるのに対し、大名間戦争に視点を置いたもので半手論に新たな視野を開いている。

また則竹雄一(7)は峰岸説を前提とし、半手の村落の年貢を大名権力は如何に収取したかと問題を設定する。具体的には江戸湾の両岸に存在する半手の村落を対象として、年貢収納の実現に果たす海賊の役割を論じた。そして半手論について「戦国村落の実力を示すものとして注目されるが、私的な関係のみで半手関係が保たれたのだろうか。半手は年貢などの敵・味方への半納による両属関係を示すから両方からの承認がない限り安定的関係とはならなく、私的半手は一時的な平和をもたらすが長続きするとは限らないのではないか。そこで大名権力が半手をどのように考えたのかが問題となろう。」と論じている。氏はこの観点で年貢収納の実現を問題にするのであるが、大名にとっての半手という着眼点はさらに継承されるべきと思われる。

この後に峰岸(8)は「『半手之地』というのは、相戦う両軍の勢力圏の境界領域にあって両軍からの夜襲・放火・略奪などの行為にさらされた郷村や町・市などが、危機管理のために結集して両軍の大将からそれぞれに年貢の半分ずつを納入することを条件に乱暴狼藉を抑止する事を実現した『平和領域』をいう。」と述べ、村落などの在地側からの働きかけで成立した「平和領域」という観点を強く打ち出している。禁制と関連して課題の新たな方向性を示唆しつつも、「半手」に関して「平和領域」という一歩踏み込んだ評価を加えている(9)。
また、峰岸・盛本両氏とも戦争時の情報源として半手を位置づけていることは一致しており、半手の性格を知る上で重要な視点に着目している。

東国の半手論は境目の諸様相を捉えている。しかし、半手論は境界地域の理解において、半手の村落の自立性を強調する視点と、大名間の境界への対応という視点との間で、ややズレを生じさせている点も見逃せない。両者の視点を総合的に把握する必要が生まれているのではなかろうか。

また、筆者は以前に領主の境界に対する認識が戦国期に変化し、積極的に境界を維持管理するようになったと論じたことがある(10)。戦国期に築かれる城館の一種類として境目に接して築かれる城館＝「境目の城」がある。その構造を分析した結果、大名間戦争を想定した境界維持のための大規模な城館と、日常の交通と関連して機能した境界管理のための小規模な城館の二種類が存在することを明らかにした。大名が積極的に境界を維持・管理することを論じたのである。

比喩的に表現するならば半手論が境界に対する大名の消極的な対応を、前章は積極的な対応を論じている。戦国時代の境界地域は戦国時代の諸矛盾を集中的に表現する場であるという視点に立ち戻ったとき、半手論と境界の維持・管理論という両者の視点を踏まえ、再度、境界像を点検する必要性がある。この問題意識に立ち本章は戦国期「境目」が持つ不安定性と大名による境目の維持の関係を解明することを課題とする。

一　境目と半手

（一）　半手の成立

すでに多くの先学によって論じられている[11]史料であるが、次の下野国寒川郡生井郷に関する史料の分析から行いたい。

【史料一】　大石照基判物[12]

其地生井郷之儀、各依被申上、被任望被下置候間、於拙□も肝要至極候、彼為先御印判悉相集、少も無々沙汰走り廻専一ニ候、有油断者、不可然候、東口如思召之上、猶可及御取成候、為其以一札申断候、以上、

（天正八年）二月十九日　　信濃（花押）

【史料二】　結城家黒印状[13]

生江郷拘之儀、動并夜盗・朝かけ、其外慮外之義、自当洞中不可有之、若違背之輩ニ付而者、速ニ可及其刷者也、仍如件、

天正十一年癸未

（扇面黒印）　十一月十一日

【史料三】　結城家制札(14)

　せい札

右、中岫江上なまゐ・下生井半手けんみつに相定上、当洞中より乗こみ・あさかけ其外小様之行可停止候、若違犯之輩ニ付而者、可被及其御刷者也、仍如件、

（天正十二年）
甲さる

（扇面黒印）八月廿一日

まず【史料一】あるが、本史料の前日付けで北条氏照朱印状(15)が出されており、本状は氏照朱印状の副状であったと考えられる。前日状で「生井之郷、各ニ被任候之間、」とあった文言が、本状での「其地生井郷之儀、各依被申上、被任望被下置候間、」に対応しており、生井郷の村請が認められたと考えることができる。その際に、生井郷からの主体的な働きかけによって認められていたことには注目したい。北条氏側では村請を認める代わりに「彼為先御印判悉相集、少も無々沙汰走り廻専一ニ候、有油断者、不可然候、」と印判状での命令について服従を求めている。村請を認める代わりに種々の奉公を求めるという構造になる。

しかしこの決定は暫定的な決定であったようで、【史料一】には「東口如思召之上、猶可及御取成候、為其以一札申断候、」という文言が付されている。氏照朱印状にはこの文言に相当する文がないため、大石照基がわざわざ副状を発給した意図はこの点にあったと思われる。つまり、当時の北条氏が政治的課題としていた「東口」、つまり生井郷を含む下野国西南部が領国に属したならば、扱いを変更すると述べているのである。村落側の要求により、暫定的に対応するという状況を確認した時、大名側より村落側に主体的な状況があったといえることになる。

【史料一】の三年九カ月後、生井郷に対して、北条氏とは敵対関係にあった結城家より禁制【史料二】が発せられ

ている。内容は結城領内から生井郷に対して軍事的な働きかけはせず、もしそのような事態が起こったならば結城家として対処するということになっている。近年の禁制発給の手続きの成果に照らして考えるならば、結城家禁制の獲得に生井郷（具体的には大橋家であろう）が、積極的に動いたことになる。また、「若」という事後処理のための文言をみても、生井郷と結城家には一定の交渉回路が保持されていた可能性がある。しかし、軍事的な影響を蒙っていることは確認されるが、年貢などの負担関係は想定できないことから、【史料一】に定められた状態も、同時に継続していたと考えたい。北条氏照に対して帰属する関係を結びながらも、結城家と交渉する生井郷の姿を認めたとき、従来の「半手論」が描く村落像とはややイメージが異なることが指摘できようか。

そこで注目したいのが【史料三】である。「中岫江上なまゐ・下生井半手けんみつに相定上、」と生井郷内の上生井および下生井が、結城領内中久喜城の管轄となる「半手」に定められたことが明示されている。結城家にとっては、一定の軍事的影響力によって半手による支配を勝ち取ったということになろう。これに対して生井郷にとっては結城家の軍事的な影響力を無視し得ない状況があり、解決策として半手が選択されたということになろうか。

【史料三】の後段は【史料二】と異なることがない。書式上も【史料二】と異なる事が無い。後段の内容も書式も大きく変わらないとするならば、前段の半手を中心とする文言が付け加わったことに本状の意味があることになる。制札を発給する前提となる状況、すなわち半手を明文化する必要性・変化が結城家と生井郷間に生じたと考えることができよう。逆に言うならば【史料三】においては「半手」と記すことができても、【史料二】においては「半手」を記する状況になかったことになる。

また影響力の減退となる北条家はいかなる立場にあったのであろうか。そもそも【史料一】で述べられていたとおり、生井郷の村請は暫定的な措置であった。つまり、生井郷をめぐる帰属関係は決定的なものではなかった。この状況に対して、【史料三】で結城家が「相定」とのべていることは北条・結城両家間で一定の境界を設定する協定が結ばれたと考えることができないであろうか。本状の天正一二年（一五八四）八月一二日という日付はそのことを暗示している。

同年四月より下野国内沼尻で対陣していた、佐竹・宇都宮両家を中心とする北関東の軍勢と北条家の合戦は、七月二三日に開陣となった(16)。この開陣に際して北条氏は北条氏照が代表となって交渉を行った(17)。その結果、「奥州無事之計策種々懇望、無料簡血判以落居(18)」となっている。両者間で協定が結ばれているのである。

この沼尻の合戦の終結直後に【史料三】は出されているのである。すなわち、この協定のなかに境界画定が含まれており、その結果として生井郷は半手となったと考えることができるのである(19)。この【史料三】に続いて二カ月弱の後には近隣の石ノ上・下国府塚も「中岫江落着」として半手となっている(20)。沼尻の合戦の結果と考えて良いであろう(21)。

このように半手の村の成立は、大名—村落間の契約として成立する以前に、大名間において一定地域が緩衝地帯として設定され、その中の村落であることが条件になると推測される。そもそも境界地帯の村落が年貢の半分ずつを双方の大名に納めるという規定は、村落の自立的な活動は認めるにしても、大名相互間での調整がなくして存在すると想定することは困難で、大名—村落間の契約に先行して大名間協定は存在したと見なければならない。生井郷の事例は、半手成立が三者間の複雑な利害関係の調整の上に成り立つことを示すことになる。半手は半分しか当方の手に属さないという、政治的に生み出された境界地帯の両属の空間を指すと考えられる(22)。

（二）　半手に対する領主の認識

半手の村々が存在する境界は大名にとって如何に認識されていたか。果たして問題のない境界として認識されていたであろうか。次の文書からは危機感を持って臨んでいたことが確認される。

【史料四】　足利義氏印判状(23)

御城内御掟之事

一敵方へ半手諸郷之者共、佐野門南木戸より内へ不可入事、
　右於御城内見合候者、人馬共可取之、其人ニ可被下之事、
一火付・目付・盗賊・敵方へ通用之者見出、聞出、以隠密申上候者、其人之一跡可被下之、若無知行者、当座可
　有御褒美事、
一毎夜廻輪切夜廻、無闕如可致之事、
一毎夜五ツ已後持火可致往復、不持火者可被処盗賊事、
一諸外張六ツ已後、以自用不可明之事、
一博奕不可打事、
一喧嘩口論者、手出之者、可有御成敗事、
　付、喧嘩至于致之者、諸奉公出合、無贔屓・偏頗狼藉人取籠、栗橋へ可申上事、
右七ケ条之御掟不可有異儀者也、仍如件、

(天正八年)
辰十月　(印文「大和」及び印文未詳)　十一日
諸奉公中

本史料は足利義氏が古河城について定めた掟書である。本状の発給以前から北条家では古河城を取り巻く近辺の状況を問題としており、「抑氏政内々如被申付者、敵動之時、古河之御仕置肝要ニ候、如承及者、御膝下之面々敵与候得者、宿城迄被懸出之者、無是非次第候、於向後者、被定置役所、其所一足不罷去有之而、被走廻様ニ　御下知専肝要、万一於背　御掟輩者、速可被為切腹事尤候、」と北条氏照より古河公方家に通告されている。[24] この文中で「御膝下之面々敵与候得者」とされていた点が、【史料四】の「敵方へ半手諸郷之者共」に対応すると考えられる。

第一条から古河城近辺に存在する半手諸郷の者共は古河城「佐野門南木戸」より城内に入ってはならないと定めている。万が一、「佐野門南木戸」より城内で「敵方へ半手諸郷之者共」を発見した場合は、人馬ともに取って構わない、と規定している。つまり「敵方へ半手諸郷之者共」は敵に限りなく近い存在として認識されていることになる。そしてこの規定が他の諸犯罪、城内・外張等の警護、博奕、喧嘩に関する諸規定に先んじて記載されていることは、古河城の存続にとって極めて重大事であったことを示唆している。

大名によって設定された半手の領域は絶えず戦乱の危険を孕んだ地帯である。領国の縁辺部に近づくに従い、支配の浸透度は浅くなっていく。つまり権力側にとっては領国境目の維持という観点からすれば不安を禁じ得ず、常に管理の対象にせざるを得ない地域ということになる。[25]

境界が不安定であればあるほど、「境目の城」を維持することが困難になる。城に供給する物資や配置する軍勢を、当該の城の近辺で調達することが困難になるからである。境目の管理と政治的不安定性は反比例の関係になる。

不安定な境目を如何に維持するか。権力にとっては極めて重要な課題となる。具体的には「境目の城」を設定し、軍勢を置くということになる。

境目にあってどのように軍勢を確保し続けていたか。領国を安定させるためには極めて重要な課題であったはずである。特に半手の地域にあっては大名側からの収奪は自領国内部に比してすこぶる限定的であった。そのことは半納の性格から明らかであり、仮に境目で必要な人員や物資の調達を行ったとしても、先に山本浩樹が明らかにしたごとく、また【史料四】で確認したごとく、大名の意志が貫徹したものとはなりえない。「境目の城」が領国内の本城・支城などと異なり特殊な存在であることはこの点だけでも推測できる。不安定な地域でどのように「境目の城」を存続させ続けたか。この点が次の課題となる。

二　「境目の城」と番

（一）　番の性格

一般に城館の経営には、特定の人物が城主もしくは城代として長期間にわたって在城する事例のほか、一時的に交替で城詰めする事例とがある。後北条氏の場合、表4に見るような「番」による在城という事例が比較的多く見られる。まず表4により「番」を概観してみたい。

「番」が確認できる事例は領国の全域にわたっている。国別に見れば次のようになる。

駿河国・・二ヵ城　　　興国寺城・足柄城

伊豆国・・二ヵ城　韮山城・長浜城
相模国・・三ヵ城　小田原城・浜居場城・新城城
武蔵国・・五ヵ城　滝の城・岩付城・金讃御嶽城・江戸城・八王子城
上野国・・一一ヵ城　沼田城・猿ヶ京城・厩橋城・亀山城・中山城・榛名峠城・権現堂城・岩井堂城・阿曾城・長井坂城・金山城
下野国・・一ヵ城　小山城
上総国・・二ヵ城　椎津城・窪田城
下総国・・二ヵ城　関宿城・古河城
常陸国・・一ヵ城　牛久城
信濃国・・一ヵ城　小諸城
不明・・一四件

以上のように「番」は領国の全域に確認することができる。このうち上野国一一カ城が数字の上ではきわめて多いことは注目される。

年代的には、天正一〇年代がとりわけ多い。文書の残存の影響があることは否定できないが、傾向は示していると考えてよかろう。

次に対象となっている城館の性格である。表中に拠点と境目で整理した。拠点とは北条当主や一門や有力家臣が城主として在城する本城・支城を示す。足利家の古河城や定められた城主が存在しないものの重要拠点として機能した江戸城や金山城は便宜的に同一の範疇に整理した。また境目はいわゆる「境目の城」にあたる城館を指している。

表4　北条領国の「番」一覧

通番	年月日		文書名	城館名	城館性格		戦国遺文所載番号
1	(天文一八年カ)	一二月一九日	北条氏康書状	不明			三八六
2	(永禄七年)	五月廿三日	北条氏照印判状	滝の城		境目	八五四
3	(永禄九年)	五月廿二日	北条氏康朱印状	小田原城	拠点		九五〇
4	(永禄九年)	五月廿二日	北条氏康朱印状写	小田原城	拠点		九五一
5	(永禄九年カ)	六月一九日	北条氏政	不明		境目	九五五
6	(年未詳)	四月一七日	北条乙千代書状写	不明		境目	三九七〇
7	(永禄一一年)	一〇月　二日	北条氏政書状写	岩付城	拠点	境目	一一〇四
8	(永禄一二年)	七月　朔日	北条綱成書状写	不明		境目	一二七三
9	(永禄一二年)	七月　五日	北条氏照朱印状写	金讃御獄城		境目	一二七八
10	(元亀元年カ)	五月廿三日	北条氏政書状	興国寺城		境目	一四二〇
11	(元亀元年カ)	六月　朔日	北条氏政書状写	興国寺城カ		境目	一四二一
12	(元亀元年カ)	極月廿二日	北条氏邦書状	岩付城	拠点		一四五一
13	(元亀二年カ)	七月一五日	朝比奈泰寄書状	韮山城	拠点	境目	四〇五九
14	(元亀二年カ)	七月一六日	北条氏政書状	足柄城		境目	一四九五
15	(元亀二年カ)	八月一六日	北条氏政書状	足柄城		境目	一五〇五
16	(天正三年)	三月一六日	北条家朱印状写	江戸城	拠点		一七八〇
17	(天正三年)	三月廿二日	北条家定書写	不明（足柄城カ）			一七八一
18	(天正五年カ)	六月　二日	北条氏政書状	椎津城		境目	一九一九
19	(天正五年)	九月廿一日	北条氏政判物写	関宿城		境目	一九四六
20	(天正六年)	四月廿一日	北条氏繁書状	関宿城		境目	一九八七
21	(天正六年)	一二月一七日	北条氏政書状写	沼田城		境目	二〇三八
22	(天正七年)	六月一〇日	北条氏照朱印状	猿ヶ京城		境目	二〇八二
23	(天正八年)	三月廿二日	北条氏邦朱印状	不明			二一五三
24	(天正八年)	一二月　八日	北条氏照書状	不明（小山城カ）		境目	二二〇五
25	(天正九年)	二月　九日	北条氏照朱印状	小山・八王子城		境目	二二一九

26	（天正九年）	六月一九日	北条家掟書写	浜居場城		境目	二二四〇
27	（天正九年）	六月一九日	北条家掟書写	浜居場城		境目	二二四一
28	（天正一〇年）	五月　八日	北条家定書	足柄城		境目	二三三六
29	（天正一〇年カ）	七月　七日	北条氏直書状写	関宿城		境目	二三六五
30	（天正一〇年カ）	七月一四日	北条氏照書状	小山城		境目	二三七五
31	（天正一〇年）	霜月　五日	北条家朱印状	小諸城		境目	二四四一
32	（天正一〇年）	一一月　六日	北条氏照書状写	小諸城		境目	二四四二
33	（天正一一年）	三月一二日	足利家奉行人連署書状案	古河城	拠点		四五〇六
34	（天正一一年）	三月廿三日	足利家奉行人連署書状案	古河城	拠点		四五〇八
35	（天正一一年）	四月　朔日	足利家奉行人連署書状案	小山城		境目	四五〇九
36	（天正一一年）	四月　九日	足利家奉行人連署書状案	古河・岩付・関宿	拠点		四五一〇
37	（天正一一年）	四月一五日	足利家奉行人連署書状案	古河城	拠点		四五一一
38	（天正一一年）	五月　三日	北条氏直書状写	中山城		境目	二五三二
39	（天正一二年カ）	正月　七日	北条氏直書状	厩橋城		境目	二六一四
40	（天正一二年）	二月一二日	北条家朱印状	厩橋城		境目	二六二六
41	（天正一二年）	八月一三日	北条氏直書状	亀山城		境目	二六九四
42	（天正一二年）	一〇月一一日	北条氏直書状写	不明			二七二一
43	（天正一二年カ）	一一月廿九日	北条氏照書状写	厩橋城		境目	二七四二
44	（天正一三年）	正月　四日	北条氏照書状	不明			二七六二
45	（天正一三年カ）	正月一一日	北条氏直書状	不明			二七六四
46	（天正一三年）	霜月一五日	北条氏房判物	岩付城	拠点		二八九〇
47	（天正一五年）	二月廿六日	北条家朱印状	厩橋城		境目	三〇六〇
48	（天正一五年）	五月一五日	高城氏黒印状	牛久城		境目	三一〇二
49	（天正一五年）	一〇月　二日	北条家朱印状	厩橋城		境目	三一八六
50	（天正一五年）	一〇月廿七日	北条家朱印状	韮山城	拠点	境目	三二〇二
51	（天正一五年）	極月廿七日	猪俣邦憲法度	榛名峠城		境目	三二四三
52	（天正一五年）	一二月廿八日	北条氏政判物写	牛久城		境目	三二四五
53	（天正一六年）	正月　四日	北条家朱印状	厩橋城		境目	三二五〇

通番	年月日		文書名	城館名	城館性格		戦国遺文所載番号
54	(天正一六年)	五月　五日	北条氏房朱印状	小田原城	拠点		三三一〇
55	(天正一六年)	五月廿一日	北条家朱印状写	権現堂城		境目	三三一六
56	(天正一六年)	閏五月廿七日	北条氏邦判物	不明		境目	三三三〇
57	(天正一六年カ)	七月廿八日	北条氏邦書状写	岩井堂城		境目	三三五五
58	(天正一六年カ)	極月一一日	北条氏直書状	阿曾城		境目	三三九七
59	(天正一七年カ)	三月一〇日	北条氏政書状	長浜城・韮山城	拠点	境目	三四三〇
60	(天正一七年カ)	極月一一日	北条氏邦書状	阿曾城		境目	三五七四
61	(天正一七年)	一二月一七日	北条氏政定書写	牛久城		境目	三五七七
62	(天正一七年)	一二月廿七日	北条家朱印状写	長井坂城		境目	三五八九
63	(年未詳)	正月一〇日	北条氏忠朱印状写	新城城		境目	四〇三三
64	(年未詳)	二月　五日	北条氏直書状写	金山城	拠点		三九五三
65	(年未詳)	二月　七日	石巻康敬書状	不明			四〇七〇
66	(年未詳)	五月一七日	北条氏照書状写	不明			三九〇一
67	(年未詳)	六月　晦日	成田氏長書状	韮山城	拠点	境目	四一九〇
68	(年未詳)	七月　朔日	国分胤通書状写	牛久城		境目	四一二二
69	(年未詳)	八月一八日	北条氏照書状写	不明			三九一〇
70	(年未詳)	一〇月一二日	北条家カ朱印状写	不明（厩橋城カ）			三八二〇
71	(年未詳)	一一月廿六日	北条家朱印状	阿曾城		境目	三八二三
72	(年未詳)	極月一一日	松田憲秀書状	窪田城			三九四〇

拠点として把握される「番」が一六件であるのに対し、境目として把握される「番」は四七件と、およそ三倍の件数を示している。さらに内容を詳細に見ると、まず韮山城は北条氏規の拠点であるとともに領国の境目に位置する「境目の城」である。あるいは古河城も類似の性格を有すると考えること可能かと思われる。また戦乱に際して軍事力増強のためと思われる「番」として、3・4・54など小田原城の事例などがある。拠点に分類される事例の中にも

軍事的な目的で「番」が派遣される事例がある。

すなわち「番」は軍事的な必要性があることにより編成された。とりわけ「境目の城」の軍事力として多く見ることができるのが特徴である。天正一〇年代及び上野国に多く見ることができることから、領国が拡大するに従い、境界域では「番」による軍事力の派遣によって、境界を維持することが多くなったと考えられる。

(二) 番の派遣

境目が「番」によって維持されていることを確認したとき、「番」構成が次に問題となる。以下の史料によって「番」構成を検討したい。

【史料六】北条氏照朱印状(26)

清戸三番衆

三田治部少輔(27)

五騎　師岡采女佑(秀光)(28)

三騎　藤橋小三郎(29)

二騎　久下兵庫助(30)

竹内藤十郎(31)

神田与兵衛(32)

同半三郎

塚田大炊助(33)

豊泉十兵衛(34)
同かけゆ
同隼人
同惣五郎
同半十郎
同惣二郎
宮寺四郎左衛門(35)
同与七郎
同掃部助
師岡伝左衛門
同兵部丞
同兵庫助
同九郎五郎
同新右衛門
原嶋孫二郎(36)
同善六郎代
馬場惣助(37)
黒沢孫二郎(38)

弐騎

新かけゆ(39)
宮倉源二郎(40)
野口刑部丞(41)
大野孫六郎(42)
井上半助(43)
久下小三郎
神田左京亮
福岡藤三郎(44)
木崎又兵衛(45)
和田左京亮(46)
小左久(47)
滝上助九郎(48)
並木(49)
二宮(50)
加治弥六郎(51)
以上

右、清戸二番衆、当月十九日ニ在所を立、先番ニ替候、然間従廿日六月四日迄、中十五日ニ候間、五日之早天ニ三田谷各在々所々を打立、五以前箱根賀崎にて相集、此御書立ニ引合、一騎茂無不足、又無遅参様、引そろへ召

列可罷立、於清戸布施相談、番所可請取、境目大切之番所候間、一刻片時茂遅参之者有之付而者、番所可明候、其儀入御耳付而者、速ニ可被為腹候、此旨堅申触、一度ニ引揃可罷立、若又触口不相届儀、後日ニ御糺明之時、就申上者、則可被遂御成敗者也、仍如件、

（永禄七年）
甲子　五月廿三日　（印文「如意成就」）
三田治部少輔殿
師岡釆女佑殿

詳細は注に記したが青梅・飯能付近の旧三田領の武士が北条氏照によって組織され、清戸の番所に派遣されている。「境目大切之番所」の文言から境目の警備で派遣されていることは明らかである。

清戸は現在の東京都清瀬市の東北部にあたり、志木街道（浦和・東村山線）に沿って上清戸・中清戸・下清戸の地名が並んでいる。

現在はこの志木街道を東北に進むとおよそ二キロメートルで川越街道（国道二五四号線）の野火止の交差点に至る。この交差点の東側には膝折（埼玉県朝霞市）の地名が残ることから、中世の膝折宿の故地であることが知れる。この地点からさらに東北に進むと、志木・浦和と繋がり、国道四六三号線に接続して【史料六】で敵方となっている太田氏の本拠地岩槻へとほぼ一直線に至っている。

一方、西南に進むと所沢（埼玉県所沢市）の市街地の南方、東村山（東京都東村山市）の市街地の北部で府中街道に合

流する。府中街道は中世の鎌倉街道とほぼ同じ道筋である。道筋の詳細は不明であるが、所沢の市街地から狭山丘陵を縫うように西に進むか、もしくは東村山から狭山丘陵の南側山麓を西に進むと箱根ヶ崎に至る。すなわち六月五日に箱根ヶ崎に集合した清戸三番衆はおおよそこの道筋をたどり、清戸に赴いたと思われる。

清戸と岩槻の地理的関係や、「境目大切」の文言を踏まえると、志木街道の存在が戦国期に溯ることは確実と思われ、故に街道沿いの境目を固めるために清戸番所が設定されていると考えることは間違いない。(52)青梅・飯能の旧三田領の武士達はおよそ二五キロメートルの道筋を東へと向かい、緊張感の高い清戸番所の警護に赴いた。

警護につく期間は、先番の二番衆は五月一九日に在所を立ち二〇日から警護にはいり、六月四日までの中一五日とされている。おそらく六月五日は交替日で三番衆は六月六日からの警護となるのであろう。一五日程度という日数が番の勤務日数であったことがわかる。

清戸番所に派遣された武士は政治状況により他所にも派遣されている。次の史料はそのことを具体的に示している。

【史料七】北条氏照朱印状写(53)

御嶽御番被仰付候処、不嫌昼夜走廻候由、治部少輔・藤橋被申上候、御感悦ニ候、弥走廻付而者、可被加御褒美者也、仍如件、

(永禄一二年)
巳
七月五日　（印文「如意成就」）

下善六郎殿

南神六郎殿

三田治部少輔及び藤橋氏を中心とした武士が金讃御嶽城（埼玉県神川町）に番として派遣されている。三田治部少輔は清戸三番衆にも名前が確認でき、藤橋もおそらくは記載される藤橋小三郎であろう。宛所の二名は三番衆にみることができないが明らかに三田治部少輔及び藤橋氏の配下であり、旧三田領内の武士であろう。(54)ここでも青梅・飯能近辺の旧三田氏領の武士が派遣されていることが確認できる。

さらに次の二点は清戸三番衆に見える並木氏が、番として小山祇園城に派遣されていることが確認できる事例である。

【史料八】北条氏照朱印状(55)

書出

右、当人衆、去春以来至于今日在陣、来十日迄可指置候、然者、来七日大石信濃守同道、無嫌風雨滝山を罷立、八日久喜・大室打着、九日榎本打着、十日人衆相集、小山へ可罷着、此日限一刻成共相違付而者、縦如何様之道理有之共、境目大切之御番所欠子細ニ候間、可被為切腹候故、其旨信濃守□子細を、来七日ニ□在所へ罷立□□者也、仍如件、

（天正六年）寅　十月廿六日（印文未詳）

並木弥六郎殿

【史料九】北条氏照朱印状(56)

（端裏書）「なみ木□」

書出

一小山番従先番卅日番ニ定置候、然ニ八王子番故延来候、五日之内立可遣候、重而明日可立、今日可及触候、急ニ可令支度事、

一往復不自由候間、卅日之支度、一度ニ持□可行事、

一三月下旬ハ以書出如被仰出、上方衆可打合候間、薄漆令持参、番中可令支度事、

以上

右三ケ条、存其旨、早々令支度、必五日内可被相着候条、重而一左右次第、御差図之地へ可相集旨、被仰出者也、仍如件、

（天正九年）巳

二月九日（印文未詳）

並木殿

【史料八】においては小山祇園城が「境目大切之御番所」と位置づけられていることが確認される。

文章中、現在の在城衆は天正五年（一五七七）の春以来の在城であるの述べられており、来る一一月一〇日に現在

の城衆が任務を終了するのに際して、並木氏が呼び寄せられている。政治情勢を前提とすると、謙信死去により小山近辺が越山の脅威から解放され、祇園城の維持の体制に変化が生じた可能性がある。【史料九】の段階でも番によって維持され続けていることを踏まえれば、祇園城の維持がこの時点で有期の番による体制へと切り替わった可能性がある。

本史料で注意したいのは並木氏の移動についてである。一一月七日に滝山を立ち、八日に久喜（埼玉県久喜市）・大室（埼玉県加須市）を経て、九日に榎本（栃木県大平町）至り、一〇日に小山に着くように命じられている。全行程四日である。

【史料九】は並木氏が天正九年（一五八一）に再度小山番を命じられた際の史料である。

この史料によれば、小山番は先番より三〇日の在番となったとしている。この日数が減免された日数であるか、増加した日数であるか明らかではないが、先の清戸二番衆が一五日程度の在番であったのに対しては倍の日数が賦課されていることになる。全体として番の日数は増加の方向にあったと考えたい。

またこの小山番と並行し八王子番が賦課されていたことも明らかである。当時、北条氏照の本城は滝山城であり、八王子城は甲州方面の「境目の城」であったと考えられる。氏照配下の武士は八王子や小山という領国の東西の境目を奔走していたことになる。

さらに「往復不自由候間、卅日之支度、一度ニ持□可行事、」と指示されていることに注目したい。番に赴く支度が自弁でなされていることが窺え、番に赴く武士の負担を考えさせる。特にどの程度までの物資が含まれるか不明であるが、現地調達をせず、在所から運ぶように指示していると解せる点は重要である。このことは、境界領域における物資調達の限界と関連する可能性を含んでいる。

清戸三番衆に編成されていた武士は、領国の拡大に伴って、より遠方へ、より長い期間、より周到な準備を持って赴くことが要請されていた。直接の戦争に参陣するのではなく、境目という戦乱の可能性を有する地域の日常に、領国維持のために赴くのである。

この背景には境目の地域を維持するために、現地で直接に人員や物資の確保することよりも、領国内部の人員や物資を境界に送るという方法を選択した大名側の意図を見逃してはならない。不安定な境界の維持のためには支配の確実な領国内部が収奪の対象とされていたのである。

三　番の派遣と領国

境目に送られる軍勢は領国内部の支配の安定した地域からであった。不安定な境界維持は領国内部までも巻き込んで達成されていたのである。派遣される軍勢について大名側はどのように認識していたのであろうか。次の史料はその断片を伝えている。

【史料一〇】北条氏照書状写[57]

急度申越候、然者平山伊賀守(氏重カ)知行、於小山之狼籍(埼玉県坂戸市)、取物之書立被指出候、驚入候、先日者彼平田一人当地へ可差越一理申付候、科ニ落着之上とて下地を以、家財点懸も可致之候、至今日糾明も無之処ニ家財点検、剰本人も無之、百姓之家財迄取之事、無是非仕合ニ候、公事之子細者如何共有之、加様之方外者前代未聞候、大切之境目在城之平山ニ恐怖を為持候事無是非候、其時之手代同名大炊助罷越之由申候、彼者令成敗、平山立腹可相止候、取物之書立遣之候、明日悉取調本主ニ可相返、若一物成共不足ニ付而者、可為越度候、先日罷越候者共相集定ちり

〳〵ニ可取之候条、人別ニ懸可取返候、近比若輩之申付様無届候、平山被指出候取物之書立遣之候、恐々謹言、

（天正八年）十二月六日　（北条）氏照（花押）

中山勘解由左衛門（家範）殿

【史料一一】北条氏照書状(58)

一札披見候、然者浜中事、対其方就致緩怠、被申付成敗候条、平田（備前守）ニ無罪之由承候、然間平田をハ早々小山（埼玉県坂戸市）へ可返付之由申付候、并取候家財可相返之由、手堅申付候、中山大炊助請負候、勘解由左衛門（中山家範）者出陣候条、大炊助ニ申付候、然者浜中儀貴所就成敗者、為如何有様ニ其刻不承候哉、就其儀者、平田をも召揃間敷候、畢竟貴所御手違ニ候、将亦敵地ニ申寄子細有之、五三日之以逗留打出候、其地昼夜之用心肝要候、本番衆之儀者不及申候、此度者人衆相重候、次明日新六郎同道尤候、恐々謹言、

（天正八年）十二月八日　（北条）氏照（花押）

平山伊賀守（氏重カ）鼓

天正八年（一五八〇）一一月頃、平山伊賀守の所領である入西郡小山（埼玉県坂戸市小山）で事件が起きた。平山伊賀守の関係する平田某と濱中某が事件の当事者であったと思われる。この事件の収拾には中山大炊助が向かった。しかしこの中山大炊助は受けた命令に反して、的確な対処を怠ってしまった。平田某を一方的に捕縛し、下地や家財を点定し、さらには百姓の家財までも差し押さえてしまった。事態を聞き及んだ平山伊賀守は、差し押さえられた注文を添えて北条氏照の元に訴えるに及んだ。この事態について北条氏照自身、「公事之子細者如何共有之、加様之方外者前代未聞候、」と嘆いている。

引用した二通の書状は訴えを受けた北条氏照による事後対応を示している。【史料一〇】が当初事件に対処した中山大炊助の一族である中山家範宛で、事後の対処を命じている。一方【史料一一】は【史料一〇】に二日遅れ、文言に「平田ニ無罪之由承候、」とあることから、一定の結論を得た氏照が平山伊賀守に宛てた返答ということになる。

この二通の書状から、事件に対処しつつも北条氏照の脳裏に別のことが懸念されていることが如実にわかる。【史料一〇】においては「大切之境目在城之平山ニ恐怖を為持候事無是非候、」と述べ、【史料一一】においては「将亦敵地ニ申寄子細有之、五三日之以逗留打出候、其地昼夜之用心肝要候、本番衆之儀者不及申候、此度者人衆相重候、」と記し、平山伊賀守が番衆として「境目の城」に在城することに注意を払っている点である。

平山伊賀守については天正一一年（一五八三）四月に古河城へ番として赴任する平山氏（恐らく同一人物と思われる）が認められ[59]、北関東に赴任する可能性があったことが確認できる。天正八年頃の北関東の政治情勢を考えると平山伊賀守は小山祇園城等の北関東の「境目の城」へ番として赴任していた可能性が高い。入西郡小山の事件はその最中に起こっているのである。

北条氏照は番の最中の平山伊賀守に対してとりわけ昼夜の用心を説く一方で、事件の処理に当たる中山氏に「重要な境目に在城する平山氏に恐怖を持たせることは何たることか」と非難している。在所での事件が境目の不安に直結するという氏照の意識構造は実に興味深いものがある。境目の番を達成するためには領国を平穏に維持することが大名の責務であったことを物語っているといえよう。

境目への派遣による収奪の一方で、派遣される武士の所領の平穏を保つという二側面は、境目の問題が境目に留まらず、領国内部にまで深く関わっていたことを示している。

小　結

境目の半手の設定は大名間相互の承認があってこそ成立し、対象地からは一定の収奪しか行えなかった。収奪が制限されたことにより村落は一定の主体性を確保し得たことになる。大名は半手の地を半ば敵領と見なしており、政治的に不安定な地であった。大名はこの不安定な境界を維持するために戦時以外にも領国内部から有期的な番を派遣しなければならなかった。この派遣は領国が拡大するに従って負担が重くなる傾向にあった。領国内部に対して番の派遣という収奪を課す一方で、大名は番として派遣される領主の在所を平穏に保たねばならなかった。境界の問題は境界のみの問題ではなく、そのまま領国内部の問題に直結していた。

なお本章と密接にかかわる研究として佐脇敬一郎の所論(60)がある。氏は境界における城郭の運用を在城制から在番制へというシェーマで描く。領国の拡大に伴って人的・物質的な供給不足が生じ、その対策として城の普請や在城するための在番制が生まれ、さらに掟・番帳による体制整備と統制ができたと論ずる。扱う史料や事例がほぼ同じであり、学ぶところが多い。しかし氏の考察の前提には、まず城領の設定があり、その上で在城する領主が派遣され、人員・物資を現地調達する体制があったと考えていることが窺われる。それゆえに領国の拡大に伴って領国経営に支障を来すようになり、城郭の運用体制の整備が必要になったと論じている。しかし領国内部と境界地帯の支配の実態を同質に設定するという前提に疑問があり、かつ分析の対象とする事例が政治的課題である境界であり、当時の最重要課題となっていた境界と領国内部との異質性はとりわけ踏まえなければならないと考える。在番制の問題は領国の拡大に伴う城郭の運用体制の変化という視点ではなく、境界維持・管理のための独自の問題であり、「境目の城」の特徴と説くべきと考えている。本章と氏の所論との大きな相違はこの点にある。

大永七年（一五二七）四月、遠江国鵜津山城を訪れた連歌師宗長は、「境目の城」であった同城について「三ケ国の敵のさかひ、昼夜の大鼓夜番の声、無寸暇きこゆ、」(61)と記し、「境目の城」の騒擾感を伝えている。境目に故の緊張感がそのまま騒擾感に繋がっている。境目においては非日常性が日常的に持続しているのである。

日常的に非日常性が維持される空間が領国の縁辺に存在し、領国内部から絶えず人が環流する。この構造が戦国社会には存在した。

注
（1）『豊臣平和令と戦国社会』（東京大学出版会刊、一九八五）
（2）「戦国大名領国『境目』地域における合戦と民衆」（『年報中世史研究』第19号、一九九四）
（3）「戦国期における半納について」（『芸備地方史研究』第一二五・一二六合併号、一九八〇。後に戦国大名論集6『中部大名の研究』（吉川弘文館刊、一九八四）に再録）
（4）「東国戦国期の軍事的境界領域における『半手』について」（『中央史学』第一八号、一九九五。後に『中世　災害・戦乱の社会史』（吉川弘文館刊、二〇〇一）に所収）
（5）氏は「岡見氏本知行并旗下・半手覚書」の分析を通じ、「多賀谷氏と岡見氏と住民の三者がともに承認しあって、年貢・公事の半分納入を村落が実現していると考えられる。」と述べ、半手の成立の前提として三者間の承認があることを想定している。
（6）「戦国期における境目の地域と戦争」（『そうわ町史研究』第四号、一九九八）
（7）「戦国期江戸湾の海賊と半手支配」（悪党研究会『悪党の中世』一九九八、岩田書院刊）
（8）「箕輪落城―三つ巴のなかの長野氏」（『群馬県立歴史博物館紀要』第二〇号、一九九九）
（9）軍事的境界地帯という前提に即すると「平和領域」と評価するのは聊か論理の飛躍があるように思える。意図するところは明らかであるが、「平和領域」という概念設定にはやや違和感を覚える。

(10) 第三部第二章。

(11) 前掲論文のほか、本史料を含む大橋家文書及び池沢家文書について、市村高男「戦国期東国の土豪層と村落」(『歴史と文化』一九九五年)が詳細に検討を加えている。

(12) 『藤岡町』119

(13) 『藤岡町』142

(14) 『藤岡町』200

(15) 『藤岡町』118

(16) 『藤岡町』195・198

(17) 『藤岡町』207

(18) 『藤岡町』207

(19) 市村高男「戦国期東国の土豪層と村落」(『歴史と文化』第四号、一九九五)は、上生井・下生井の半手成立を年貢配分率を相互の領主が決定する必要があることから、天正一〇年(一五八二)の小山秀綱の祇園城復帰を契機とすると推定している。政治的交渉の契機が本論と異なっている。また原田信男『中世村落の景観と生活』(思文閣出版刊、一九九九)は、地理的状況から天正五年(一五七七)以降の段階的成立を想定している。本論では「半手」の語が明示されることと、沼尻合戦の和睦交渉という二点を論点として天正一二年(一五八四)に重点を置いている。

また、半手成立以前に、制札の受給や村請の実施を行う村落も確認した。境界地帯の村落の理解は、一様にはできないことを示している。

(20) 『小山市』七六八

(21) このほかにこの近辺の文書に確認される半手の村として、中里がある(『藤岡町』125)。この村が半手となった背景については今のところ不明である。

(22) 年貢の半分だけ納めるという意味に関しては、西国の「半納」とは実態は変わらないと考える。ただし、半手を本文のように解することで、「半納」とは語源が異なるのではという推測がつくことになる。

(23)『藤岡町』123

(24)『藤岡町』104

(25)半手として設定された境界地帯を論じているのであるが、境界が線として確定した地域でも程度の差こそあれ状況は類似していたと思われる。

(26)『所沢市史』二一二〇

(27)三田綱秀の跡を継承した三田氏の人物であろうが、詳細はわからない。

(28)釆女佑のほか伝左衛門・兵部丞・兵庫助・九郎五郎・新右衛門等の六名が確認される。青梅市師岡が師岡氏に因む地名であることは間違いなかろう。

(29)青梅市藤橋と関連する領主と思われる。同地には藤橋城の跡も残る。

(30)本史料中に久下氏はこの兵庫助のほかに小三郎を見ることができる。飯能市仲町・稲荷町・南町の地が古くは飯能町大字久下分村にあたるという(『角川日本地名大辞典11埼玉県』〈角川書店刊、一九八〇〉。久下分の地名は戦国時代より見ることができ(『戦国』一八一七)、この地との関連が想定される。

また青梅市富岡一丁目の常秀院は久下右衛門佐常秀が自身の館の地に建立した寺院と伝わる(『定本市史青梅』〈青梅市刊、一九六六〉一八八頁)。現在も青梅市富岡・下成木及び飯能市畑に久下常秀の子孫家があるという。

(31)詳細不明。

(32)本史料中に神田氏はこの与兵衛のほか半三郎・左京亮を見ることができる。詳細は不明であるが三田氏の旧臣で、同氏の没落後、北条氏に属したとされている(『定本市史青梅』〈青梅市刊、一九六六〉一九一頁)。同氏の屋敷は青梅市二俣尾村上宿にあったとされる。

(33)詳細不明。三田氏の旧臣とする説がある(『定本市史青梅』〈青梅市刊、一九六六〉一九三頁)。

(34)十兵衛のほか、かけゆ・隼人・惣五郎・半十郎・惣二郎等の合計六名の豊泉姓が確認される。(永禄四年カ 一五六一)六月三日付北条氏康判物(『戦国』七〇三)に「拾七貫文 小谷田村 但此内富泉名字中、従前々拘来候分被下候、」という記載が見られる。史料の年次に問題を残すが、六名併記と「豊泉名字中」の語に相関関係を認めることができ、豊泉氏が埼玉県入間市小谷田に関連した武士であることは間違いなかろう。先の文書が永禄四年であるならば、小谷田における豊泉氏所領の金子氏への宛行いが三田氏の没落と関連する可能性があることになる。三田氏の旧臣が多く含まれる本史料に豊泉一族が連記されることを踏まえるならば、豊泉氏は三田氏の旧臣であり、三田領は入間市小谷田にまで及んでいた可能性がある。

(35) 宮寺氏は四郎左衛門のほかに与七郎・掃部助を見ることができる。同氏は武蔵七党の村山党に属する一族であり、入間市宮寺・所沢市三ヶ島を本貫としていた。又、永禄八年（一五六五）には宮寺与七郎が葛見（飯能市久須美）の内の所領について相論が起きている。この地に所領を持っていた可能性が高い。さらに現青梅市成木二丁目の宮寺氏宅は屋号を「堀の内」と号し、宮寺氏の館の地であることが想定されている（『資料青梅市の中世城館跡』（青梅市教育委員会刊、一九九〇））。

本史料の当時、宮寺氏がその本拠地をどこにおいていたか不明であるが、青梅・飯能・入間に関係した地域に所在した領主であることは間違いなかろう。

(36) 本史料には孫次郎のほかに善六郎代の記載を見ることができる。奥多摩町原町の領主。永禄四年（一五六一）五月一九日に某定衡が原島新三郎に丹三郎（奥多摩町丹三郎）の屋敷を安堵している（『戦国』七〇一）。また永禄五年四月一〇日には一原（奥多摩町日原）の原島右京亮の存在が確認される（『戦国』七五五）。

(37) 詳細不明。

(38) 青梅市内を流れる黒沢川の上流、黒沢の地の領主と考えられる

(39) 他の史料には「新田孫七郎」（『所沢市史』二〇九）・「荒田宮内」（『所沢市史』二一〇）が見え、同族と思われる。この二点の史料はいずれも受給文書で、並木家文書中に残ることから、並木氏と近い関係にあったと推定される。後述するが並木家は江戸時代には青梅市内の南小曾木村の名主であった。そしてこの旧小曾木村南小曾木内には小字荒田がある。この地に関連する領主と考えるのが妥当であろう。

(40) 飯能市下畑に小字宮倉が残る。野島厚之「清戸三番衆の武士たち　その四」（『多摩郷土研究』第四〇号、一九七二）は同所に宮倉家が今も存すると述べる。この地で領主であろう。

(41) 北条氏照の重臣であった照房。従来は秀房とされていたが、薬王院燈爐銘（『戦国』一四九四）により「刑部照房」が確認されることから、近年では照房が妥当と考えられている。なお野口照房は本史料が初見となる。

野口照房は青梅市小曾木の代官であったことが知られるが（『戦国』二二一三）、本史料の当時に現任であったかはわからない。後に平沢（日高市南平沢）・駒久野（青梅市駒木町）・丹三郎（奥多摩町丹三郎）・横吹（比定地未詳。あるいは桧原村笛吹か）・下

村（比定地未詳）・二俣尾（青梅市二俣尾）が与えられる（『戦国』二二一三）。なお照房の受給文書は現在、三田家文書として伝えられ、同家は以前には青梅市日向和田に居住していたという（『定本市史青梅』（青梅市刊、一九六六）一八九頁）。

出自の地であるが野島厚之「清戸三番衆の武士たち　その三」（『多摩郷土研究』第四〇号、一九七二）は飯能市小瀬戸の小字野口を想定している。また野口の地名は近隣には東村山市野口もある。詳細は不明とせざるを得ない。

(42)　詳細不明。

(43)　詳細不明。飯能市内に井上の地名がある。

(44)　野島厚之「清戸三番衆の武士たち　その四」（『多摩郷土研究』第四〇号、一九七二）は『仁君開村記』に見える「藤橋村年寄福岡長右衛門」及び「藤橋・福岡長左衛門」の名に注目し、両者が「福岡藤三郎の子か又は一族であろう」としている。福岡市は藤橋に関わる武士と考えるのは現時点では妥当な見解と思われる。

(45)　木崎又兵衛は青梅市大蔵野木崎氏の祖先とされる（『定本市史青梅』（青梅市刊、一九六六）一九三頁）。詳細不明であるが、野島厚之「清戸三番衆の武士たち　その四」（『多摩郷土研究』第四〇号、一九七二）は青梅市内に木崎姓が多く、上成木に同姓の旧家が三軒ほど存在するとする。

(46)　本史料はこの地の和田家に伝えられた。同家は青梅市和田町に住する。

(47)　杣保長淵郷内に小佐久村（『所沢市』二一二）があり、現在の羽村市羽内に比定される。この地と関連する領主と推定される。

(48)　『定本市史青梅』（青梅市刊、一九六六）一九三頁）は「青梅に滝の上の地名があり、同所に滝上姓の旧家があるところを見ればまずその辺の住人であろう」と述べている。

(49)　『新修青梅市史』（青梅市刊、一九九五）は「三十九番目の『並木』氏は、おそらく小曾木の荒田（現・市立第七小学校）に居住していた並木姓を名乗る地侍で、江戸時代には土着して南小曾木村の名主を勤めていた。」と記している。
また野島厚之「清戸三番衆の武士たち　その四」（『多摩郷土研究』第四〇号、一九七二）は新氏を先行する領主とし、「並木氏は新田氏の一族となってこの地に住みついたのではあるまいか」と述べている。

(50)　詳細不明であるが、東京都あきる野市二宮に関連する領主であろう。

(51)　中世の加治郷は現在の飯能市南部及び入間市北西部にあたる。加治氏はこの地の領主。

(52)　近年は清戸番所は発掘成果により下清戸に存在すると考えられていた。しかし、最近の成果においても当該期の遺物は含むものの遺構として番所を想定できるものはなく、内山下宿遺跡等を以て清戸番所にあてるのは現時点では無理がある。また岩槻太田氏との軍事的緊張という点を踏まえるならば対岸の滝の城が無縁であったとは思えない。従って、現時点においては北条氏は街道沿いにあった番所と滝の城との全体で北条氏は太田氏に対峙していたと考え、清戸番所が街道沿いの番所のみを指すか全体を指すのかについては判断を保留したい。

(53)『戦国』一二七八
(54) 阿蘇神社（羽村町）の天文五年（一五三六）の棟札（『武蔵銘記』六〇二）には「下太郎左衛門尉宗定」と「南明助定清」の名前をみることができる。羽村近隣に領主であろう。
(55)『藤岡町』109
(56)『藤岡町』124
(57)『中世の坂戸』（坂戸市教育委員会刊、一九九六）五六頁
(58)『中世の坂戸』（坂戸市教育委員会刊、一九九六）五七頁
(59)『戦国』四五〇九
(60)「後北条氏における城郭運用体制の発達」（『国史学』第一六八号、一九九九）。
(61)『静岡県三』九六九

終章

結語

時代の流れに巻き込まれつつも、領主は自らの所領支配を貫徹するために、時代に即応して自らの本拠の設定や境界の維持・管理を行ってきた。本論が追求したのは中世後期東国におけるその変遷であった。

中世の長い時間の中で存在する城館を総称して中世城館としてとらえている。その中にはさまざまな形態の城館が含まれている。その中心をなすものはいわゆる館であるが、館は中世を通して構造を変化させつつも絶えず再生産される。(1)中世史料にみえる「屋敷」「堀ノ内」の一部はこれに当たると推測される。館は本拠の中心あたる。しかし、館はいわゆる都市の中心的な存在である場合もあれば、村落の基軸である場合もある。館単体のみを取り扱うのでなく、周辺要素も含め分析することを可能にする故に本拠の概念が有効性を持つと考えている。

一五世紀中頃に大きな画期をもって、領主は要害を持とうと意図する。その結果、各地に要害が築かれる。山がちな地域にあっては鳥坂城や太田金山城などが例であり、関東平野の丘陵地帯では石神井城や豊島城、そして亀熊城から移転して成立した真壁城はその代表的な事例であろう。恒常的に存在する要害はこの時期から生まれる。これに対して、それ以前の段階では、戦争に必要な城郭は、日常的に維持されることなく、必要に応じて臨時に取り立てられた。小山城・寛徳寺城ほかの事例で論じた。一五世紀中頃は本拠の空間には従来から使用していた館に加えて、軍事的な要素が一層加味される時期としてとらえられる。本拠の空間が変化する大きな画期と評価できよう。そしてこの要害は戦国期の山城などに連なると考えられる。

しかし、この一五世紀中頃をもって一気に戦国期城下町の成立とはならなかった。一定の期間、従来の居館を中心とした本拠の空間と要害が並立した時期が存在したと考えられる事例が多々ある。従来の空間は町場などの機能をすでに備えており、草深い農村のイメージではなかった。すでに存在した空間を政策的に一気に止揚することはできなかったのではないか。そしてこの関係は一五世紀末から一六世紀初頭まで続いたのではないかと想定している。要害と館そして町場が設計として一体化する戦国期城下町が本格的に展開するのはこれ以後である。しかし、従来の諸関係を精算し、新たな空間を創出したこの時期の領主権力は改めて評価する必要性を感じる。

そして個々の本拠の中心となる城館は領国独自の問題を自らの構造に反映して築かれたのである。

さらに一六世紀は「境目の城」も誕生する。関所的な機能、国境の大名間戦争を意図した拠点、さらには侵略の拠点などさまざまな使命を帯び、多様な「境目の城」が各地に築かれ、領国内部から軍勢が送られた。領域の境界であるが故に特殊な機関が設置された。

本拠・領域は、城館という施設を軸として、一五世紀から一六世紀にかけて急速に変化したのである。

展　望――中世城館の性格――

「中世城館は、すくなくとも、地域におけるある階級の他の階級に対する支配拠点であり、その具体的在り方を示すものである。それは1つに一定の地域における地域史研究の進展の中で、より具体的に論じなければならない課題であろう。」(2) と橋口定志は中世城館研究を行う意義を明確に述べた。さらには「各地域における、考古学の立場からの中世史研究の核になりうる遺跡である。」とし、「軍事史的な視点だけではなく、地域支配の在り方自体の反映であると考えられる点を配慮すべきである。」(3)と主張した。中世城館を中世を通して理解するための素材として認識したのである。「軍事史的な視点だけではなく、」とわざわざ付した点は注意したい。

本論で説いたとおり、中世城館は一五世紀中頃以降に急速に発達する。軍事史的なウェートはこの時期に急速に高まっていく。それ以前の中世城館に軍事性が決しなかったわけではなかろうが、中世史研究の核として中世城館を見るという視点に立つならば、橋口の述べるごとく軍事的な視点のみで中世城館を見るのは無理ではなかろうか。

確かに中世前期の城館であれ、その遺構を見ると、ある程度は戦争を意図した構造を認識せざるをえない。しかし、費用対効果の視点をもって、再度見返してみるならば、個々の領主権力が平時において軍事性を帯びる必要性がどれほどあっただろうか、という疑問に突き当たるのは必然になる。軍事的な性格のみで城館を論じることはもはや限界と言い得る。

近年の中世城館研究には中世人の精神的な問題にまで踏み込む成果がもたらされている。序章で触れた中野豈任『忘れられた霊場』(4)、中澤克昭『中世の武力と城郭』(5)、飯村均「山城と聖地のスケッチ」(6)などであるが、それらは中世人の持つ場の認識を踏まえた立地論を展開している。すなわち、地域の象徴的な場を築城によって確保し、領域支配の梃子とする視点である。

堀田浩之(7)は建築史の都市研究論(8)や中澤・飯村の研究を近世城下町の設計論に継承した。「山当て」ならぬ〝天守当て〟とでも言い得るような、天守を中心に据えた都市設計の存在(ヴィスタ)を指摘し、「見る見られるといった心理作用に裏打ちされた相互の上下関係が、『望楼』を介して成り立っていたのであり、城郭の『空間』デザインは、そうした視線の操作による社会秩序を実際の城下形態にうまく投影すべく配慮していたと推察される。」と論じている。

都市の象徴として天守が位置付くと説いている。

このようなマクロな空間において果たした城館の象徴性に加え、よりミクロな空間にいたるまで城館は象徴的な機能を随所に備えていた。

近年の織豊城郭研究は、石垣・瓦・礎石建物の三要件が織豊城郭の大きなメルクマールであり、時代の画期となると中井均が論じ、牽引車となった(9)。そのうち、石垣については松倉城（岐阜県高山市）を取り上げ「山頂部に目を見はるような巨石を用いた高石垣の城郭の出現は飛騨の在地土豪にとって最大の威圧となったことは疑いない。まして在地最大の領主の城地（おそらく土造りの城であったであろう）に総高石垣の城郭が出現したわけであるから、その威圧には一層激しいものがあったろう。まさに占領地支配の拠点としてのシンボルの出現であった。」と論じ、論文を締めくくっている(10)。「威圧」「シンボル」という語で示されるように、石垣に直接軍事的な目的以外の機能を想定している。さらにこの論点に立ち宮武正登が肥前名護屋城（佐賀県鎮西町）などの「鏡石」を取り上げ、城郭の正面を強く意識して、示威的発想によって設計するという理念に基づいて普請された特殊な石積みという分析を行っている(11)。いずれも石垣の持つ象徴性を問題としている(12)。そしてこの石垣（石積み）が織豊政権のみにみられる遺構ではなく、東国でも見られることは本論第二部第四章で論じた。

また小野正敏(13)は城館の会所や主殿の構成とその場での武家儀礼を分析した。そして場や空間で重要な役割を果たす陶磁器は領主のステイタスを表すものと論じている。戦国時代に限らず中世全般に城館から出土する陶磁器の中には特殊で高級な品を含んでいる。「三種の神器」などと呼び習わし、白磁四耳壺・青白磁梅瓶・唐物天目茶碗・緑釉洗・酒会壺・青磁大盤などは領主の性格を示す出土遺物として、遺跡を考える上で重要な史料となっている。このようなステイタスを示す遺物に「威信材」という概念を付し、威信材が機能する場が城館の内部にあったことが明らかにしている。

地域に存在する城館には、マクロな設計からミクロな視点に至るまで、あらゆる段階でさまざまな象徴性が仕込まれていた。そして武士である領主が、地域に対して権威を示すことを、身分の特性である武力をもって、自らの外皮に「武威」とし現出させ、それを本拠の空間のなかで城館という施設に集中的に表現した。城館は支配のための道具なのである。城館の本質的な機能はここにあると考える。

常に戦争があるから城館が必要なのではない。本拠・領域という空間において、権力による政治的表現のために城館が必要なのであった。この城館に対置されるところには、絶えず包摂しようとする地域社会が存在したのである。

注

(1) 本書においてはこの点について触れていないが、中世後期も含め、館は絶えず再生産されるという動向は抑えておきたい。
(2) 橋口定志「最近の中世城館の考古学的調査例から」(『貝塚』15、一九七五)
(3) 橋口定志「考古学から見た居館」(第二回全国城郭研究者セミナー　レジュメ、一九八七)
(4) 平凡社選書123、一九八八
(5) 吉川弘文館刊、一九九九
(6) 『帝京大学山梨文化財研究所研究報告』第5集(一九九四)
(7) 「城郭の空間特性と表現手法に関する一考察」(『兵庫県立歴史博物館紀要　塵芥』第8号、一九九五)
(8) 宮本雅明「近世初期城下町のヴィスタに基づく都市設計—その実態と意味」(『建築史学』第4号、一九八五)、同「近世初期城下町のヴィスタに基づく都市設計—諸類型とその変容」(『建築史学』第6号、一九八六)
(9) 「織豊系城郭の画期—礎石建物・瓦・石垣の出現—」(『中世城郭研究論集』新人物往来社刊、一九九〇)および「織豊系城郭の特質について—石垣・瓦・礎石建物—」(『織豊城郭』創刊号、一九九四)

（10）前掲注中井一九九〇
（11）「名護屋城の空間構成再考のための提言―城内石垣の巨石が語るもの」（『佐賀県立名護屋城博物館研究紀要』創刊号、一九九五）
（12）織豊の石垣の系譜について、中井「安土築城前夜」（『織豊城郭』第3号、一九九六）は寺院との連続面を論じた。あるいは宗教権門の持つ権威の吸収の意味があったのであろうか。この点は興味深い点を示唆している。
（13）『戦国城下町の考古学』（講談社選書メチエ108、一九九七）

あとがき

傍らで六年モノのインクジェット・プリンターが「ジーコ、ジーコ」と唸りながら、原稿を打ち出している。目覚ましいコンピュータ機器の発展で、もはや前世紀の遺物となりかけているプリンターが、恐らくは今日一日かけて入稿する原稿を打ち出すのだろう。時間のかかるものだ。

プリンターと同じく私の仕事も〝前世紀の遺物〟になってはいないだろうか。入稿するために図版を整理して気付いたが、この論文集の基礎となる調査の多くは一九八〇年代に行われていた。中には既に変色したカラーネガすらあった。一つの仕事を仕上げるのに二〇年の時間を要していたとは、自分の事ながらとても驚いた。そして感慨に堪えない。

本書は、二〇〇〇年度に明治大学から博士学位を授与された論文「中世後期の領域形勢と城館」をもとに、捕訂、一部削除（事情により「遠江国横地氏における性格の変化と築城」〈初出は静岡県菊川町教育委員会『横地城総合調査報告書』一九九九〉を除いた）して構成したものである。所載した論文の初出は左記の通りである。

序　章　新稿。ただし一部、「国人領主制」（佐藤和彦他編『日本中世史研究事典』〈東京堂出版刊、一九九五年六月〉）を採録し、修正。

第一部　南北朝・室町期の本拠

第一章　原題「本拠の景観　―十四・十五世紀の常陸国真壁氏と亀熊郷」（網野善彦・石井進編『中世の風景を読む―2　都市鎌倉と坂東の海に暮らす』（新人物往来社刊、一九九四年一二月））

第二章　原題「豊島氏と城館をめぐる諸問題」（峰岸純夫他編『豊島氏とその時代―東京の中世を考える』（新人物往来社刊、一九九八年六月））

第三章　原題「本拠の展開―一四・一五世紀の居館と『城郭』・『要害』―」（石井進・萩原三雄編『中世の城と考古学』（新人物往来社刊行、一九九一年一二月））

補論一　原題「中世の花房―花房山城の確認調査から」（久慈郡金砂郷村『村史だより』第11号、一九八八年三月）

補論二　原題「内須川城と内須川氏―越後国奥山庄内の小型城郭―」（『中世城郭研究』第4号、一九九〇年八月）

第二部　戦国期城館の成立と城下町

第一章　原題「戦国期城下町成立の前提」（『歴史評論』第五七二号、一九九七年一二月）

第二章　原題「上野国岩櫃城の空間構成と変遷」（『季刊　あるく中世』4号、一九九二年一一月）及び原題「岩櫃城の範囲と構造」（群馬県吾妻町教育委員会『岩櫃城跡保存整備計画策定報告書』一九九二年三月）の両論文を合成して構成。

第三章　原題「下野国唐沢山城の構造と変遷」（安蘇史談会『史談』第一二号、一九九六年五月）

第四章　原題「中世東国の石工と石積み」（『織豊城郭』第4号、一九九七年九月）

第三部　領域の境界

第一章　原題「上野国中山城の一考察―中世城郭研究への一提言」（『中世城郭研究』創刊号、一九八七年七月）

第二章　原題「境界認識の変化―戦国期国境の維持と管理―」（『信濃』第46巻第11号通巻第539号、一九九四年一一月）

第三章　「後北条領国の『境目』と番」新稿

終　章　新稿

これらの仕事には様々な思い出がある。第三部第一章を書いていたのは、目黒区教育委員会で文化財保護指導員（非常勤）の仕事をしていたときであった。社会人として戸惑いの中で職務にあたっていた。しかし一年半ほど在職したこの職場での経験は、今の職場で仕事をする上で役立った。一九八八年九月から江戸東京博物館の準備に携わった。その後、江戸博の開館、結婚と生活が変化するなかで、少しずつではあるが仕事を重ねていた。第三部第二章の論文は長女未季が生まれる分娩室の外で打ち出し原稿を推敲していたことを覚えている。翌年次女早希が生まれたときには第二部第三章の唐沢山城に取り組んでいた。九七年の三女史季が生まれたときには第二部第四章の論文を入稿した直後ではなかったろうか。第一部第二章の作成は、アメリカ出張に史料集を持参して、時差のため一晩中眠れなかった夜に史料集めをした。確か窓の外は暴風雨だった。

原稿整理をしたこの夏、未季は夏休みの宿題をするために私と机を並べた。早希は「今日もお仕事なの」と自宅に居ながらも遊んでくれない私に不満を漏らした。史季は「しきちゃんを～、きょうりゅうちゃんが～、かいじゅうさんと～、」と訳の分からない会話をぶつけてきた。本当に時間が経った。

論文であつかった城館にもさまざまな思い出がある。中山城の初めての調査では、調査開始一時間で雪に降られ、四万温泉に逃げ込んだ。このときから城館調査は近くに温泉があるところを選ぶようになってしまった。ニホンカモシカに何度となく遭遇した岩櫃城へは、往復八時間をかけて通った。地元の方々の暖かさが思い出される。松井田城の調査は平行して保存運動を展開させたため、随分と思い出深い。教育委員会の現場の苦悩を身をもって知ったのはこの時であった。今日のよい経験になっている。奥山庄の城館調査はゴールデンウィークの恒例行事になり、定宿ができた。新潟からの帰りには車の天井にスキー板を積み、後部座席には普通の旅行用荷物に加えてスキー用・城館調査用の荷物を一杯に載せ、温泉用タオルを手すりに干しながら、渋滞の関越高速を走った。また唐沢山城では地元の研究会と交流ができた。そして運動の過程で地元の利害関係を肌身で感じた。亀熊城の論文を書いた時は折りしも真壁城が国指定史跡になる時期と重なった。入稿前の打ち出し原稿が町の上層部にまで目の触れるところとなり、真壁城が真壁氏累代の城館であるという通説を否定する者として「危険人物」扱い?されたこともあった。

個々の城館の調査過程では保存・整備の問題を考えさせられることが多かった。自分の研究が保存・整備との関わり合いの中から生み出されたと言っても過言ではない。考古学を取り入れていった背景には、保存・整備の活動を進める上で現場での状況・情報を無視しては戦うことができなくなったという事情もあった。第二部第四章はその代表例で太田金山城の史跡整備に関わる過程で生み出された。保存・整備の問題は将来に一抹の不安を覚えながらも、今では脳裏から消し去ることができない問題として、絶えず頭の中の一角を占拠し続けるようになってしまった。

大学入学以来、多くの方々にお教えを頂いた。既に鬼籍に入られた方もいらっしゃる。今日に至るまでに何度かもう歴史学を続けられないと思い悩んだこともあった。その折り毎にいろいろな方々に導いていただいた。さまざまな場所で数多くの方々にご指導、ご鞭撻を頂いた。その方々がいらっしゃらなかったら、今日の私は間違いなく存在しなかったことを痛感している。遺漏を恐れ、お名前を記すことは避けたいが、この場を借りてお世話になった方々に心から感謝を申し上げます。本書の刊行をもって学恩の一部をお返しすることができたでしょうか。

また自分勝手な私を暖かく見守ってくれた、父、母、義母、そして妻にも感謝を忘れることができない。

傍らのプリンターは絶えることを知らないかのように、まだ唸り続けている。明日からの牛歩を示すかのように。

齋藤　慎一

二〇〇一年九月

著者略歴
一九六一年　東京都に生まれる
一九八九年　明治大学大学院文学研究科博士後期課程中退
現在　公益財団法人東京都歴史文化財団江戸東京博物館学芸員

〔主要論著〕
「遵行状・打渡状の獲得と相伝」（『今日の古文書学』第三巻　中世、雄山閣出版、二〇〇〇年）
「戦国期『由井』の政治的位置」（『東京都江戸東京博物館研究報告』第六号、二〇〇一年）
『図解・日本の中世遺跡』（共著、東京大学出版会、二〇〇一年）

中世東国の領域と城館

二〇〇二年（平成十四）五月二十日　第一刷発行
二〇一九年（令和元）五月一日　第二刷発行

著者　齋《さい》藤《とう》慎《しん》一《いち》

発行者　吉川道郎

発行所　株式会社　吉川弘文館
郵便番号一一三―〇〇三三
東京都文京区本郷七丁目二番八号
電話〇三―三八一三―九一五一〈代〉
振替口座〇〇一〇〇―五―二四四番
http://www.yoshikawa-k.co.jp/

印刷＝株式会社　平文社
製本＝誠製本株式会社
装幀＝山崎　登

ISBN978-4-642-02676-5

索　　引

人名索引

あ　行

か　行

さ　行

は　行

ま　行

や・ら・わ行

地名・城館名・遺跡名索引

あ　行

か　行

さ　行

た　行

な　行

は　行

ま　行

や　行

わ　行

事項索引

あ　行

か　行

さ　行

た　行

な 行

は 行

ま　行

や　行

ら　行

わ　行

図表一覧

図 1　中世武士の所領支配の構造　石井進『中世武士団』(日本の歴史12) 所載の図を基に改変
図 2　モデル1　同心円構造の城下町 (一乗谷)　小野正敏『戦国城下町の考古学』(講談社刊, 1997) より転載
図 3　モデル2　同心円の集合体構造の城下町 (根城)　小野正敏『戦国城下町の考古学』(講談社刊, 1997) より転載
図 4　真壁・亀熊周辺地形図　国土地理院発行1：50,000地形図「真壁」に加筆
図 5　亀熊城縄張図
図 6　亀熊城地籍図
図 7　豊島郡関係城館位置図　シンポジウム「豊島氏とその時代」資料の「中世豊島郡板碑分布図」に加筆
図 8　練馬城縄張図　伊禮正雄「豊島氏と城郭」(豊島区立郷土資料館「生活と文化」研究紀要第二号, 1986) より転載
図 9　石神井城測量図　「練馬区石神井台一丁目遺跡調査概報」より転載, 加筆
図10　鳥坂城周辺城地形図　国土地理院発行1：50,000地形図「中条」に加筆
図11　相馬胤平一族略系図　史料纂集『相馬文書』所収,「相馬之系図」を基に作成
図12　小高城周辺地形図　国土地理院発行1：50,000地形図「原町」・「大甕」に加筆
図13　金山城周辺地形図　国土地理院発行1：50,000地形図「深谷」に加筆
図14　花房城周辺地形図　国土地理院発行1：25,000地形図「常陸大宮」に加筆
図15　花房城縄張図
図16　内須川城周辺地形図　国土地理院発行1：50,000地形図「小国」に加筆
図17　内須川城縄張図
図18　岩櫃城周辺地形図　国土地理院発行1：50,000地形図「中之条」に加筆
図19　岩櫃城周辺小字図
図20　岩櫃城要害地区部分図
図21　岩櫃城城下町地区部分図
図22　岩櫃城新井地区部分図
図23　岩櫃城北側遺構群地区部分図
図24　柳沢城縄張図

図25　郷原城縄張図
図26　東の木戸付近図
図27　西の木戸付近図
図28　橋脚台付近図
図29　北の木戸付近図
図30　城下町地区付近地籍図
図31　唐沢山城周辺地形図　国土地理院発行1：50,000地形図「栃本」・「古河」に加筆
図32　主郭付近部分図
図33　虎口部分図
図34　城下町遺構位置図
図35　八王子城周辺地形図　国土地理院発行1：50,000地形図「八王子」「上野原」に加筆
図36　八王子城　御主殿虎口　東京都八王子市教育委員会『史跡八王子城跡環境整備事業報告書』(1992) より転載
図37　八王子城　虎口外側南面　同上
図38　八王子城　虎口内部（外寄り北面）　同上
図39　八王子城　虎口内部（外寄り東面）　同上
図40　八王子城　虎口内部（外寄り西面）　同上
図41　太田金山城　日ノ池一段目石積み　宮田毅「太田市金山城跡の石垣」(「利根川」17，1996) より転載
図42　太田金山城　堀切通路石積み　同上
図43　太田金山城　三ノ丸下石積み　同上
図44　平井金山城周辺地形図　国土地理院発行1：50,000地形図「高崎」に加筆
図45　平井金山城　虎口平面図　古郡正志「金山城（平井詰城）跡」（『藤岡市史　資料編　原始・古代・中世』1993刊）より転載
図46　名胡桃城周辺地形図　国土地理院発行1：50,000地形図「中之条」・「四万」に加筆
図47　名胡桃城　二郭平面図　『県指定史跡名胡桃城址（二郭）現地説明会資料』(群馬県月夜野町教育委員会刊，1997) より転載
図48　滝山城周辺地形図　国土地理院発行1：50,000地形図「青梅」に加筆
図49　滝山城　主郭虎口平面図　東京都八王子市教育委員会『八王子市埋蔵文化財年報　平成八年度』(1997) より転載
図50　滝山城　主郭虎口断面図　東京都八王子市教育委員会『八王子市埋蔵文化財年報　平成八年度』(1997) より転載
図51　要谷山城周辺地形図　国土地理院発行1：50,000地形図「桐生及足利」に加筆
図52　金谷城周辺地形図　国土地理院発行1：50,000地形図「富津」・「那古」に

加筆
図53　金谷城　虎口石積み　『―千葉県富津市―金谷城跡』（財団法人君津郡市文化財センター刊，1988）より転載
図54　中山城周辺地形図　国土地理院発行1：50,000地形図「中之条」に加筆
図55　中山城縄張図
図56　中山城周辺地形図　国土地理院発行1：200,000地勢図「長野」「宇都宮」に加筆
図57　荒砥周辺地形図　国土地理院発行1：50,000地形図「越後湯沢」に加筆
図58　荒砥城縄張図　作図にあたって国土地理院発行1：25,000地形図「土樽」を参考とした
図59　愛宕山城周辺地形図　国土地理院発行1：50,000地形図「軽井沢」に加筆
図60　愛宕山城縄張図　作図にあたって松井田町発行1：2,500地形図を参考とした
図61　松井田城周辺地形図　国土地理院発行1：50,000地形図「富岡」に加筆
図62　松井田城縄張図　作図に当たって松井田町発行1：2,500地形図を参考とした
図63　西松井田城縄張図　作図に当たって松井田町発行1：2,500地形図を参考とした
図64　中久喜城周辺地形図　国土地理院発行1：50,000地形図「小山」に加筆

写真 1　亀熊城主郭の五輪塔群旧景（正面）
写真 2　亀熊城主郭の五輪塔群旧景（裏面）
写真 3　亀熊八幡神社
写真 4　唐沢山城主郭正面の石垣
写真 5　唐沢山城南郭（唐沢山神社社務所）南側堀切の築石
写真 6　唐沢山城南郭（唐沢山神社社務所）南西隅の石垣
写真 7　平井金山城　虎口部分石積み
写真 8　滝山城　主郭虎口石畳（正面）
写真 9　滝山城　主郭虎口石畳（奥）
写真10　要谷山城　主郭壁面石積み

表 1　真壁氏譲状等所領一覧
表 2　岩櫃城関連文書
表 3　吾妻郡の中世城館
表 4　北条領国の「番」一覧